1. Auflage, November 2012
Veröffentlicht im winwin verlag, Ludwigsburg
Redaktion: Waltraud Ulshöfer, Dorothee Martins Pinheiro
Gestaltung und Satz: ThinkPink, Ludwigsburg
Druck: Offizin Scheufele
ISBN 978-3-9812142-2-2

MEDIATION

Kompetent . Kommunikativ . Konkret

Band 1

Familienmediation, Mediation mit Kindern und Jugendlichen
Mediation interkulturell, Neue Felder der Mediation
Methoden und Organisationsschritte in der Mediation

winwin verlag

Hrsg.: Siegfried Rapp

INHALT

VORWORT | Siegfried Rapp

Liebe Leserinnen und Leser,

Mediation ist in aller Munde. Mediation ist in der Mitte der Gesellschaft angekommen. Der erste gemeinsame Kongress der drei großen Mediationsverbände am 16. Und 17.11.2012 im Forum am Forum im Schlosspark in Ludwigsburg, ist ein Meilenstein in der Verbreitung der Mediationsidee.

Diese beiden Bände mit insgesamt 34 Beiträgen von Referenten dieses wegweisenden Kongresses beinhalten die besten Texte über die aktuelle Mediation im deutschsprachigen Raum. Die Texte reichen von wissenschaftlich bis assoziativ, alle jedoch sind mit Herzblut für die Mediation verfasst. Hier werden die Grundlagen der Mediation gesichert und Innovationen gewagt. Die Beiträge sind individuell in Form und Inhalt. Die Professionalisierung in der Vielzahl der Mediationsfelder wird umfassend abgebildet. Alle Quellberufe kommen zu Wort. Ideen werden entworfen und mitgeteilt, Erfahrungen werden durchlebt und kritisch, auch selbstkritisch, erzählt. Das Mediationsgesetz wird ausgelotet.

Wer diesen Band liest, erahnt, worin die Kraft und die Wirksamkeit der Mediation liegen. Manche sagen, dass Mediation einen Paradigmenwechsel in der Rechtspolitik und einen Quantensprung in der Konfliktlösung bedeutet. Mediation verbindet in ihrer höchsten Form intellektuelle Klarheit, bewussten methodischen Einsatz mit einer Haltung großer Menschenliebe.

Ich danke von Herzen allen Autorinnen und Autoren. Sie haben uns und Ihnen, liebe Leserinnen, liebe Leser ihr Bestes zur Verfügung gestellt. Waltraud Ulshöfer hat mit großem Einsatz, Verstand und Liebe zum Buch redigiert, organisiert und kommuniziert. Dorothee Martins wurde in kürzester Zeit von der Praktikantin zur anerkannten Mitarbeiterin. Alle Kolleginnen und Kollegen von LIKOM unterstützten, wo sie konnten. Dieter Höppner fügte alles zu diesem wunderbaren Buch zusammen.

Liebe Leserin, lieber Leser: Dieses Buch ist ein Schatz. Heben Sie ihn!

Ihr

Siegfried Rapp

Ludwigsburg, im Oktober 2012

VORWORT | Friedrich Glasl

Eine Bestandsaufnahme der Fachentwicklung lässt erkennen, dass sich Mediation als Profession in methodischer Hinsicht mehr und mehr differenziert. Und das ist sehr begrüßenswert. Während vor etwa 25 Jahren Mediation als neuer Ansatz in den deutschsprachigen Ländern Europas gelehrt und praktiziert wurde, herrschte noch die Auffassung vor, es gäbe ein universell anwendbares Mediationsverfahren, d.h. ein und dasselbe Vorgehen wäre für sehr unterschiedliche Konflikte gleichermaßen erfolgversprechend. Heute sind unterschiedliche Ansätze zu erkennen, die gar nicht den Anspruch „semper et ubique" erheben, sondern sich für bestimmte Konfliktsituationen empfehlen. Ich greife jetzt nur einige heraus: Es gibt nach wie vor den klassischen Problem-bezogenen Ansatz, der sich allerdings differenziert hat – einerseits in ein mehr pragmatisches und andererseits in ein mehr paradigmatisches Vorgehen. Daneben findet eine Visionsgeleitete Mediation und eine pragmatisch orientierte Lösungs-fokussierte Mediation vermehrt Anwendung, und auch hypnotherapeutische Methoden werden immer mehr praktiziert. Darüber hinaus bewähren sich Formen der narrativen Mediation, Methoden der Gewaltfreien Kommunikation finden Eingang in die Mediation, Gemeinschafts-basierte Mediation erweist sich als hilfreich, ebenso Konfliktklärung etc. Auch die Nutzung bestimmter therapeutischer, coachender oder beratender Konzepte und Methoden erweist sich in bestimmten Situationen als sinnvoll – während noch vor zwanzig Jahren erbitterte Diskussionen darüber geführt wurden, ob Mediation und Therapie als zwei völlig getrennte Welten vereinbar seien.

Darüber hinaus können wir beobachten, dass auch neue Anwendungsfelder erschlossen werden. Über die Scheidungs- und Familienmediation hinaus setzt sich Mediation in den Beziehungen zwischen Unternehmen durch und bewährt sich bei organisationsinternen Konflikten, bei Team-Mediation, bei Konflikten im öffentlichen Raum oder als Täter-Opfer-Mediation usw. Ich bin mir sicher, dass künftig gewaltfreie Formen der Konfliktlösung auch noch in vielen anderen gesellschaftlichen Bereichen entwickelt und genutzt werden – vor allem dann, wenn die Befähigung zur Mediation zunehmend auch in Schulen und Universitäten als unverzichtbare soziale Kompetenz betrachtet wird.

Mediative Verfahren erweisen sich als nützlich und sinnvoll, um auf beginnende Konflikte schon frühzeitig einzugehen und weitere Eskalation zu verhindern. Die Bemühungen verlagern sich somit auch auf die Prävention von Konflikten. Ähnlich wie in der Gesundheitsvorsorge erweist sich auch bei Konflikten, dass das Verhüten effektiver, effizienter und weniger kostspielig ist als das Kurieren von Konflikten.

Deshalb erwarte ich für die kommenden Jahre, dass immer mehr Organisationen dazu übergehen werden, interne Konfliktlotsen, Streitschlichter, Konfliktcoaches, Vertrauenspersonen –oder wie immer sie heißen mögen – zu schulen und den Mitarbeiterinnen und Mitarbeitern zur Verfügung zu stellen.

Die Differenzierung nach den Konzepten und Methoden, nach den Anwendungsfeldern sowie nach präventiven und kurativen Verfahren erfordert ständige Reflexionen der gemeinsamen Werte und übergeordneten Prinzipien. Wenn diese unter Fachkolleginnen und -kollegen dialogisch geführt werden, bin ich zuversichtlich, dass sich eine neue Konfliktkultur entwickeln wird, die im Kleinen wie im Großen zu einem dringend nötigen Gewaltverzicht bei Konflikten führen kann.

Mediation zwischen Anspruch und Wirklichkeit
Eine persönliche Bestandsaufnahme 2012 | Friedrich Glasl

Der ausgeweitete Begriff „moderne Mediation" wurde zu einem „Containerbegriff", in den viele Erwartungen projiziert worden sind, die nicht immer zu erfüllen sind.

In den meisten Darstellungen der Mediation[1] werden Grundprinzipien angesprochen, die für konkrete Mediationen unbedingt gültig sein sollen. Solche Prinzipien mögen entweder als Richtungsaussagen verstanden werden, an denen sich das praktische Handeln möglichst konsequent orientiert – oder sie können wie Dogmen verkündet und gelebt werden.

Ich meine, dass Dogmatismus an den spezifischen Erfordernissen der sozialen Wirklichkeit vorbei geht und MediatorInnen nur zu starrem Handeln führt. Wenn ich Prinzipien jedoch als Strebe-Richtungen verstehe, sind sie eine Unterstützung für ethisch vertretbares Handeln, ohne in die geistige Verkrampfung zu führen.

In diesem Sinne diskutiere ich einige zentrale Prinzipien der Mediation, die von MediatorInnen in der Regel bemüht werden.

1. Mediation ist nicht immer und überall erfolgversprechend

Ich stelle zunächst meine Hauptthese vor meine weiteren Überlegungen:

Die klassische Mediation wurde durch die Entwicklung verschiedener Fachdisziplinen angereichert und ausgeweitet und kann in vielen sozialen Bereichen angewendet werden, in denen früher Mediation nicht üblich war. Wenn aber der Begriff der modernen Mediation universale Anwendbarkeit suggeriert, ist dies sehr zu relativieren.

---

1   Siehe u.a. *Besemer, Ch.*, Mediation. Baden-Baden 2009, S. 14. *Breidenbach, S./Falk/ G.*, Einführung in die Mediation, in: *Falk, G./Heintel, P./Krainz, E.* (Hrsg.): Handbuch Mediation und Konfliktmanagement. Wiesbaden 2005, S. 262 ff. *Bush, R.B./Folger, J.*, The Promise of Mediation. San Francisco 1994, S. 2 ff. *Folberg, J./Taylor, A.*, Mediation. San Francisco 1984, S. 7 ff. *Heintel, P.*, Mediation: Veränderung in der Konfliktkultur, in: *Falk, G./Heintel, P./Pelikan, Ch.* (Hrsg.), Die Welt der Mediation. Klagenfurt 1998, S. 17-58. *Kerntke, W.*, Mediation als Organisationsentwicklung. Bern/Stuttgart/ Wien 2004, S. 23 ff. *Klammer, G.*, Was ist Mediation? In: *Klammer, G./Geißler, P.* (Hrsg.): Mediation. Wien 1999, S. 13 ff. *Montada, L./Kals, E.*, Mediation. Weinheim 2001, S. 17 ff. *Von Sinner, A.*, Was ist Mediation. In: *Von Sinner, A./Zirkler, M.*(Hrsg.): Hinter den Kulissen der Mediation. Bern/Stuttgart/Wien 2005, S. 42 ff. *Zanoli, N.*, Grundprinzipien und Essenz der Mediation, in: perspektive mediation2/2012, S. 101-105.

Seit dreitausend Jahren (oder länger) wird bei Konflikten die eine oder andere Form der Vermittlung zwischen Stammesfürsten bzw. Regierungen durch externe Drittparteien praktiziert, um eine konstruktive Beilegung von Differenzen zu ermöglichen. Im 20. Jahrhundert sind neuere Erkenntnisse in die klassischen Formen der Mediation eingeflossen, vor allem die systemische Kommunikationstheorie, Psychologie und verschiedene moderne Therapierichtungen, Gruppendynamik und Organisationsentwicklung, die Gewaltlosigkeits-Bewegungen (z.B. Gandhi) sowie professionelle Verhandlungsmethodik, und seit etwa 20 Jahren auch die Gehirnforschung. Durch die vielen Quelldisziplinen der heutigen Mediation einerseits und wegen der vielfältigen Anwendungsfelder hat sich der Begriff „moderne Mediation" ausgeweitet. Er wurde zu einem „Containerbegriff", in den auch Erwartungen projiziert worden sind, die nicht immer zu erfüllen waren. Dadurch wird heute mit Mediation oft eine universelle Anwendbarkeit suggeriert, die jedoch nicht gegeben ist. Bestimmte Formen der Mediation haben ihr begrenztes Anwendungsspektrum, weil sehr unterschiedliche Konfliktsituationen nicht nach einem Einheitsrezept erfolgreich bearbeitet werden können.

Deshalb muss für die professionelle Weiterentwicklung der Mediation künftig mehr auf Differenzierung unterschiedlicher Ansätze geachtet werden, auf deren Möglichkeiten und Grenzen, je nach den Erfordernissen der Situation.

Die nachfolgend angeführten Prinzipien werden in der Literatur und Praxis der Mediation allgemein anerkannt. Eine kritische Betrachtung dieser Prinzipien lässt erkennen, dass sie zu relativieren sind, weil die Praxis keine reine Anwendung erlaubt. Sie sind nicht in absoluter Reinheit zu praktizieren, stellen aber wertvolle ethische Orientierungsrichtungen dar. Das kann beispielhaft an folgenden Prinzipien gezeigt werden.

1.1 Freiwilligkeit der MediandInnen

Es ist grundsätzlich anzustreben, dass die Konfliktparteien bewusst entscheiden, sich auf eine Mediation einzulassen. Aber geschieht das wirklich ganz freiwillig, völlig frei von jeglichem Druck oder Zwang?

Die Konfliktparteien beurteilen nämlich immer aufgrund eines subjektiven – nicht unbedingt rationalen – „Strategie-Kalküls",[2] ob sie sich von Mediation mehr erwarten als von anderen Formen der Kon-

---

2 *Glasl, F.* (2011): Konfliktmanagement. Bern/Stuttgart/Wien 2001, S.152 ff.

fliktlösung, oder ob sie es vorziehen, den Streit oder Kampf wie bisher fortzusetzen. Bei der Entscheidung für Mediation kann das Empfinden eines moralischen oder sozialen Drucks eine Rolle spielen, so dass nun eine Konfliktpartei subjektiv abwiegt, was sie gewinnen oder verlieren könnte, wenn sie sich in das eine oder andere Vorgehen begibt.

Wenn in einer hierarchischen Organisation vom Vorgesetzten Druck ausgeübt wird, Konflikte durch Mediation bearbeiten zu lassen, erklären sich die Betroffenen selten absolut freiwillig bereit zur Mediation. Aber unter Abwägung aller Alternativen erscheint ihnen Mediation praktisch vorteilhafter als eine Weigerung oder eine andere Form der Konfliktregelung. Das ist ihr Strategie-Kalkül nach den für sie relevanten Kriterien. Für einen erfolgversprechenden Beginn eines Mediationsprozesses reicht dies zunächst aus. In der Folge hängt es weitgehend von den MediatorInnen ab, ob die Bereitschaft zur Mediation gestärkt – oder geschwächt wird, so dass es einem Betroffen vorteilhafter erscheint, die Mediation abzubrechen.

Relative Freiwilligkeit setzen auch aktuelle Entwicklungen in der Gesetzgebung voraus, wenn von den Parteien gefordert wird, dass sie erst eine Lösung mit Mediation versucht haben, bevor ein Gerichtsverfahren eingeleitet werden kann. Und es ist in der Regel besser, mit einer „30-prozentigen" Freiwilligkeit eine Mediation zu beginnen, als eine Mediation zu 100 Prozent überhaupt abzulehnen. Ähnliches gilt für Täter in einer Täter-Opfer-Mediation, wenn vom Gericht oder von der Staatsanwaltschaft eine Mediation vorgeschlagen wird. Nach österreichischem Recht ist es für den Täter vorteilhafter, sich in einer Mediation mit dem Opfer auf Schadenersatz etc. zu einigen, als in einem Strafprozess verurteilt zu werden und somit vorbestraft zu sein. Wenn auch hier von keiner absoluten Freiwilligkeit gesprochen werden kann, ist eine ausreichende relative Freiwilligkeit der Beteiligten immerhin eine gute Startvoraussetzung. Und bisher hat sich klar gezeigt, dass sich eine gelungene Täter-Opfer-Mediation auf Opfer und Täter positiv auswirkt.

1.2 Beteiligung aller Betroffenen

Die Ratio dieses Prinzips ist, dass die Betroffenen selbst das Ergebnis der Mediation bestimmen können und nichts über ihren Kopf hinweg beschlossen wird. Daraus ergibt sich, dass sie im Mediationsprozess eine entscheidende aktive Rolle spielen müssen.

Dies ist in mikro-sozialen Konflikten, z.B. bei einer Familienmediation, einigermaßen möglich. Aber selbst in einem überschaubaren System eines Paarkonflikts stellt sich manchmal die Frage, ob es nicht auf der Hinterbühne Verwandte oder Freunde gibt, die den bisherigen Verlauf des Konflikts mehr bestimmt haben als das Ehepaar selbst, und ob diese nicht die Akzeptanz des Ergebnisses mehr beeinflussen als das Paar, das sich in Mediation begibt.

In meso-sozialen Konflikten (z.B. in Organisationen) und in makro-sozialen Konflikten (z.B. bei einer Mediation im öffentlichen Raum) ist es schon sehr schwierig, alle Interessierten („stakeholders") und alle Betroffenen zu ermitteln und zu beteiligen.

Bei einer Umweltmediation (Flughafenausbau, Straßenbauprojekte, Starkstromleitungen usw.) können aus rein praktischen Gründen nicht alle Stakeholders wirklich beteiligt werden. Oft ist gar nicht richtig auszumachen, wer als Gruppe von Betroffenen zu verstehen ist, wie sehr sich die Personen wirklich als organisierte Gruppe verstehen und vor allem, wer welche „Gruppe" legitim repräsentiert, weil die Grenzen der Gruppen und die Zugehörigkeit wie auch die Verankerung von RepräsentantInnen in ihrer Gruppe nicht eindeutig bestimmt werden können. Wie sollen MediatorInnen wissen, wen sie eventuell übergangen haben? Haben sie überhaupt die Möglichkeit, die Zeit und das Geld, das System der Betroffenen so genau zu studieren, dass sie eine gut begründbare Entscheidung treffen können?

Auch für Organisationsmediation gilt dies, weil das System Organisation weit mehr Menschen betrifft als die vordergründig sichtbaren Streitparteien: Wo muss rein pragmatisch eine Beteiligungsgrenze gezogen werden? Wie langwierig, umständlich und kostspielig wäre eine Mediation, wenn ich wirklich alle, die nur in irgendeiner Weise vom Ergebnis der Mediation berührt werden, daran voll beteiligen wollte?

Auch bezüglich dieses Prinzips müssen sich MediatorInnen mit einer Relativierung begnügen, wenn sie durch die schwer aufzulösenden Dilemmata nicht zur Untätigkeit verurteilt werden wollen.

1.3 Eigenverantwortlichkeit der Konfliktparteien

Wenn das Ergebnis einer Mediation von den Betroffenen akzeptiert und umgesetzt werden soll, ist deren Beteiligung (im relativen Sinn) gefordert.[3] Das ist nicht nur die Prämisse der Mediation, sondern auch des „Collaborative Law" und der „Collaborative Practice". Aber auch wenn nach einer Beteiligung möglichst aller Stakeholder gestrebt wird,

---

3   Siehe *Diez, H.*, Werkstattbuch Mediation. Köln 2005, S. 83 ff.

bleibt immer noch die Frage offen, ob sie de jure und de facto die Entscheidung selbst treffen. Sind sie die maßgebliche Letztinstanz oder müssen sie akzeptieren, dass die letztgültige Entscheidung von anderen getroffen wird?

Auch hier liegen die Dinge bei mikro-sozialen Konflikten anders als bei meso- und makro-sozialen Konflikten. Bei der (mikro-sozialen) Täter-Opfer-Mediation müssen die in der Mediation erzielten Ergebnisse dem Gericht vorgelegt und von diesem approbiert werden. Und auch wenn das Gericht nur das bestätigt, worauf sich die Betroffenen geeinigt haben, ist die Eigenverantwortlichkeit als Entscheider nicht im absoluten Sinne gegeben.

Bei Umweltmediation sind die Letztentscheider (das Management der Bahn oder des Flughafens, die Behörden, die formal zuständigen Stellen eines Konzerns usw.) am Mediationsprozess oftmals nicht direkt beteiligt und behalten sich doch die Entscheidungen vor – oft zur großen Enttäuschung derer, die sich im Miteinander zu Entscheidungsvorschlägen durchgerungen haben. Sie fühlen sich dann betrogen und stellen hinterher die Mediation an sich in Frage. In einem Rechtsstaat kommen deshalb Mediation und die Verfahren des „Consens Building" wie auch der „Settlement Conferences", wo die öffentlichen Interessen sehr direkt tangiert werden – wie auch bei der Mediation Strafsachen – an deutliche Grenzen.

1.4 Keine Machtausübung durch MediatorInnen!

MediatorInnen gestalten und steuern grundsätzlich den Mediationsprozess, weil sie für die Art des Vorgehens verantwortlich sind. Das Ergebnis hängt aber weitgehend von der Qualität des Prozesses ab. MediatorInnen üben also immer Einfluss aus, was jedoch nicht von vornherein Machtausübung sein muss. **Macht ist zwar eine Form der Einflussnahme, aber nicht jede Einflussnahme ist Macht.**[4] Denn für Machtausübung ist entscheidend, dass die Machtunterworfenen subjektiv keine realistische Möglichkeit sehen, sich dem Einfluss zu entziehen, weil dies Sanktionen zur Folge hätte. Non-Macht-Einfluss kann auf vielerlei Weise ausgeübt werden, z.B. durch Überzeugen und Überreden, durch nachahmenswertes Vorbildverhalten, durch ein Handeln aus Liebe oder Verehrung etc.

Durch die Prozesssteuerung erzeugen MediatorInnen – zumeist unbewusst – möglicherweise auch mehr oder weniger moralischen Druck.

---

4   *Glasl, F.*, Wie Mediation mit Macht in Organisationen umgehen kann. In: Gruppendynamik, 2/2012

Sie besitzen ExpertInnen-Autorität, und diese kann zur Basis einer Machtausübung werden.

Wenn nun in einer Täter-Opfer-Mediation die MediatorInnen im Falle einer Pattstellung zwischen den Betroffenen einen sog. „Vorschlag zur Güte" machen und dabei darauf hinweisen, dass „ansonsten der Fall zum Gericht zurückgeht und ein normaler Strafprozess folgt", dann ist dies durchaus Machtausübung. Oder wenn ein angesehener Mediator in einer Umweltmediation beim Stagnieren des Prozesses vor den Medien ankündigt, sein Mandat zurückgeben zu müssen, entsteht moralischer und wohl auch politischer Druck, der vielleicht zum Einlenken führt.

Bei Mediation in einem organisationsinternen Konflikt müssen sich MediatorInnen mit den strukturellen und kulturellen Machtfaktoren einer Organisation auseinandersetzen. Dies gilt noch mehr für Mediation im politischen Feld. MediatorInnen sollten deshalb ehrlich reflektieren, wie sie mit Macht umgehen: mit ihrer eigenen Macht wie auch mit der Macht des Systems, in dem die Betroffenen agieren.[5]

Es ist eine Frage der persönlichen Einsicht, ob die Machtfaktoren eines sozialen Systems erkannt und durchschaut werden, und ob MediatorInnen über Interventionen verfügen, durch die sie im Mediationsprozess die gegebenen Machtverhältnisse soweit neutralisieren können, dass diese nicht die Schlussvereinbarung bereits vorbestimmen. Es wäre sträflich naiv, wenn MediatorInnen ihre Augen vor diesen Tatsachen verschließen würden – denn dann machten sie sich zu einem Instrument der bestehenden Machtbeziehungen und übten somit Macht aus.

Letztlich ist es immer eine Sache der persönlichen Ethik, wie sehr MediatorInnen die Karten ihrer potenziellen Macht tatsächlich ausspielen.

1.5 Ergebnisoffenheit

Dieses Prinzip besagt, dass das Ergebnis einer Mediation wahrhaftig nicht schon im Voraus – eventuell durch einen geheimen Auftrag an die MediatorInnen – bestimmt sein darf, sondern die Frucht des gemeinsamen Mediationsprozesses sein soll. Tatsächlich aber gibt es kaum eine Mediation, in der nicht irgendwelche Rahmenvorgaben vorhanden sind und wohl oder übel auch das Spektrum der Lösungsmöglichkeiten eingrenzen.

Bei Peer-Mediation unter SchülerInnen etwa, wird vorausgesetzt, dass

---

5   *Glasl, F.*, Wie geht Mediation mit Macht um? In: perspektive mediation 4/2008 und 2/2009.

der Frieden in der Klasse hergestellt werden muss; bei Wirtschaftsmediation gilt, dass das Ergebnis als „win-win-Lösung" Nutzen für beide Kontrahenten bringen muss, der größer sein muss als er durch Fortsetzung des Konflikts oder ein Gerichtsverfahren zu erzielen wäre; bei Scheidungsmediation geht es zumeist darum, dass die Trennung nicht mehr in Frage gestellt wird.

Wie bei der oben diskutierten Freiwilligkeit oder der Beteiligung gibt es auch hier keine absolute, sondern nur eine relative Verwirklichung des Prinzips.

1.6 Allparteilichkeit der MediatorInnen

Mit Allparteilichkeit ist gemeint, dass MediatorInnen gleiche Empathie für alle (anwesenden) Medianden aufbringen sollen, und nicht von Sympathie für die eine und Antipathie für die andere Seite geleitet werden.[6] Denn dadurch würden sie die eine Seite begünstigen und die andere benachteiligen, was sich auf die Beziehungen, auf den Prozess und auf das Ergebnis auswirken müsste.

Allparteilichkeit kann aber in Frage gestellt werden, wenn „Meta-Parteilichkeit" gefordert ist, d.h. wenn auch die Bedürfnisse und Interessen von Personen oder Gruppen berücksichtigt werden müssen, die nicht in der Mediation vertreten sind. Das ist z.B. der Fall in einem Konflikt zwischen Chirurgie und Intensivstation, wenn sich die beiden Abteilungen auf Lösungen einigen, die jedoch zu Lasten der Bedürfnisse der PatientInnen und der Geldgeber gehen, die gar nicht an der Mediation beteiligt sind. Hier muss die Empathie über die Einfühlung in die anwesenden Medianden hinausgehen. Wobei dieses Dilemma zwar durch eine umfassendere Beteiligung dieser Stakeholder gemildert, schlussendlich aber nicht ganz befriedigend aufgelöst werden kann.

1.7 Neutralität der MediatorInnen

Neutralität und Unparteilichkeit bezeichnen verschiedene Aspekte der Mediation.[7] Dieses Prinzip soll die Gleichbehandlung der Medianden gewährleisten, d.h. die Verfahrensgrundsätze und Spielregeln müssen in gleicher Weise auf die Beteiligten angewendet werden, sie müssen den Beteiligten gleich viel Raum bieten, sich einzubringen.

---

6   *Montada, L./Kals, E.*, Mediation. Weinheim 2001, S. 38 ff.
7   *Ballreich, R./Glasl, F.*, Mediation in Bewegung. Stuttgart 2007, Begleitendes „Informationsheft für Interessierte an einer Mediation", S. 5 f.

Auch dieses Prinzip ist – in Abstimmung mit anderen Werten und Prinzipien – in seiner praktischen Anwendung zu relativieren. Das gilt besonders, wenn nach Robert Baruch Bush und Joseph Folger Konfliktparteien durch „Empowerment"[8] darin unterstützt werden sollen, ihre Anliegen mutig, klar und verständlich zu artikulieren – und das bei eventuellen Machtunterschieden. Das begünstigt – als eine Form der „positiven Diskriminierung" – die schwächere Partei. Wenn beispielsweise MediatorInnen bei einer Scheidungsmediation die gegebenen Machtunterschiede zu nivellieren versuchen, indem sie der sozial schwächeren und finanziell abhängigen Ehefrau mehr Raum geben, ihre Bedürfnisse zu artikulieren und sie gegen Angriffe seitens ihres Mannes schützen, dann erfordert dies genau genommen Ungleichbehandlung.

Dennoch: Neutralität bleibt als Richtschnur für ein faires Vorgehen in der Mediation gültig, auch wenn sie nicht auf absolute Weise praktizierbar ist.

1.8 Vertraulichkeit

In der Vereinbarung zur bevorstehenden Mediation ist eine explizite Regelung der Vertraulichkeit unverzichtbar. Und was versprochen bzw. vereinbart worden ist, muss auch gehalten werden. Das österreichische Gesetz[9] regelt deshalb, dass sich Zivilrechts-MediatorInnen vor Gericht der Aussage entschlagen.

Aber es gibt auch hier Spielarten, die das Prinzip der Vertraulichkeit in manchen Fällen relativieren.

Wenn eine Täter-Opfer-Mediation ergebnislos abgebrochen wird und der Fall wieder zum Gericht zurückgeht, dann wird in Österreich von MediatorInnen ein Bericht über den Stand der Dinge und die Gründe des Abbruchs gefordert. Dieser Bericht schützt nicht wirklich alles, was in der Mediation thematisiert worden ist.

Heikel wird es vor allem, wenn eine Organisationsmediation vom Topmanagement gewünscht bzw. eigentlich direktiv angeordnet worden ist, und wenn das Topmanagement als rechtlich kompetenter Auftraggeber Berichte über den Fortschritt der Mediation erwartet. Hier gibt es die Möglichkeit, dass MediatorInnen in Anwesenheit der Medianden nur über die angewandten Methoden informieren und nur Medianden selbst etwas über den Inhalt der Gespräche berichten, wie das in einer

---

8   *Bush, R.B./Folger, J.,*The Promise of Mediation. San Francisco 1994, S. 209-211.
9   BGBl 6. Juni 2003, Österr. ZPO § 320, österr. stPPO § 152 Abs1

Sprachregelung zwischen den Konfliktparteien zuvor vereinbart worden ist. Schwierigkeiten können sich ergeben, wenn dazu Fragen gestellt werden und spontan darauf geantwortet wird, ohne sich genau an die Sprachregelung zu halten.

2. Vorläufige Konklusionen

Mit diesen Gegenüberstellungen von Anspruch und Wirklichkeit soll nicht gegen Mediation an sich argumentiert werden, sondern es geht darum, sich im Interesse einer wirksamen Konfliktlösung von ideologischen Reinheitsgeboten zu distanzieren und das anzustreben, was den Konfliktparteien in der gegebenen Situation weiterhilft.
Die Ausrichtung auf die konkrete Situation ist für mich oberstes Gebot, in gewissem Sinn sogar ein Dogma. Aber weil dies leichter gesagt als getan werden kann, bin ich seit Beginn meiner beruflichen Beschäftigung mit Konflikten und Konfliktlösungen bemüht, Indikatoren herauszufinden, die Hinweise darauf geben, was in welcher Situation zu empfehlen oder abzuraten ist. Daraus habe ich in nunmehr 45 Berufsjahren meinen „Kontingenzansatz des Konfliktmanagements" entwickelt – und diese Forschungs- und Entwicklungsarbeit ist sicher noch lange nicht als abgeschlossen zu betrachten.
Deshalb führe ich in knapper Form einige Befunde an, die Orientierung bieten für das situativ empfehlenswerte Vorgehen. Denn mit einer Relativierung ist nicht einer Beliebigkeit oder Willkür das Wort geredet, sondern ich plädiere für ein Eingehen auf die konkreten Besonderheiten eines Konflikts. Und dazu ist eine Konfliktdiagnose notwendig.

2.1 Der Indikatoren-Kompass

Weil Konflikte nicht standardisiert sind, kann auch die Bearbeitung von Konflikten nicht standardisiert sein! Sie muss auf die Besonderheiten jeder konkreten Konfliktsituation eingehen. Die Konfliktforschung hat dafür Diagnosemodelle und Typologien entwickelt, die eine Einschätzung der Wirkung verschiedener Formen der Mediation und des Konfliktmanagements erlauben. Mein Indikatoren-Kompass[10] in Abbildung 1 ist eine Hilfe, wenn ermittelt werden soll, ob in einer gegebenen Konfliktsituation eine bestimmte Form der Mediation oder eine andere Art des Konfliktmanagements zu empfehlen ist.

---

10 *Ballreich. R./Glasl, F.*, Konfliktmanagement und Mediation in Organisationen. Stuttgart 2001, S.

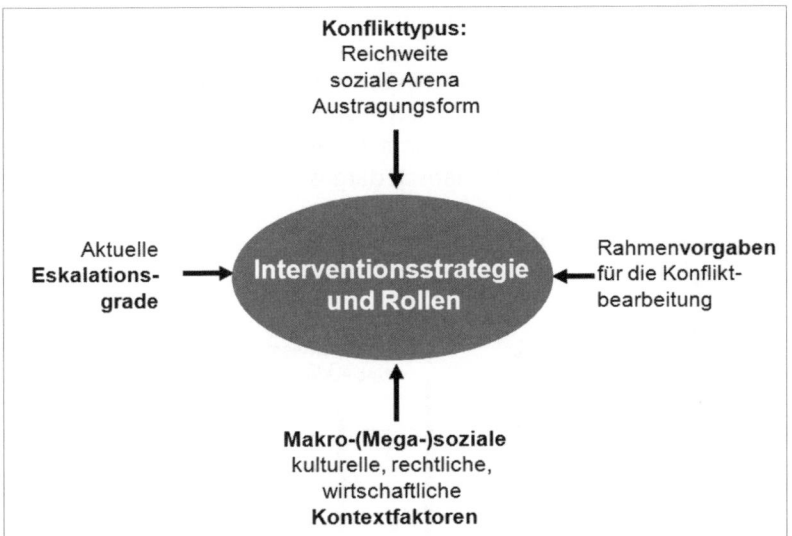

Der Indikatoren-Kompass

Im Rahmen einer groben Orientierung empfiehlt sich eine Berücksichtigung des akuten Eskalationsgrades der Konfliktparteien[11], des Konflikttypus,[12] der Rahmenvorgaben (verfügbare Zeit und finanzielle Mittel) und der gesellschaftlichen Kontextfaktoren. Auf die Eskalation und einige Konflikttypen gehe ich in den nachfolgenden Ausführungen näher ein.

2.2 Selbstheilungspotenziale

In der folgenden Abbildung ist links Bezug genommen auf den aktuellen **Eskalationsgrad**, auf dem sich die verschiedenen Konfliktparteien zu Beginn einer Mediation befinden. An dieser Stelle kann ich mich allerdings nur auf die Überschriften der Eskalationsstufen beschränken und muss auf deren Beschreibung in meinen Büchern[13] verweisen. Hier geht es mir darum zu zeigen, dass mit zunehmender Eskalation des Konflikts die Selbstheilungskräfte der Konfliktparteien angeschlagen oder sogar vernichtet werden.

---

11 *Glasl, F.*, Konfliktmanagement. Bern/Stuttgart/Wien 2011, S. 233 ff.
12 *Glasl, F.*, Konfliktmanagement. Bern/Stuttgart/Wien 2011, S. 53 ff
13 Siehe auch mit praktischen Beispielen illustriert: *Glasl, F.*, Selbsthilfe in Konflikten. Bern/Stuttgart/Wien 2011, S. 84 ff.

Deshalb können MediatorInnen ab der Eskalationsstufe 5, auf der es zur Zerstörung der moralischen Integrität gekommen ist und nur noch die Schattenpersönlichkeiten[14] den Ton angeben, zunächst nicht davon ausgehen, dass die Konfliktparteien eigene Ideen und Kräfte aktivieren können, um aus der Konfliktdynamik herauszukommen. In der folgenden Abbildung ist dies schematisch dargestellt.

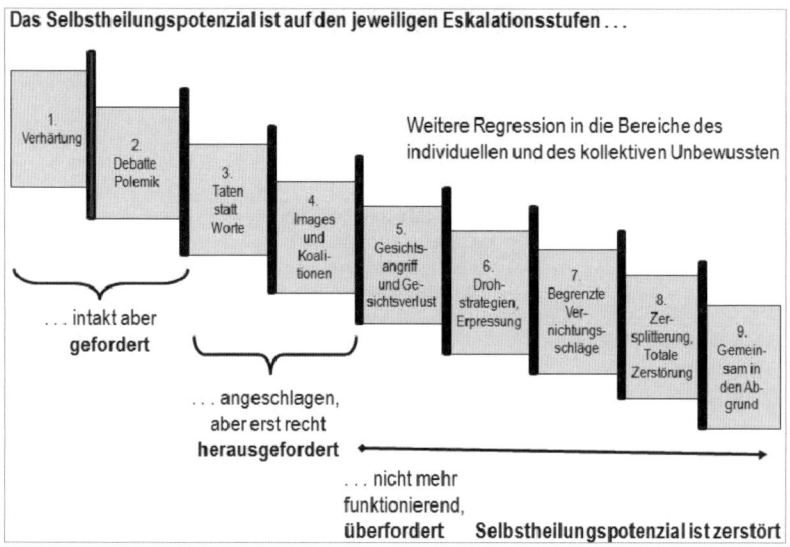

Eskalationsstufen und Selbstheilungspotenzial

Auf den Stufen 1 und 2 geht es sozusagen um einen Schnupfen, auf 3 und 4 um eine schwere Grippe oder Lungenentzündung, und ab Stufe 5 um ein Dysfunktionieren des Immunsystems wie bei HIV.
Auf den Stufen 6 bis 9 ist das Selbstheilungspotenzial zerstört:

6. Stufe: Drohstrategien, Erpressungen
7. Stufe: Begrenzte Vernichtungsschläge
8. Stufe: Zersplitterung, totale Zerstörung
9. Stufe: Gemeinsam in den Abgrund – um den Gegner vernichten zu können wird auch die Selbstzerstörung in Kauf genommen.

Dies hat Konsequenzen für die Mediation. Denn ab der 5. Eskalationsstufe müssen Drittparteien **vorübergehend** die Defizite der Konflikt-

14   *Glasl, F.*, Konflikt, Krise, Katharsis und die Verwandlung des Doppelgängers. Stuttgart 2008

parteien kompensieren und ersatzweise Dinge tun, die allmählich wieder Immunkräfte stimulieren und die Betroffenen befähigen, mithilfe der Drittpartei Vertrauensbrücken aufzubauen. Dafür müssen MediatorInnen gelernt haben, „Power over…" zu wandeln in „Power with…"[15] und ihre eigene Macht als MediatorIn in die Waagschale zu werfen.

MediatorInnen müssen ihr Vorgehen auf den Eskalationsgrad und den Konflikttypus abstimmen und bei fortgeschrittener Eskalation mehr direktive Interventionen anwenden.[16]

Den Betroffenen geht es ja in erster Linie darum, dass für ihre Probleme Lösungen gefunden werden und sie mit den Lösungen leben können. Sie selbst legen im Allgemeinen keinen Wert auf „Methodenreinheit", auch wenn sie von MediatorInnen angestrebt wird. Denn dieselben Konfliktbehandlungsinterventionen, die auf Eskalationsstufe 2 oder 3 wirkungsvoll wären und die Konfliktparteien fördern, wieder auf ihre Selbstheilungskräfte zu vertrauen, wären auf den Stufen 5 oder 6 verhängnisvoll, weil sie zur Überforderung und somit zur Enttäuschung führen müssten. MediatorInnen müssen sich deshalb damit abfinden, dass sie zu Beginn ihrer Mediation die Defizite der Betroffenen durch ihr eigenes Vorbildverhalten einige Zeit kompensieren. Das kann als Modell wirken und die Betroffenen mit der Zeit dazu ermutigen, wieder direkt miteinander zu kommunizieren und auf die eigenen Ressourcen zu vertrauen.

2.3 Konsequenzen für unterschiedliche Ansätze und Rollen

Die Überlegungen zum Vorhandensein des Selbstheilungspotenzials verdeutlichen, dass die Art der Mediation auf die Intensität des Konflikts abgestimmt sein muss.
Die folgende Abbildung zeigt,[17] wie sich das Verhältnis von direktiven (abgekürzt = d) zu non-direktiven Interventionen (= n-d) in Bezug auf die inhaltlichen Streitfragen (= Streitp.), auf das Einrichten der Interaktion, d.h. des Settings zwischen den Parteien, und auf die Technik, d.h. die Wahl der geeigneten Interventionsmethode wandelt. Dies geschieht im Interesse der Wirksamkeit der Drittpartei-Interventionen.

---

15   *Glasl, F./Weeks, D.,* Die Kernkompetenzen für Mediation und Konfliktmanagement. Stuttgart 2008, S. 177 ff
16   *Ballreich, R./Glasl, F.,* Mediation in Bewegung. Stuttgart 2007, S. 253 ff
17   *Ballreich, R./Glasl, F.,* Konfliktmanagement und Mediation in Organisationen. Stuttgart 2011, S. 242 ff

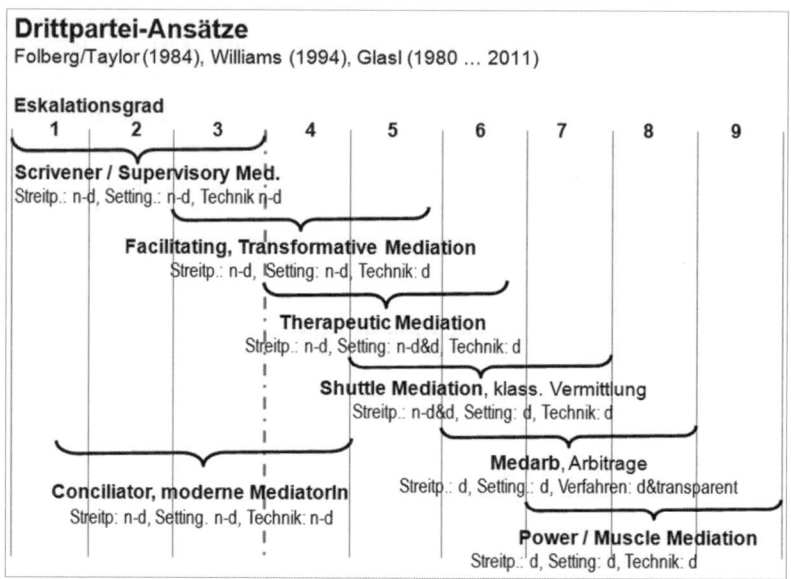

Drittpartei-Ansätze
Folberg/Taylor(1984), Williams (1994), Glasl (1980 … 2011)

Eskalationsgrad
1   2   3   4   5   6   7   8   9

Scrivener / Supervisory Med.
Streitp.: n-d, Setting.: n-d, Technik n-d

Facilitating, Transformative Mediation
Streitp.: n-d, Setting: n-d, Technik: d

Therapeutic Mediation
Streitp.: n-d, Setting: n-d&d, Technik: d

Shuttle Mediation, klass. Vermittlung
Streitp.: n-d&d, Setting: d, Technik: d

Conciliator, moderne MediatorIn
Streitp: n-d, Setting. n-d, Technik: n-d

Medarb, Arbitrage
Streitp.: d, Setting.: d, Verfahren: d&transparent

Power / Muscle Mediation
Streitp.: d, Setting: d, Technik: d

Direktive und non-direktive Ansätze verschiedener Strategie- und Rollenmodelle

In der oben stehenden Abbildung sind Überlappungen der Akkulade-Klammern zu erkennen. Damit kommt zum Ausdruck, dass bei kalten oder heißen Konflikten[18] unterschiedlich vorzugehen ist. Auch an dieser Stelle kann ich mich nur auf ganz grobe Unterscheidungsmale der beiden **Austragungsformen** heiß und kalt beschränken:

In **heißen Konflikten** werden Emotionen offen gezeigt, oft sogar übertrieben; es kommt zu Explosionen, zu direkten Konfrontationen und offensivem Eroberungsverhalten; innerhalb der Gruppe nimmt die Kohäsion zu, wobei Regeln und Normen ignoriert werden, wenn durch sie eine konfrontative Auseinandersetzung behindert werden könnte. Die Konfliktparteien bekennen sich zum Konflikt und zu ihrer Aggression.

In **kalten Konflikten** wird indirekt gekämpft, offene und emotionale Begegnungen und Auseinandersetzungen werden gemieden; es kommt zu Rückzugsverhalten und zu emotionalen Implosionen; mit der Zeit löst sich der Gruppenzusammenhalt auf; und um Sicherheit zu gewinnen, werden immer mehr zusätzliche Regeln und Verfahren geschaffen. Das Bestehen eines Konflikts wird eigentlich geleugnet.

---

18 *Glasl, F.*, Konfliktfähigkeit statt Streitlust und Konfliktscheu. Dornach 2010, S. 103 ff

Die Überlappungen besagen nun, dass z.B. auf der Eskalationsstufe 3 ein heißer Konflikt noch mit „Supervisorischer Mediation" (oder „Konflikt-Moderation") zu bearbeiten ist, während ein kalter Konflikt derselben Stufe besser mit „Transformativer Mediation" behandelt werden kann.

Weitere Überlegungen sind bezüglich der **sozialen Arena** des Konflikts anzustellen, wenn es sich um mikro-, meso- oder makro-soziale Konflikte handelt, und auch hinsichtlich der Reichweite (Friktion, Positionskampf, Systemveränderungs-Konflikt). Im Rahmen dieses Beitrags muss ich es beim Hinweis bewenden lassen.[19]

3. Die Kompetenzfelder von MediatorInnen

Heute wird Mediation in vielerlei Feldern und in vielerlei Formen angewandt. Je nach Sektoren und Ländern setzen sich die genannten Mediationsformen unterschiedlich durch. Aber schon eine kurze Erwähnung zeigt, dass sich MediatorInnen im Zuge der weiteren Professionalisierung auf die Besonderheiten der Sektoren und Zielgruppen einstellen und mehr vertiefend professionalisieren müssen.

Vor diesem Hintergrund sollte bei der Qualifizierung von MediatorInnen beachtet werden, dass mehrere Kompetenzfelder zu entwickeln und zu pflegen sind. Zur Darstellung bediene ich mich der Methode der „Kompetenzräder", die sich in der Personalentwicklung bereits vielfach bewährt hat.

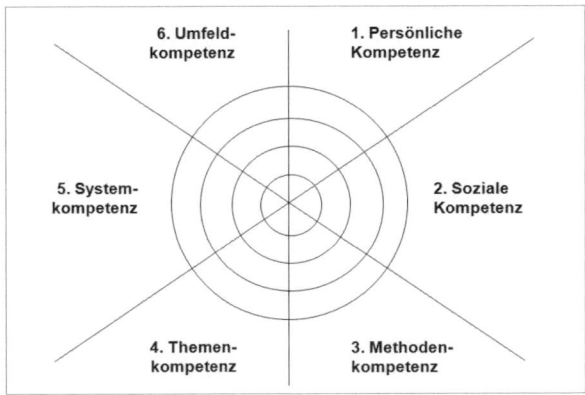

Kompetenzräder für MediatorInnen

---

19   Siehe *Glasl, F.,* Konfliktmanagement. Bern/Stuttgart/Wien 2011, S. 403 ff

In der vorstehenden Abbildung unterscheide ich 6 wesentliche Kompetenzfelder:

- Persönliche Kompetenz
- Soziale Kompetenz
- Methodenkompetenz
- Themenkompetenz
- Systemkompetenz
- Feldkompetenz.

Wie hoch entwickelt die einzelnen Felder zu sein haben oder welches Gewicht ihnen zukommt, hängt davon ab, worauf MediatorInnen in ihrer Praxis fokussieren wollen.
Dazu einige Erläuterungen.

3.1 Persönliche Kompetenz

Weil die Person der MediatorIn das wichtigste Instrument ist, geht es hier um Selbstkenntnis, Wissen um die eigenen Licht- und Schattenseiten, Berücksichtigung der eigenen Stärken und Schwächen, Selbstbewusstsein und Achtsamkeit ("Mindfulness").[20] Wichtig ist emotionale Offenheit und Stabilität, darüber hinaus Resistenz gegenüber sozialer Ansteckung. Generell kann ein hohes Maß an emotionaler Intelligenz[21] erwartet werden. Weiterhin zähle ich dazu kognitive Fähigkeiten, vor allem analytisch und synthetisch denken und Muster erkennen zu können, und vor allem eine klare ethische Haltung und Vertrauenswürdigkeit.

3.2 Soziale Kompetenz

Dieses Feld umfasst Empathiefähigkeit, kommunikative Fertigkeiten, Kontaktfreudigkeit.

Von großer Bedeutung ist die Fähigkeit, wirksam Initiativen ergreifen zu können, zu führen und zu steuern, jedoch nicht in starrem Verhalten, sondern fähig zu Rollenvielfalt und Rollenflexibilität. Besondere soziale Fähigkeiten sind für die Arbeit an interkulturellen und interreligiösen Konflikten in Ergänzung zur Themenkompetenz erforderlich.

---

20 Siehe *Tan, Chade-Meng*, Search inside yourself. London 2012.
21 *Goleman, D.*, Emotionale Intelligenz. München/Wien 1996.

3.3 Methodenkompetenz

Diesem Feld ist Kennen und Können vieler Methoden und Techniken zuzuordnen, die im Zuge einer Mediation gefordert sind, um Themen zu sammeln, Sichtweisen darstellen zu lassen, Bedürfnisse aufzuspüren, Lösungsoptionen zu erarbeiten und auszuwählen etc. Dazu gehören u.a. auch Fragetechniken, Visualisierungsmethoden, Kreativitätsmethoden und anderes mehr. Vor allem geht es um das Anbieten passender Settings, in denen mit den Konfliktparteien fruchtbar gearbeitet werden kann. Neben rationalen Methoden empfehlen sich auch imaginative und intuitive Methoden.

3.4 Themenkompetenz

MediatorInnen können besondere Fähigkeiten zur Bearbeitung bestimmter Themen entwickeln für Konflikte über Strategiefragen, Strukturen, Personalmanagement, Marketing, Controlling, Finanzfragen etc. Interkulturelle und interreligiöse Konflikte erfordern zusätzlich zu einer hohen Sozialkompetenz noch besonderes Wissen über Kulturen, deren Wurzeln und Hintergründe und deren Verankerung in sozialen Systemen.

3.5 Systemkompetenz

Weil es problematisch sein kann, bestimmte Erfahrungen und Methoden z.B. aus dem Familienkontext ungeprüft auf eine komplexe Organisation zu übertragen, empfiehlt es sich, für mikro-soziale, meso-soziale oder makro-soziale Systeme besondere Fähigkeiten zu entwickeln. Hier kann es sich handeln um Paarbeziehungen, um Gruppen und Teams, um Organisationseinheiten oder eine Gesamtorganisation, Allianzen, Interessensvertretungen, Land, Region usw.

3.6 Umfeldkompetenz

Für die Arbeit mit bestimmten Systemen ist ein ausreichendes Grundverständnis der MediatorInnen für die Besonderheiten des Umfeldes nützlich, in dem dieses System operiert. Bei der Systemkompetenz „Krankenhaus" kommt noch dazu: „Wie funktioniert das Gesundheitssystem?" Bei der Arbeit mit einer Schule: „Was tut sich im Bildungssystem?" Bei Banken: „Wie ist die Dynamik in der Welt der Finanzdienstleister?" Bei einer

Pfarrgemeinde: „Was lebt gerade im religiös-kirchlichen Bereich?"

Bei der Arbeit mit Kompetenzrädern ist zu unterscheiden, bis zu welchem Grad eine bestimmte Kompetenz erforderlich ist und wohin sie sich weiter entwickeln soll. Abbildung 5 umschreibt den Kompetenzgrad mit den 4 Stufen „SchülerIn", „GesellIn", MeisterIn" und LehrerIn".

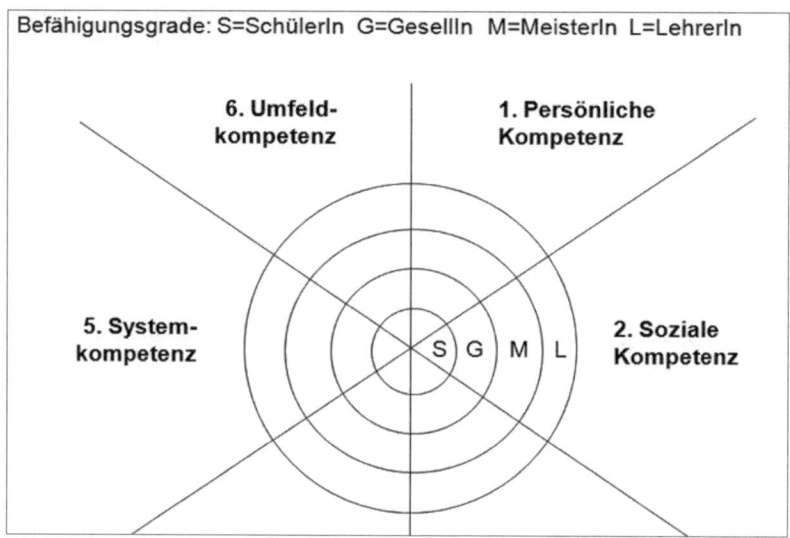

Die 4 Fähigkeitsgrade eines Kompetenzfeldes

In der Praxis hat sich bewährt, eine „Sockelkompetenz" von „Spitzenkompetenzen" zu unterscheiden. Jede MediatorIn sollte in den Kompetenzfeldern 1 bis 3 wenigstens „GesellIn", wenn nicht „MeisterIn" sein. Das sind die Basics. Weiteres hängt es von der Fokussierung von MediatorInnen ab, welches Gewicht die Kompetenzfelder 4, 5 und 6 erhalten müssen.

Aber in der Praxis hat sich auch gezeigt, dass die Basics allein nicht ausreichen, um an Aufträge zu kommen. Die Klienten suchen eine gewisse Sicherheit, und die wird ihnen vermittelt, wenn sie spüren können, dass die MediatorInnen darüber hinaus noch Wissen und Fähigkeiten haben, die in der Konfliktsituation gefragt sind. Wenn Ausbildungen dies vernachlässigen, werden die AbsolventInnen wahrscheinlich schwer ihren Erstfall bekommen.

In der folgenden Abbildung ist das Beispiel einer Mediatorin angeführt, die sich auf Organisationsmediation spezialisiert hat und im Besonderen auf Institutionen des Bildungswesens: Kindergärten, Schulen, Hochschulen und andere Formen der Erwachsenenbildung.

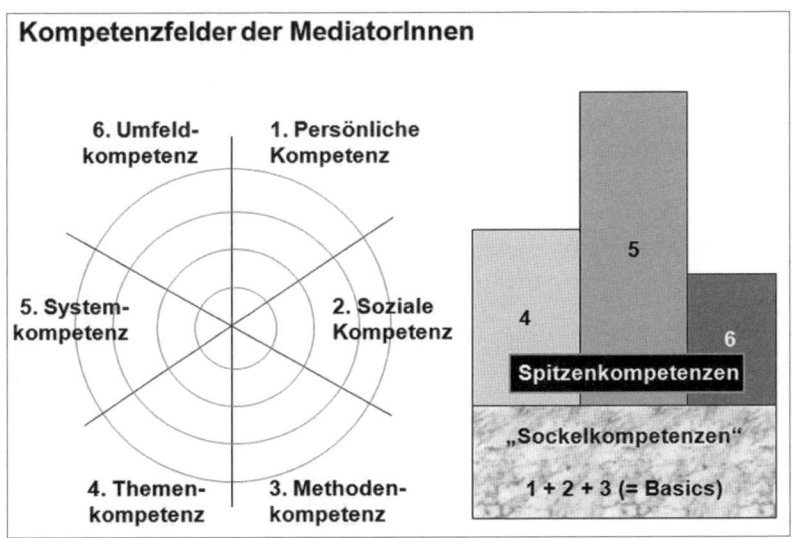

Sockel- und Spitzenkompetenz am Beispiel der Organisationsmediation

Mit diesem Orientierungsrahmen können MediatorInnen ihre eigene Kompetenz überprüfen und reflektieren und auch Lern- und Entwicklungsziele konkreter definieren. All diese Überlegungen gehen jedoch von der Notwendigkeit einer zunehmenden Differenzierung im Fach Mediation aus.

4. Ausblick

Mediation als Integration von Konzepten, Haltungen und Techniken der Berufsrolle einer Drittpartei beginnt sich mehr und mehr durchzusetzen. Das heißt nicht, dass schon viele MediatorInnen berufsmäßig an der Konfliktlösung arbeiten, aber die grundlegenden Haltungen und Techniken der Mediation haben bereits andere Berufsausbildungen bereichert. Dies gilt im Besonderen für die Anwendung von Dialogprinzipien, für empathisches Zuhören und Fragenstellen, für nonsuggestives Paraphrasieren und Resümieren, für Perspektivenwechsel und den Umgang mit Emotionen, für das Unterscheiden und Trennen von Wahrnehmungen und Urteilen, das Verzichten auf Gewaltausübung durch gewaltfreie Sprache und Kommunikation und anderes mehr.

Auf diese Weise hat mediatives Handeln vermehrt Eingang gefunden in die Tätigkeit von Führungskräften, ProjektmanagerInnen, ModeratorInnen, Coaches und SupervisorInnen, UnternehmensberaterInnen und TherapeutInnen, RichterInnen und PolizistInnen, um nur einige zu nennen.

Durch mediatives Handeln ändert sich allmählich der Umgang mit Konflikten im mikro-, meso- und makro-sozialen Rahmen. Mediation wird allmählich zu einem Kulturfaktor.

Weitere Informationen:
www.friedrich.glasl.trigon.at

 **Friedrich Glasl,** geb. 1941 in Wien, Univ.Prof. Dr. Dr.h.c., dozierte Organisationslehre und Konfliktforschung an der Universität Salzburg und an Universitäten innerhalb und außerhalb Europas, seit 2009 Visiting Prof. an der staatlichen Universität Tiflis (GE). 1967 – 1985 in den Niederlanden Senior Berater am NPI-Institut für Organisationsentwicklung, 1985 Mitgründer der TRIGON Entwicklungsberatung in Graz (A) und Rückkehr nach Österreich. Mediator BM und Mediationstrainer BM. Mitgründer des Verlags Concadora (Stuttgart), Redaktionsmitglied der Zeitschrift „perspektive mediation". Berater und Trainer für Unternehmensentwicklung und Konfliktmanagement in Wirtschaft, Verwaltung und Kultur, bei politischen und ethno-kulturellen Konflikten in Armenien, Georgien, Kroatien, Nord-Irland, Russland, Sri Lanka, Südafrika. Autor u.a. der Standardwerke „Konfliktmanagement", „Selbsthilfe in Konflikten", „Dynamische Unternehmensentwicklung" und von mehr als 200 Beiträgen in Fachzeitschriften und Sammelwerken, wie auch Autor und Produzent von Lehrfilmen für Konfliktmanagement und Mediation.

Der biprofessionelle Familienmediator: Alle Kompetenz in einer Person? Ein Beitrag zur Diskussion über fachliche Ressourcen und Grenzen von Familienmediatoren |
Frank Glowitz und Isabell Lütkehaus

„Das echte Talent erkennt man weniger in seinen erstaunlichen Anlagen als in der selbstlosen Fähigkeit, die überlegene Leistung eines anderen glühend zu verehren." - Franz Werfel

1. Hintergrund

Hintergrund dieses Beitrages sind die Vorbereitungen des ersten gemeinsamen Mediationskongress der drei Mediationsverbände BM, BAFM und BMWA in Ludwigsburg im November 2012.

Unser Kongressbeitrag beschäftigt sich mit einem wesentlichen Ausschnitt der Mediation nach den Richtlinien der BAFM. Wir möchten die geballte Kompetenz der Mediatoren, die auf einem solchen Kongress zusammenkommt, nutzen, um Neues zu entwickeln, sich zu vergewissern, ggf. auch zu redefinieren. Außerdem geht es uns darum, „Typisches" als ein Merkmal der Trennschärfe zwischen den verschiedenen Mediationsangeboten in den unterschiedlichen Verbänden unter die Lupe zu nehmen.

Und was gibt es im Rahmen der BAFM Typischeres als die Biprofessionalität in Ausbildung und Familienmediation zu diskutieren?

Wir gehen von den unterschiedlichen Qualitäten aus, die Biprofessionalität und Co-Mediation in sich bergen, und treten aus guter Erfahrung für den Erhalt dieses Wesensmerkmales der Familienmediation im Rahmen der BAFM ein. Die theoretische Beschäftigung mit dem Thema zeigt, dass die Forschung bezüglich der nachgewiesenen Effekte durchaus Nachholbedarf aufweist. Auch wir können uns hier zunächst überwiegend auf unsere eigene Praxis stützen.

Die Internet-Recherche nach „Biprofessionalität+Mediation" ergibt bei Google nur achtzehn Treffer, die fast ausnahmslos auf das Konto der BAFM gehen. Die BAFM ist es auch, die hierzu diverse Aufsätze in ihrer Fachliteraturliste nennt.

Es werden überwiegend positive Effekte aus der Zusammenarbeit von Juristen und Psychologen (und Sozialpädagogen, Pädagogen, Soziologen, Sozialwissenschaftlern etc.) festgestellt. Kritische Autoren befassen sich auch mit dem Hinweis auf Nachteile und Risiken aus der biprofessionellen Zusammenarbeit. Lack-Strecker nennt hierzu verschiedene Formen der Grenzüberschreitungen, die v.a. Risiken für die Medianten darstellen. Im Handbuch Mediation besprechen die Autorinnen praktische und methodische Nachteile, die sich letztendlich aus jeder Form der Zusammenarbeit ergeben können.

Im vorliegenden Beitrag werden vor allem die Chancen und Vorteile, die sich aus der Kombination von Unterschieden ergeben, beleuchtet. Biprofessionalität bedeutet für uns auch idealiter: Co-Mediation, zwei Mediatoren, zwei Geschlechter. Auf diese Weise werden die Vorteile, die sich aus einer Mehrpersonenperspektive ergeben vielmehr übersetzt in eine Mehrkulturperspektive. Kultur wird im Folgenden im weiteren Sinne als erfahrungsbasiertes Wissen, Können und Dürfen verstanden werden. So wird aus zwei Perspektiven die Hypothesenvielfalt im Sinne Heinz von Försters „Handle stets so, dass die Anzahl der Wahlmöglichkeiten größer wird" erhöht und nützt im besten Falle dem Mediandensystem. Biprofessionalität bedeutet für die Familienmediation aber nicht nur Interdisziplinarität im Sinne eines „Mehr hilft mehr", sondern wird aus der Co-Mediation von Juristen und Psychologen in Bezug auf die besondere Bedarfs- und Bedürfnislage der Medianden in der Familienmediation begründet. Im folgen Kapitel beschäftigen wir uns mit der Mediationssituation, in der in der Regel zwei oder mehr Konfliktparteien mit spezifischen Erfahrungen, Gefühlen, Bedürfnissen etc. auf professionelle Mediatoren treffen, die ihrerseits mit spezifischen Kompetenzen ausgestattet sind, die dieser Bedürfnislage gerecht werden sollen.

2. Die Mediationssituation

Die Mediationssituation beschreiben wir 1. mit Blick auf die Medianden, in welcher Situation sie in der Mediation ankommen. 2. Beschäftigen wir uns mit den spezifischen Kompetenzen der jeweiligen Mediatoren mit juristischem und mit psychologischem Grundberuf.

2.1. Die Medianden

Familien, die sich zu einem bestimmten Zeitpunkt nicht mehr in der Lage sehen, einen oder mehrere Konflikte ohne professionelle Hilfe zu lösen, sind in der Regel darauf angewiesen, Lösungen zu finden. Mindestens ein Mediand benötigt nach ihrer Lebenskonstruktion eine

Auflösung starrer Fronten, womit mindestens ein Mediand ggf. sogar leben könnte. Wenn diese Lösung nicht in der Mediation gefunden werden kann, würden andere Instanzen hinzugezogen, die aus aktueller Perspektive für mindestens eine Partei weniger erfolgversprechend scheinen. Weitaus seltener, aber dennoch, kommen hie und da Medianden und würden sich in einer Sache gerne mit Hilfe eines Profis auseinandersetzen, weil es einfacher scheint und weil der gute Kommunikationston dabei gehalten bleiben kann, dessen Verlust ansonsten zu befürchten stünde.

Wir meinen in unseren Überlegungen eher die erstere Gruppe, den „Angewiesenen".

Deren Familienbeziehungen sind durch Höhen und Tiefen gegangen; ihre Gemeinschaft ist zerbrochen oder im Zerbrechen begriffen. Der Wunsch und die Notwendigkeit, in Gemeinschaft zu leben und zu arbeiten ist phylogenetisch ein Spezifikum des Menschen. Irritationen eines spezifisch menschlichen Grundbedürfnisses nach Gemeinschaft haben Bedrohungen des Ichs, des Individuums zur Folge. Somit schützt sich das Ich zunächst funktional gegen diese Bedrohung. Schutz nach außen heißt physiologisch einen „Notfall" zu bewältigen. Kreatives, flexibles Denken weicht in Notfallsituationen zunächst hoher Aufmerksamkeit und spontaner Aktionsbereitschaft. Es wird das Wichtigste, was der Mensch im Falle des „unvorbereitet aus dem Busch springenden Raubtieres" zu leisten vermag, zur Verfügung gestellt. Nach der Bedrohung regeneriert sich der Körper normalerweise mit Entspannung. Dies ist vielen Medianden im Falle eines lang anhaltenden Konfliktes nicht möglich und somit auch durch die Mediatoren in ihrem Vorgehen zu berücksichtigen. Vieles, was in der Gemeinschaft geregelt war, gerät im Konflikt in Bewegung. Der Wunsch nach Wiederherstellung von Ordnung durch Regeln wird stärker. Dagegen greifen Handlungsmuster zur Lösung von Konflikten oder zum Verhalten im Konflikt nicht mehr. Existenzen und Identitäten werden infrage gestellt. Dabei sollen Kinder möglichst geschont werden. Gerade für sie gibt es daher häufig viel zu regeln, ganz praktische Lösungen sind gefragt. Es wird eine breite Palette von Gefühlen bedient: Angst, Unsicherheit, Verzweiflung, Hilflosigkeit – auch in Folge von Traumata – Überforderung, Orientierungslosigkeit, Verrat, Enttäuschung und andere. Medianden haben häufig das Gefühl, keinen Zugang mehr zu eigenen Ressourcen zu haben.

Sicher: Medianden unterscheiden sich gerade im Hinblick auf den Umgang mit Krisen immens. Wenn wir aber während des Prozesses

hinter die Fassade gucken dürfen, finden wir in vielen Fällen die oben beschriebenen Zustände wieder. Dies bedeutet, wir können davon ausgehen, dass sich Familienmediation mindestens mit dieser Bedarfs-, Bedürfnis- und Gefühlspalette intensiv auseinandersetzen muss.
Was bedeutet dies für unsere Professionalität?
Was bringen Mediatoren für diese Situation, in der sie den Medianden begegnen, aus ihren Herkunftsberufen bestenfalls mit?
Bei der folgenden Nennung der Eigenschaften und Kenntnisse legen wir Wert darauf, dass diese nicht ausschließlich beim Mediator des jeweiligen Berufes vorkommen, jedoch dort in besonderer Weise vertieft ausgeprägt worden sein sollten.

2.2 Mediatoren mit juristischem Hintergrund

Juristen setzen sich intensiv mit dem Funktionieren und Nichtfunktionieren von Leben in Gemeinschaften auseinander. Dabei spielen Regeln, repräsentiert meist durch das Recht, sowie deren Einhaltung und Verletzung eine bedeutende Rolle. Medianden schätzen dies und verführen Mediatoren häufig dazu, rechtliche Aussagen zu treffen. Wer das Recht beherrscht, beherrscht die Grenzziehung zur Mediation umso besser. Juristen beschäftigen sich mit „Sachverhaltsaufklärung", was Unterstützung beim Bedürfnis nach Orientierung bedeutet.
Juristen ist das Denken in komplexen Strukturen vertraut. Der flexible Umgang mit Aggregation und Konkretion gehört zu ihrer Berufsausübung, zur Klärung von Sachverhalten und zu deren Einordnung ins Rechtssystem. Zudem zeichnen sich Juristen idealiter durch Verhandlungserfahrung aus. Paul und Schwartz betonen als originär juristische Kompetenz den Umgang mit relevanten Fristen und Vorschriften „der nur durch den Mediator mit anwaltlichem Quellberuf geleistet werden kann" zur Herstellung eines verlässlichen Verhandlungsumfeldes.

2.3 Mediatoren mit psychologischem Hintergrund

Psychologen haben sich insbesondere Kenntnisse für menschliches Denken und Verhalten in besonderen Situationen angeeignet. Darüber hinaus sind sie Notfallexperten für emotionale Ausnahmezustände in Krisen. Sie sind nicht nur diagnostisch geschult, sondern verfügen auch über ein breites Repertoire von psychologischen Unterstützungsmöglichkeiten. Durch spezifische Techniken der Gesprächsführung stellen sie Beziehung zum Mediandensystem her und erleichtern somit den

Medianden, ein Arbeitsbündnis einzugehen. Sie verstehen es in der Regel, das Erleben und Verhalten von Menschen zu beobachten und zu beschreiben und unterstützen sie darin, sich persönlich weiter zu entwickeln. Psychologen verstehen es zudem meist, zwischen empathischer Nähe zum Mediandensystem und professioneller Distanz zu regulieren. Damit koppeln sie an die Gefühls-, Bedürfnis und Interessenwelt des Mediandensystems an, behalten jedoch als externe Nicht-Beteiligte ohne eigene Interessen und Wertvorstellungen den Prozess in der Hand, so dass die Medianden ihre eigenen Lösungen finden können, die ihren jeweiligen Bedürfnissen und Interessen entsprechen. Bastine beschäftigt sich in seinem Aufsatz „Psychotherapie und Mediation" ausführlich mit Kompetenzen, die Psychotherapeuten in die Mediation einbringen – was u. E. in vielerlei Hinsicht auch auf Psychologen zutrifft.

3. Biprofessionalität in einer Person?

Zunehmend stellen wir fest, dass sich die Vertreter der jeweiligen Berufsgruppe mit großem Interesse auf das Terrain der jeweils anderen Berufsgruppe begeben. So interessieren sich Juristen beispielsweise für die Genogrammarbeit und Psychologen für markante Urteile in Unterhalts- und Umgangsfragen.

Wir finden dies gut und für die Entwicklung der Familienmediation richtig und wichtig. Zunehmend stellen wir allerdings auch fest, dass die Haltung Verbreitung findet, mit einer Weiterbildung in Mediation zusätzlich zum Herkunfts- oder Quellberuf die jeweils andere Seite mit abdecken zu können. Bei Lichte besehen , was üblicherweise in Mediationsweiterbildungen angeboten wird und bei verträglichem Umfang angeboten werden kann, stellte dies aus unserer Sicht nicht nur eine Überforderung der Mediationsweiterbildung dar. In ihr geht es um die Spezifik der Konfliktvermittlung und sie beleuchtet das Wesen des Konfliktes, nämlich die Auseinandersetzung mit verschiedenen Positionen, ihren Auswirkungen und der Lösungssuche auf formaler sowie der Haltungs- und Verhaltensebene. Sie kann und soll nicht fünf Jahre Studium und mindestens fünf Jahre Berufssozialisation kompensieren. Sie kann jedoch dazu beitragen, die jeweils andere Seite so zu beleuchten, dass für die Mediatoren in Ausbildung erkennbar wird, wann Recht und wann Psychologie im Prozess eine entscheidende Rolle spielen und somit über Potenziale und Grenzen in der Mediation zunehmend Bewusstheit hergestellt wird. Über die Überforderung hinaus gehen wir aber auch davon aus, dass diese Vorstellung, dieser Anspruch, die jeweils andere Seite der Bedarfslage mitabdecken zu können, riskiert, das entscheidende Spezifikum in der Familienmediation zu übersehen und Angebotsqualitäten zu vertun: Konfliktparteien in Familienangelegenheiten befinden sich zumindest gedanklich fast ausnahmslos in den zwei Sphären zwischen Jurisprudenz und Psychologie. Dies kann einen Unterschied zur Mediation zwischen Vermieter und Mieter, zwischen Lehrer und Eltern oder zwischen zwei Kollegen im öffentlichen Dienst markieren.

Woher kommt diese unterstellte sinnvolle, funktionale Haltung, die nach unserer Wahrnehmung unter den Mediatorinnen Verbreitung findet?

Unseres Erachtens ist das oben genannte Phänomen vor allen Dingen ökonomischer Pragmatik geschuldet, die natürlich ihre Berechtigung hat. Was nicht bezahlt wird, findet keine Verbreitung. Wenn es der Markt derzeit flächendeckend nicht hergibt, zwei Personen in der Familienmediation kostendeckend zu beschäftigen, was bedeutete dies für die Entwicklung der Familienmediation mit ihrem biprofessionellen Ansatz?

Möglichkeit 1:

Das Familienmediationsmarketing kann die Biprofessionalität in der Mediation aufwerten. Dies kann sowohl von den Fachverbänden, insbesondere der BAFM, in Angriff genommen werden als auch durch das eigene Marketing jedes Familienmediatoren. Ähnlich wie in der Mediation in Wirtschaft und Arbeit, wo bestimmte Gruppengrößen eine bestimmte Anzahl von Mediatoren erfordern, könnte es zum Standard der Familienmediation werden, zwei Quellberufe, nämlich aus dem juristischen sowie aus dem psycho-sozialen Bereich anzubieten.

Möglichkeit 2:

Aus ökonomischen Gründen wird der hinreichend juristisch und psychologisch geschulte Mediator in Personalunion auftreten. Geht die Entwicklung der Familienmediation in diese Richtung, hätte dies sicher Auswirkungen auf die Curricula der Weiterbildungen, da der Bedarf an juristischen und psychologischen Inhalten vermutlich stark zunehmen würde. Die Mediation könnte kostengünstiger angeboten werden. Fort- und Weiterbildungsinstitute profitierten davon. Die Kosten trügen die Mediatoren, die dies über das Mediationshonorar umschlagen müssten.

Möglichkeit 3:

Die Reflexion der Potenziale und Grenzen der Mediation wird verstärkt in die Supervision verlagert. Die Diskussion über eine Supervisionsnachweispflicht für verbandsorganisierte Mediatoren als Qualitätsentwicklungsinstrument könnte somit erneut angefacht werden. Außerdem wäre zu diskutieren, ob nicht ein biprofessionelles Supervisorenteam zum Qualitätsstandard der Familienmediation gehören sollte. Die Kosten für die Supervision trügen wiederum die Mediatoren, die diese über das Mediationshonorar umschlagen müssten.

Möglichkeit 4:

Die Familien-Mediatoren bestimmen ihre Grenzen selbst. Jede leiste, was sie kann. Bernhard und Winograd differenzieren hier zwischen der Familien-Mediation, „die sich auf die Klärung von Fakten und Sachverhalten konzentriere und lediglich die inhaltlichen Trennungs- und Scheidungsfolgen verhandele" und „einem transformativen Konzept der Mediation", das Bush und Folger vorgelegt haben. Demzufolge hat die Einigung der Parteien in den inhaltlichen Kontroversen zugunsten der Förderung von Perspektivübernahme und der Differenzierung der Selbst- und Fremdwahrnehmung eher sekundären Stellenwert.
Lack-Strecker weist auf die Verführungen und Gefahren für Mediatoren hin, sich selbst nicht ausreichend abzugrenzen. Der Jurist dürfe nicht in Rechtsberatung abgleiten, der Psychologe nicht in Therapie. Mediation ist eben gerade eine Schnittmenge von Jurisprudenz und Psychologie und nicht die gesamte psychologische und juristische Berufstätigkeit. Aus unserer Sicht ist zunehmend gerade auch der Cross-Over zwischen den jeweiligen Berufen eine Verführung, der Mediatoren erliegen könnten. Juristen erfreuen sich neuer methodischer Kenntnisse aus dem Psychotherapeutischen. Psychologen lassen sich unter Druck, die Sitzung voranzubringen, zu juristischen Aussagen verleiten.

Fazit:

Es wird bei der Wahl von Alternativen zur biprofessionellen Co-Mediation zumindest zu einer Verlagerung von Kosten je nach Angebot vermutlich nicht auf ein Nullsummenspiel hinauslaufen. Unabhängig von der Qualität wird es kostengünstigere und kostenintensivere Angebote geben. Deutlich dürfte aber geworden sein, dass Qualität ihren Preis hat, der sich über welche Umwege auch immer bei Medianden niederschlagen wird. Höhere Kosten für Mediatoren durch Fort- und Weiterbildung sowie Supervision wirken sich auf das Honorar aus. Unterlassene resp. misslungene Abgrenzung zwischen den Quellberufen wirkt sich negativ auf die Qualität aus – was auf andere Art ein hoher Preis ist. Frei finanzierte biprofessionelle Co-Mediation ist derzeit in der Regel noch einkommensstärkeren Kreisen vorbehalten. Andere Formen der biprofessionellen Co-Mediation auch für Einkommensschwächere werden z.T. in Beratungsstellen, Vereinen etc. angeboten, die entweder über andere Finanzierungsquellen verfügen, auf Spenden angewiesen sind oder wo Mediatoren – in geringem Umfang - zu einem einheitlich deutlich reduzierten Honorarsatz arbeiten.

Die Autoren erleben die o.g. Risiken und Verführungen in den Mediationen tagtäglich, sind sich jedoch bewusst, dass diese in der Praxis in gelingender Co-Mediation begrenzt werden können. Beispiele aus der Praxis sollen dies im folgenden Kapitel als Vorteil und Chance der biprofessionellen Co-Mediation herausstellen.

4. Vorteile und Chancen der biprofessionellen Co-Mediation

„In der Familienmediation ist es in der Bundesrepublik bisher gelungen, den Wettbewerb zwischen den Professionen der Kooperation untereinander dienlich zu machen. Die Zukunft wird erweisen, ob wir diesen Schatz bewahren und mehren können….."
In der Zukunft, nämlich zwölf für die Mediation ereignisreiche Jahre später angekommen, möchten wir die Praxis daran messen, ob der Schatz der biprofessionellen Co-Mediation bewahrt oder gar gemehrt werden konnte: Für die Praxis der Autoren ist es als Weiterbildungs-Absolventen Jahre nach dieser Aussage von Jutta Lack-Strecker und Hans-Georg Mähler im Jahre 2000 insofern ein bewahrter Schatz, als es für sie fachlich von Anfang an – ja bereits während ihrer Ausbildungen

an zwei unterschiedlichen Instituten - selbstverständlich war, in Co-Mediation biprofessionell zu arbeiten. Dies war kein Experiment, keine Innovation, nein es war im Denken und Handeln der Autoren Standard. Was das „Mehren" angeht, so wurden dies an diesem Konzept und an unserer gängigen Praxis allerdings die Zweifel, da rings um uns herum vom Konzept der Co-Mediation abgewichen wurde. Und gelebte Praxis hat schließlich immer berechtigte, um nicht zu sagen funktionale Gründe und Ursachen.

Für die Fälle, die wir miteinander mediieren ist es ein Gewinn. Dabei traten wir nicht nur als Juristin und Psychologe auf, sondern als Mann und Frau, als non-direktive und direktiver, als erste und zweite Geige etc.

In einem vom Familiengericht in die Mediation überwiesenen Fall war das Bedürfnis nach außergerichtlicher Einigung asymmetrisch verteilt. Die Orientierung eines Konfliktpartners an der rechtlichen Entscheidungsmöglichkeit war während des ganzen Prozesses spürbar. Ohne Rechtsberatung zu leisten, konnte durch die juristische Kompetenz in der Mediation immer wieder die Grenze des Rechts, aber auch das Ausmaß der Möglichkeiten deutlich gemacht werden, die das Privatrecht bietet und dessen sich sehr viele Medianden nicht bewusst sind. Auf der anderen Seite wurde von Beginn an deutlich, dass die „Unlösbarkeit" des Konfliktes bis dato v.a. die Herstellung von Akzeptanz und Geborgenheit und die Wiederherstellung von persönlicher Würde in der Mediationssituation erforderte. Damit wurde über die Mediatoren ein Modell für die gegenseitige Akzeptanz der Lebensentwürfe als Voraussetzung für Verhandlung geschaffen. Dies war streckenweise psychologisch diffizil, da der Konflikt der Eltern mit radikalen Biografiebrüchen aufgrund der sexuellen Neuorientierung einer Konfliktpartei und damit als „Makel" für die ganze Familie einherging. In der Reflexion der Sitzungen bestärkten sich die MediatorInnen gegenseitig darin, für den schwierigen Prozess, der immer wieder zwischen Recht und Psychologie zu polarisieren drohte, gegenseitig Sicherheit zu geben. Diese Sicherheit schlug sich vermutlich in der zunehmenden Sicherheit und Zufriedenheit der Medianden nieder, die wir nach jeder Sitzung mit kurzen Evaluationsbögen erfassten.

Alleine die Möglichkeit der Metakommunikation ermöglicht es den Medianden Abstand zu nehmen von der Vermischung aus persönlicher Kränkung, Verletzung und Missgunst und von der Interessenslage der anderen Konfliktpartei. Offenes gemeinsames Nachdenken, manchmal Wundern der Mediatoren über den Fort- oder Rückschritt im Prozess, über die Verquickung von Sach- und Beziehungsorientierung, der Bedeutung der Zeitdimension (was gehört in die Vergangenheit, was in die Zukunft, was wirkt gerade aktuell) etc. kann in einem Meta-Monolog zwar als Intervention eingesetzt werden, entspricht aber nur einer kongruenten Kulturperspektive, z.B. eines Psychologen, eines Mannes, eines Familienvaters, etc. und ist damit in der Vielfalt an Möglichkeiten naturgemäß eingeschränkt. In der Metakommunikation im Sinne eines Reflecting Teams werden zusätzlich Identifikationsangebote ermöglicht.

In einem Fall forderten die Medianden sogar die Metakommunikation ein: Die Mediatoren praktizierten dies in drei Sitzungen hintereinander. Sie diskutierten ihre Übereinstimmungen und differente Sichtweisen vor den zuhörenden Medianden und befragten diese dann zur Diskussion und was sie daran als zutreffend wahrnehmen, was nicht passte. Am Ende der Sitzung hatten sie mit Hilfe des Evaluationsbogens die Gelegenheit, anzugeben, was gut wirkte und was fehlte. Eine Mediandin notierte darauf: „Es fehlte mir das Gespräch unter Ihnen über uns". Auf Nachfrage erklärte sie in der nächsten Sitzung, dass das Zuhören zuvor ertragreicher war als das Reden. Beim Zuhören – dies bezog sich lediglich auf die Mediatoren - könne sie entspannter entscheiden, was für sie wichtig, was richtig sei und was nicht. Und für Entspannung sollte die Mediation u. E. sorgen, ohne zu defokussieren, ohne vom Anliegen, einer Konfliktvermittlung abzugehen, damit kreative Potenziale wieder für den Prozess nutzbar gemacht werden können.

MediatorInnen aus zwei Quellberufen können sich v.a. vor und nach den Sitzungen besprechen. Gemeinsam Erlebtes wird in kollegialer Beratung besprochen und macht einen entscheidenden Unterschied zur Supervision mit einem Nicht-Beteiligten: Die Verantwortung für den Prozess liegt bei beiden Gesprächspartnern. In der kollegialen Beratung ist es relevant, die juristischen Möglichkeiten der Medianden nachvollziehen zu können, aber auch die Notwendigkeiten zu erkennen, sich zu konkreten Sachverhalten anwaltlich beraten zu lassen. Nur all zu leicht können solche Notwendigkeiten von Psychologen in der Fokussierung auf die psychologische Konfliktdynamik übersehen werden. Gleichzeitig können systemische Funktionslogiken, welchen Sinn es psychologisch für den Medianden machen könnte, sich in den Augen der anderen dysfunktional zu verhalten, durch Psychologen vermutlich selbstverständlicher in Hypothesen formuliert werden. Nur wenn dieser Sinn gemeinsam mit den Medianden entschlüsselt werden kann, können hierfür alternative

Lösungen gefunden werden. Wenn also Problemverhalten in Lösungs-verhalten übersetzt werden kann, werden Wege frei für weitere alterna-tive und für alle Konfliktparteien tragfähige Lösungen. Vielleicht ist die gemeinsame Sitzungs- und Prozessreflexion ein zentrales Wesensmerk-mal der biprofessionellen Co-Mediation. Jede gemeinsame Reflexion ist Neujustierung und in diesem Sinne dient sie der Qualitätsentwicklung.

Wenn über Risiken und Nachteile der Co-Mediation nachgedacht wird, betrifft dies in der Regel erhöhte Kosten und erschwerte Terminvereinba-rung. Hinzu kommen Verantwortungsdiffusion, eingeengter Spielraum alleine durch die Tatsache, dass der andere Mediator auch agiert. Einer von zwei Akteuren muss sich folglich immer zurücknehmen (auch das will gelernt sein!). Bei nicht funktionierenden Co-Teams kann es zu aller-lei Komplikationen kommen, auf die wir hier nicht gesondert eingehen möchten. Genannt seien exemplarisch Konkurrenz, externe Fehlerattri-bution, Kompetenzasymmetrien, etc.

Es ist vielmehr für eine gelingende Co-Mediation unerlässlich, sich mit sich selbst, seiner Rolle in Teams und mit der Kooperation im Konkreten zu befassen. Dies kostet zusätzlich Zeit.

Wir sehen diesen Nachteile jedoch nur bedingt als Nachteil, da wir diesen letztgenannten Reflexionsbedarf eher als Entwicklungschance, quasi als Fortbildung und Persönlichkeitsentwicklung durch Selbstreflexion und Dialog betrachten, dessen Effekte für die Professionalisierung als Media-tor nicht zu unterschätzen sind.

Wir haben uns in diesem Beitrag von der Beobachtung bzw. Sorge aus-gehend, Co-Mediation von Juristen und Psychologen werde in erster Linie aus ökonomischen Gründen weniger betrieben, vor allen Dingen mit den Chancen beschäftigt, die in der biprofessionellen Co-Mediation liegen.

Selbstverständlich gibt es auch hochkompetente Kollegen in der Medi-ation, die überwiegend oder gar grundsätzlich alleine mediieren. Viel-leicht geschieht dies sogar aus fachlicher Überzeugung. Die Vorteile davon und von anderen Alternativen (doppelte berufliche Besetzung, gleichgeschlechtliche Co-Mediation, etc.) seien an anderer Stelle dis-kutiert. Die Diskussionen der Autoren über Grenzen und Möglichkeiten in der Mediation aus dem jeweiligen Quellberuf heraus, sollten jedoch ebenso hier in diesem Beitrag Niederschlag finden und damit an die Bedeutung einer intensiven (Selbst-)Reflexionskultur der Mediatoren in Intervision, kollegialer Beratung, Supervision oder eben in biprofessio-neller Co-Mediation erinnern oder diese sogar anregen.

Dr. Isabell Lütkehaus

1968 geboren, Jura Studium und Promotion in München bis 1996, 14 Jahre Tätigkeit als internationale Unternehmensberaterin und Geschäftsführerin in Indien, Singapur, Thailand, London, Zürich und Berlin. Gründung der Berliner Niederlassung der KonsensKanzlei im November 2011 gemeinsam mit Uwe Bürgel.

- Rechtsanwältin, Mediatorin
- Familienmediation (BAFM), Trennung und Scheidung
- internationale Kindschaftskonflikte nach HKÜ
- Wirtschaftsmediation, Erbstreitigkeiten, Unternehmensnachfolge
- Mediation in Film, Fernsehen und neuen Medien
- internationale Mediation im englischen Sprachraum mit Schwerpunkt UK,
- USA und Asien (v.a. Indien, Singapur)
- Mediatorin bei Zusammenwirken im Familienkonflikt e.V.
- Mediatorin bei der Berliner Mediationszentrale e.V.
- Mitarbeit bei dem Ausbildungsinstitut BIM in Berlin
- Co-Leitung der BAFM Regionalgruppe Berlin

*Mitgliedschaften

BAFM e.V. - Bundesarbeitsgemeinschaft für Familienmediation
BMZ e.V. - Berliner Mediationszentrale
Consulting Women e.V. - Frauen in Beratungsberufen
MIKK e.V. - Mediation in internationalen Kindschaftskonflikten
MIMMA e.V. - Mediation in Medien, Kunst und Musik
ZiF e.V. - Zusammenwirken im Familienkonflikt
GIRT - German Indian Round Table
WIFTG - Women in Film and Television Germany e.V.

Frank Glowitz

Diplom-Psychologe mit Schwerpunkt auf Arbeits- und Organisationspsychologie, Systemischer Supervisor (DGSv; SG, 2001), Mediator (BAFM 2006) weitergebildet. Im Jahr 2000 gründete er die POLYLUX Organisationsberatung PartG in Berlin und beschäftigt sich seitdem mit Entwicklungsprozessen auf unterschiedlichsten Ebenen, wie der Organisation als Ganzes, des Teams, der Führungskraft, des Mitarbeiters und der Mitarbeiterin sowie der Kooperation zwischen Menschen. Durch die langjährige Beratung von Beschäftigten in der Kinder- und Jugendhilfe gilt er als Experte für das Thema „Konflikte in Familien". Die Familienmediation in Co-Mediation hat sich neben der Mediation in Arbeitsprozessen und -kulturen zu einem weiteren Betätigungsfeld seiner Arbeit etabliert. Aktuell entwickelt er gemeinsam mit dem Heidelberger Institut für Mediation eine Weiterbildung von Mediatoren zu Mediations-Supervisoren und bildet darin aus.

Fallstricke und Halteleinen
Familienbeziehungen in der Mediation | Bernadette Näger

Bitte machen Sie meiner Frau klar, dass es so nicht geht!

Familie, Existenz, Liebe, Gerechtigkeit: Das sind zentrale Themen, um die es immer auch geht und über die mitverhandelt wird, wenn Menschen, die in einer familiären Bindung oder Liebesbeziehung miteinander stehen, in Mediation gehen. Kommt es zum Konflikt, kommt es in der Regel auch zu einem Konflikt über unterschiedliche Einstellungen und Werte, über das Erleben der gemeinsamen Vergangenheit, über wechselseitige Erwartungen und Enttäuschungen.

Wir wollen in unserem Beitrag auf die speziellen Fallstricke aufmerksam machen, über die ein Mediator in diesem Kontext stolpern könnte und die dazu führen, dass er nicht mehr allparteilich sein kann, dass er das Vertrauen eines oder beider Medianden verliert, dass er verstrickt wird in deren Gefühlschaos und seiner Rolle als Prozessverantwortlichem nicht ausreichend gerecht werden kann. Und wir wollen – ohne Anspruch auf Vollständigkeit – aufzeigen, wie er sich dagegen wappnen sollte, welche Halteleinen er ergreifen kann.

Die folgenden Beispiele schildern typische Situationen mit denen ein Familienmediator konfrontiert sein kann:

- *Eine Ehefrau entdeckt, dass ihr Mann seit mehreren Monaten eine heimliche Affäre hat. Sie ist zutiefst verletzt und empört. Sie dachte immer, dass ihnen so etwas nie passieren könnte. Wie kann er ihr das nur antun? Warum hat sie nichts gemerkt? Kann sie ihren eigenen Wahrnehmungen noch trauen? Kann sie ihm noch in irgendetwas trauen?*
- *Ein geschiedener Vater wird von seinen zwei gerade erwachsenen Töchtern auf Unterhalt verklagt. Seit der Scheidung vor sieben Jahren wollten sie nichts mehr mit ihm zu tun haben, obwohl er sich immer wieder darum bemüht hat. Warum wollen sie nur sein Geld und keinen Kontakt? Er kommt sich wie ein Trottel vor. Diese ungerechte Behandlung macht ihn ohnmächtig und wütend.*
- *Schon seit Jahren geht es schleichend bergab mit der Ehe. Nun, auf dem Gefrierpunkt angelangt, wäre der Zeitpunkt da, sich räumlich zu trennen, aber keiner der beiden will ausziehen aus Angst, dann ins Hin-*

tertreffen zu kommen mit den zwei Kindern, die doch in der vertrauten Umgebung bleiben sollen. Dürfen wir ihnen das überhaupt antun? Verliere ich die Kinder für immer, wenn ich gehe? Wie könnte ich glücklich leben, wenn ich sie nicht jeden Tag sehe?

- *Nach dem Tod des Vaters möchten die drei Geschwister darüber sprechen, wie es mit den beiden Häusern und der betagten Mutter weitergehen soll. Einerseits wollen sie natürlich eine sachlich faire Lösung. Aber wie gehen sie damit um, dass die jüngste Schwester schon seit Jahrzehnten mietfrei in einem der Häuser lebt und sich um das Haus gekümmert hat? Die zwei anderen fanden das immer ungerecht und fühlten sich von den Eltern benachteiligt. Warum versteht die Schwester das einfach nicht? Dass darüber nicht gesprochen werden darf, treibt einen Keil der Entfremdung zwischen die Geschwister.*

Konflikte aus dem familiären Bereich sind meist daraus gespeist, dass die Beteiligten ihre engsten Bindungen in Frage gestellt sehen oder sie verloren haben. Damit geht unweigerlich eine Erschütterung in den Grundfesten der eigenen Person einher. Der eigene Selbstwert ist massiv bedroht. Das Gefühl, sein Leben, seine Umgebung selbstwirksam steuern oder beeinflussen zu können, verringert sich dramatisch. Die Vorhersehbarkeit der eigenen Zukunft ist eingeschränkt. Die meisten erleben intensive negative Gefühle und häufig eine Infragestellung ihres bisherigen Lebenssinns. Nicht zuletzt verliert man den oder die Menschen, von denen man bisher besonders viel emotionale Zuwendung erwartet und/oder erhalten hat und die gleichzeitig Objekt der eigenen emotionalen Zuwendung waren. Dadurch bricht wichtige soziale Bestätigung weg.

Die aktuelle Erfahrung kann darüber hinaus noch einen weiteren Effekt haben. Wenn ein Mensch zu einem früheren Zeitpunkt seines Lebens bereits negative Erfahrungen mit nahen Bindungspersonen gemacht hat (beispielsweise den eigenen Eltern), so kann diese bedrohliche oder gar traumatische Gefühlsqualität durch die aktuellen Ereignisse wieder aktiviert werden. Als Schlüsselreiz dafür reicht in der Regel die nahe Bindung. Die emotionale Reaktion auf die aktuellen Geschehnisse entspricht dann häufig eher der früheren (kindlichen) Reaktion und - sofern keine innerlich ausbalancierende Verarbeitung stattfindet - zeigt sie sich in entsprechenden Verhaltensweisen. Dazu gehören massive Verlustängste mit Unfähigkeit zur (partiellen) Loslösung, vollständige Abgrenzung mit Kontaktabbruch aus Angst vor weiterer Verletzung,

Aufbau eines Feindbildes zur Stabilisierung des eigenen Selbstwerts, Wunsch nach rächender Zerstörung des anderen als Ausgleich für erlittenes Unrecht etc.

In jedem Fall: Viele Menschen erleben solche Zeiten als existentielle Krise mit sehr hohem Stresspotential und Überforderung. Die Psychiater Holmes und Rahe entwickelten eine Skala, um das Ausmaß von Stress messen zu können, das von negativen wie positiven Lebensereignissen ausgeht. Ihnen werden Stresswerte von 0 bis 100 zugewiesen. Dabei zeigt sich, dass der Stress umso größer ist, je mehr Lebensbereiche an neue Umstände angepasst werden müssen. So wundert es nicht, dass Scheidung einen Stresswert von 73 hat. Dies wird nur übertroffen vom Tod des Ehepartners mit 100 als höchstem Stresswert überhaupt.

Bei der Stressreaktion kommt es zu einer stark erhöhten Anspannung des Körpers über die Ausschüttung bestimmter Neurotransmitter und Hormone, die dauerhaft zu einer Abnahme der Aufmerksamkeit und Leistungsfähigkeit führen. Körperliche und seelische Krankheiten können dem bekanntermaßen folgen, die dann wiederum Stress auslösen können. Aber auch im Akutfall wirkt sich Stress hinderlich aus, denn währenddessen kommt es zu einer sukzessiven Einschränkung der kognitiven Fähigkeiten bis hin zu einer nur noch reflexhaft ablaufenden Reaktion: Flucht, Angriff oder Erstarren. Dieses Phänomen zeigt sich gehäuft in Mediationssitzungen im Kontext von Familie.

Muss das Leben neu ausgerichtet werden, kommen auch Werte, Einstellungen und Bedürfnisse auf den Prüfstand. Was kann in Zukunft noch gelten? Spätestens wenn es in der Phase der Interessen genau darum geht, wird deutlich, dass es vielen schwer fällt, zu benennen, was für sie (noch) wichtig ist und wie sie in Zukunft leben wollen.

Schließlich gibt es noch das Thema Gewalt, das im Kontext von Familienkonflikten eine Rolle spielen kann. Gewalt in struktureller Form, die sich durch die gesamte gemeinsame Vergangenheit der Medianden zieht oder Gewalt, die erst in der aktuellen krisenhaften Situation entstanden ist.
Diese besonderen Umstände machen die Familienmediation zu einem Mediationsfeld, das zunächst die Bereitschaft des Mediators voraussetzt, sich auf Menschen einzulassen, die möglicherweise an einem Extrempunkt, einem Wendepunkt in ihrem Leben stehen, stärker als es

in anderen Konfliktbereichen der Fall ist. Darüber hinaus fordert dieser Konfliktbereich neben dem regulären Handwerkszeug spezielle Fähigkeiten, Wissen und Können, um den spezifischen Aufgaben gerecht werden zu können. Im Folgenden sollen sie näher betrachtet werden.

In jeder Mediation ist Grundlage des Erfolgs, dass die Medianden sich akzeptiert und wertgeschätzt fühlen. Nur dann kann es zu einer vertrauensvollen Zusammenarbeit kommen. In Extremsituationen, die familiäre Konflikte mit sich bringen, verhalten sich Menschen jedoch häufig auf eine Weise, die dem Mediator viel Geduld, Verständnis und Akzeptanz abverlangt. Dem kann begegnet werden, indem die eigene diesbezügliche Toleranz bewusst erhöht wird. Psychologisches Hintergrundwissen stellt dafür eine gute Basis und Halteleine dar.

Selbstverständlich sollte sein, dass Mediatoren die akuten Auswirkungen von Stress kennen, dass sie psychische Beeinträchtigungen oder Erkrankungen zumindest in deren Relevanz für die Zusammenarbeit einschätzen können. Und sie sollten sich mit dem Einfluss von Gewalt in Beziehungen sowie mit Suchtverhalten beschäftigen. Das erlaubt eine fundierte Prüfung der Indikation für eine Mediation.

Im Familienkontext sollten sie sich außerdem weiterbilden über Trennungsphasen und deren Auswirkungen auf die Beteiligten und auf den Mediationsprozess beispielsweise hinsichtlich unterschiedlicher Tempi der Medianden. Sie sollten die Dynamik von verschiedenen Paar- und Familienkonstellationen erkennen können, um die Umgangsweise der Partner miteinander oder ihre vermeintlich absurden Lösungswege respektieren zu können. Die Beschäftigung mit dem Gerechtigkeitserleben in nahen Beziehungen hilft Mediatoren dabei, nachvollziehen zu können, warum es manchem Medianden so schwer fällt, sich auf eine sachlich gute und scheinbar faire Lösung einzulassen und er anhaltend blockiert.

Die meisten Fallstricke im Mediationsfeld Familie warten auf den Mediator jedoch in seiner eigenen Biographie. Denn was für die Medianden gilt, gilt auch für ihn. Die eigenen Bindungs- und Beziehungserfahrungen, eigenes Erleben, Kränkungen, Wertvorstellungen und Überzeugungen sind der Resonanzboden, auf den das aktuelle Mediationsgeschehen, besonders das Verhalten der Medianden, trifft und der gleichzeitig die möglichen Reaktionen des Mediators filtert. So entsteht neben der Wirklichkeit eines jedes Medianden, eine vom Mediator konstruierte Wirklichkeit samt emotionalen Reaktionen, Gedanken, Hypothesen, körperlichen Reaktionen. Dieser eigenen Wirklichkeitskonstruktion muss sich der Mediator gewahr werden. Welche Gefühle habe ich gegenüber den Medianden? Was lehne ich ab? Was weckt den Beschützer in mir? Worauf reagiere ich besonders stark? Wie viel meiner Reaktion ist der aktuellen Situation geschuldet? Was hat mehr mit meiner eigenen Biographie zu tun? Woran hindern mich die eigenen gefühlsmäßigen und gedanklichen Reaktionen? Gibt es dabei Muster und woran erinnern sie mich? Wie können meine hinderlichen Reaktionen verringert werden? Aber auch: Wie kann ich sie nutzbar machen?

Eine intensive Selbstreflexion kann dem Mediator dabei helfen, die eigenen Reaktionen zu sortieren, Eigenes von Fremdem zu trennen und gegebenenfalls gefühlsmäßig auszubalancieren, damit es einem guten Mediationsprozess nicht im Wege steht. Ein Mediator, der im Familienfeld arbeitet, muss sich selbst sehr gut kennen, das ist die wichtigste Halteleine, um seine Allparteilichkeit für die Menschen und deren Themen und Lösungswege aufrecht zu erhalten. Um zu überprüfen, ob es blinde Flecken dabei gibt, ob etwas, und wenn ja, was, übersehen wird, braucht es darüber hinaus Supervision. Sie bietet die Chance, die eigene Wahrnehmung und das eigene mediative Handeln zu hinterfragen, seine Perspektive zu erweitern und letztlich erfolgreich zu sein.

Besonders in der Scheidungsmediation kommen die Medianden oder einer von ihnen häufig mit dem Wunsch, schnell eine Lösung zu haben für ihre drängenden Themen. In diesem Zeitdruck steckt ebenfalls eine mögliche Gefahr. Da der Mediator seine Aufgabe selbst darin begreift, zu einer Vereinbarung zu kommen, und sich nicht dem Verdacht aussetzen will, um seines Honorars willen die Dinge zu verzögern, verbündet er sich möglicherweise zu sehr mit diesem (begreiflichen) Wunsch und vernachlässigt eine ausreichende Interessensarbeit, um rasch in Richtung der greifbaren Optionen und Vereinbarungen zu schreiten.

Hier kann ihm als Halteleine dienen, sich vor Augen zu führen, dass in der Arbeit mit den Bedürfnissen und Interessen, mit den eigenen Wertvorstellungen, die größte Chance liegt für seine Klienten, ihr Selbst-Verständnis zu vertiefen oder neu zu finden und ein gegenseitiges Verständnis (wieder-) herzustellen. Wie oben dargestellt, fällt es Menschen in extremen Veränderungen schwerer als gewöhnlich, Zugang dazu zu bekommen. Gleichzeitig liegt in dieser Arbeit der Keim für etwaige transformative Prozesse, für Versöhnung mit sich selbst, dem anderen, dem Leben. Sie knüpft an das häufig bestehende Bedürfnis an, den oben beschriebenen Wendepunkt im eigenen Leben zu verarbeiten und ihm Sinnhaftigkeit zu verleihen. Ganz praktisch dient sie natürlich auch der Qualität der Vereinbarungen.

Grundsätzlich bergen die Erwartungen der Medianden, sowohl die offen geäußerten als auch die verdeckten, stets Elemente, bei denen sorgfältig zu prüfen ist, ob sie vereinbar sind mit dem Vorgehen und den Zielen in einer Mediation. Fallstrick kann hier der eigene Maßstab als Dienstleister sein. Wo ziehe ich die Grenze zwischen Information und Beratung je nach Grundprofession (Anwalt, Pädagoge, Psychologe etc.). Welche Erwartung kann ich als Mediator befriedigen und welche muss ich mediationskonform verwandeln oder nach außen delegieren? So nahe liegend und leicht erfüllbar manche Erwartungen scheinen mögen, so schnell können sie die Grundlage der Zusammenarbeit gefährden.

Und dennoch wollen sich die Medianden in ihren Anliegen angenommen wissen und nicht nur einfach hören, dass das nicht geht. Für diese Gratwanderung benötigt der Mediator Aufmerksamkeit, Fingerspitzengefühl und die richtigen Worte, um nachvollziehbar und verständlich zu machen, warum er so handelt, wie er handelt. Voraussetzung dafür: Er weiß es selbst, er macht sich zum Beobachter des eigenen Tuns, er kann das Sitzungsgeschehen aus der Metaperspektive betrachten und die zirkulären Zusammenhänge erfassen. Denn nicht alle Erwartungen kommen so offenkundig unerfüllbar daher wie unser eingangs zitierter Satz.

Bernadette Näger

Jahrgang 1965

Studium der Psychologie in Trier und Freiburg; Abschluss: Diplom

Interdisziplinäre Mediatorenausbildung gemäß Richtlinien der BAFM; Institut: IMS München

Ausbildung systemische Organisationsberatung; Institut: MALO Management lernende Organisation

Ausbilderstatus BAFM

öffentlich bestellte Sachverständige

zertifiziert und gelistet im Beratungsprogramm Wirtschaft des Landes NRW

seit 1998 freiberuflich in eigener Praxis in Köln tätig in den Bereichen: Mediation in Unternehmen und Familien, Teamentwicklung, Trainings zu Kommunikation, Konfliktbewältigung, Führungskompetenz, Zeit- und Selbstmanagement, Ausbildung und Supervision von Mediatoren, Coaching

Das Palaverzelt
Ein spielerisches Mediationsritual für Kita, Grundschule und Familie | Ansgar Marx

Win-Win-Win!
Alle sollen siegen! Und jeder hat einen Preis verdient.

I. Konflikte als Motor, um soziales Verhalten zu lernen

Wissenschaftler wie Piaget, Sullivan oder Erikson haben schon früh die Bedeutung von Konflikten für die kognitive und soziale Entwicklung von Kindern erkannt. Durch Auseinandersetzungen lernen Kinder, Sichtweisen anderer zu verstehen, moralische Werte aufzubauen und soziale Verhaltensweisen zu entwickeln. Dabei baut sich der kindliche Egozentrismus ab. Gleichzeitig sind Konflikte die Auslöser für Entwicklungsveränderungen. Konflikte gelten als entwicklungspsychologische Notwendigkeit, um prosoziales Verhalten zu erlernen.
Aktuelle Untersuchungen unterstreichen diese langjährigen Erkenntnisse. Eine Beobachtungsstudie[1] dokumentiert, wie wichtig es ist, die Betrachtungsweise der Kinder in der Auseinandersetzung zu ergründen, ihr Befinden zu verstehen und ihre Bedürfnisse zu interpretieren. "Kinder in ihren Anliegen zu unterstützen, bedeutet, ihre Probleme wahrzunehmen, durch Vorschläge oder Fragen zu ermöglichen, dass sie untereinander in einen Aushandlungsprozess gehen können."[2]

In einem Umfeld, das stark durch Medien mit Gewaltszenen (Computerspiele, Filme und Zeitschriften) geprägt ist, kommt Familie, Kindergarten und Schule eine entscheidende Sozialisationsfunktion zu, um ein Gegengewicht zur zunehmenden Gewaltbereitschaft zu bilden.

Soziales Verhalten erlernen Kinder vorwiegend am Modell.[3] Diese entwicklungspsychologische Einsicht unterstreicht die herausragende Rolle von Eltern, ErzieherInnen sowie LehreInnen bei der Förderung einer positiven Konfliktkultur.

---

1 Dittrich, Gisela/ Dörfler,Mechthild/ Schneider, Kornelia, Wenn Kinder in Konflikt geraten, Neuwied 2001.
2 Dies. S. 211.
3 *Kohnstamm, Rita*, Praktische Kinderpsychologie, Bern 2000.

Deswegen sollte schon im Kindergartenalter besonderes Augenmerk auf einen pädagogisch sinnvollen Umgang mit Konflikten gelegt werden.

PädagogInnen und Eltern sollten ihre eigenen Verhaltensmuster gegenüber Konflikten reflektieren und konstruktive Konfliktlösungsmethoden erlernen und praktizieren.

Mit dem Projekt „Palaverzelt" wollen wir schon in einem möglichst frühen Stadium der Sozialisation ansetzen und Kindern während ihrer sozial-emotionalen Entwicklung ein positives und gewaltfreies Konfliktverhalten vermitteln. Kinder sollen erfahren, dass es bei einem Streit immer eine Lösung gibt. Außerdem sollen sie lernen, die eigenen Bedürfnisse zu erkennen und ernst zu nehmen, aber gleichzeitig auch die Wünsche des anderen Kindes zu respektieren. Für uns sind dies elementare Grundsätze einer konstruktiven Konflikt- und Friedenserziehung, die das Ziel verfolgt, Kinder dabei zu unterstützen, zu sozialen Menschen heranzureifen.

Kindern soll damit eine stabile Basis für ihr gesamtes Leben vermittelt werden, um Auseinandersetzungen nicht aus dem Weg zu gehen oder mit Drohung und Gewalt zu reagieren, sondern Streitsituationen anzugehen und nach einer gemeinsamen Lösung zu suchen. Dabei soll keine autoritäre Konfliktlösung durch Eltern, Erzieher oder Lehrer vorgegeben werden. Vielmehr sollen Kinder entsprechend ihrem Alter und ihrer Reife aktiv in den Prozess der Konfliktlösung einbezogen werden. Beim Erlernen konstruktiven Konfliktverhaltens erkennen Kinder, dass zwischen der Durchsetzung des eigenen Willens oder dem sich Unterwerfen unter den Willen eines anderen Kindes noch ein dritter Weg möglich ist - nämlich sich zu arrangieren und im gegenseitigen Einverständnis eine zufriedenstellende Lösung für alle zu erreichen.[4]

Kinder sollten Rituale und Techniken erlernen, um auf Konfliktsituationen gewaltlos zu reagieren und weitgehend selbständig nach einer Lösung zu suchen.

II. PädagogInnen und Eltern als Rollen-Modell

Erziehungspersonen fungieren als Rollen-Modell für Kinder. Das Konfliktverhalten der Erwachsenen und ihre Haltung bei Auseinandersetzungen anderer prägt entscheidend das Streitverhalten von Kindern.

---

4   Vgl. *Dörfler, G./ Dittrich,M./ Schneider,K* , Konflikte unter Kindern, Teil A, I, Weinheim 2002, S. 3 ff.

Es macht einen großen Unterschied, ob ein Erwachsener bei einer kindlichen Streiterei **autoritär-lenkend** auftritt und Verhaltensanweisungen erteilt oder erst einmal nachfragt und die Kinder berichten lässt, wie es zu dem Streit gekommen ist.

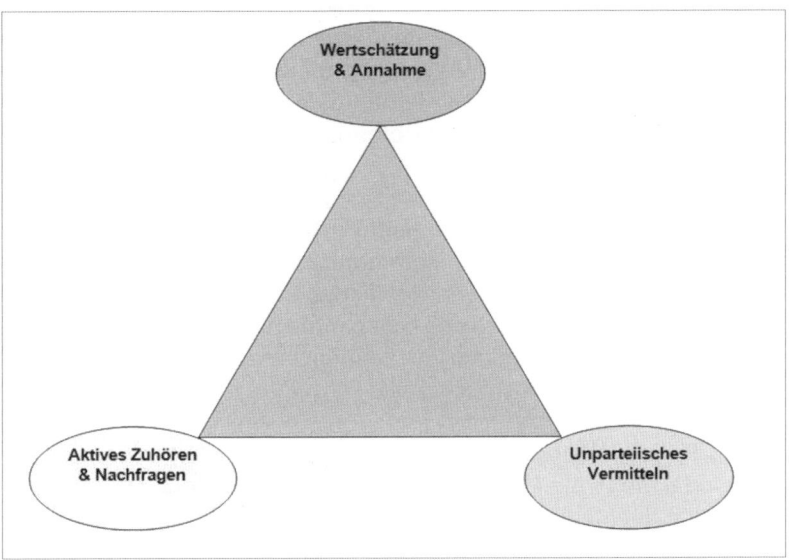

Ebenso wenig ist es angebracht, die Kinder ihrem Schicksal zu überlassen, wenn sie sichtlich überfordert sind **(laissez-faire)**. Vielmehr ist eine **wertschätzende, vermittelnde Haltung** des Erwachsenen oder der pädagogischen Fachkraft gefragt. PädagogInnen und Eltern sollten in überfordernden Konfliktsituationen unterstützend eingreifen, um zu gewährleisten, dass sich der Konflikt nicht automatisch zu Gunsten des „Stärkeren" entscheidet. Wichtig ist, dass der Konflikt begleitet und nicht durch die Erwachsenen übernommen wird.

Im Laufe langjähriger Erfahrung mit positiver Konfliktvermittlung haben sich drei Prinzipien herauskristallisiert, die unsere Haltung beim Umgang mit Konflikten prägen sollten, dargestellt im Haltungs-Dreieck:

Mittlerweile wissen wir, dass **Akzeptanz und Wertschätzung** eines Kindes starkes Entwicklungspotential entfalten und ihm helfen kann, aus seiner Misere heraus zu wachsen.

Thomas Gordon hat dies in seinem wegweisenden Buch **"Familien-konferenz"** treffend beschrieben: "Wenn ein Mensch imstande ist, einem anderen gegenüber echte Annahme zu empfinden und sie ihn spüren zu lassen, besitzt er die Fähigkeit, dem anderen ein mächtiger Helfer zu sein. Seine Annahme des anderen, so wie er ist, stellt einen wichtigen Faktor in der Pflege einer Beziehung dar, in der der andere Mensch wachsen, sich entfalten, konstruktive Veränderungen durch-machen, seine Probleme lösen lernen, sich psychologischer Gesund-heit nähern, produktiver und schöpferischer werden und seine ganzen Möglichkeiten verwirklichen kann." [5]

Neben einer wertschätzenden Haltung gegenüber den streitenden Kindern gehören bestimmte Kommunikationsformen zu den wich-tigsten Hebeln einer positiven Konfliktkultur. Bei Konfliktgesprächen besonders bewährt hat sich das sogenannte **"Aktive Zuhören."** Diese Gesprächstechnik ist MediatorInnen hinreichend bekannt und soll hier nicht vertieft werden.

Drittes Prinzip einer positiven Konfliktbearbeitung ist die **unpartei-ische oder neutrale Haltung des Konfliktvermittlers**, eine zentrale Grundlage der Mediationsmethode.

Häufig haben Erwachsene die Tendenz, wenn sie sich in eine Ausein-andersetzung einmischen, das Verhalten der Streiter als *"richtig oder falsch", "gut oder böse", "schuldig oder unschuldig"* zu bewerten. Das hat zur Folge, dass zwischen Täter und Opfer unterschieden wird und eine Polarisierung der Streitparteien stattfindet. Sicher gibt es Handlungen, die gegen Regeln verstoßen, etwa schlagen, mit Spielsachen werfen oder stehlen. Die Einhaltung der Regeln muss in diesen Fällen wieder hergestellt werden. Meist ist jedoch ein Konflikt schon eskaliert, bis er von der pädagogischen Fachkraft bemerkt wird. Dann wäre die Eintei-lung in Täter und Opfer zu einfach.
Durch Nachfragen, Aktives Zuhören, Zusammenfassen, erreichen wir alle Streithähne. Alle fühlen sich gleich behandelt und angenommen. Sie werden nicht zum Objekt einer "Behandlung" oder Anweisung durch pädagogische Fachkräfte oder Eltern, vielmehr werden sie als Gesprächspartner ernst genommen.

---

5 *Gordon,Thomas*, Familienkonferenz, 49. Aufl., München 2010, S. 41.

Ziel der Konfliktvermittlung ist es, die Kinder zu einer Einigung zu führen, wobei die Kinder aktiv in den Gesprächsprozess mit einbezogen werden.

III. Das Palaverzelt – ein Konfliktlösungs-Ritual für Kinder

Das Palaverzelt ist ein Konfliktlösungs-Ritual, das speziell für **Kitas und Grundschulen** entwickelt wurde. Kinder lernen mit Unterstützung von ErzieherInnen und LehrerInnen ihre Konflikte weitgehend selbständig zu lösen.

Die Methode Palaverzelt basiert auf der **Mediationsmethode**[6] und bezieht ebenso **Elemente der Gewaltfreien Kommunikation**[7] mit ein.

Wissenschaftliche Grundlage bilden anerkannte **Erziehungstheorien** sowie empirische Studien.

Auf eine **kindgerechte Umsetzung** wird geachtet, indem **Spielmaterialien**, wie Delfinbilder, Ideenkarten, ein Sprechball oder Friedenstauben, ein Phasenrad und Wunschmuscheln eingesetzt werden.

Ziel des Konzepts ist es, PädagogInnen und Eltern eine **einfache, schnell erlernbare Methode** an die Hand zu geben, um auf Konfliktsituationen zwischen Kindern pädagogisch konstruktiv reagieren zu können.

Zum Erwerb sozial-emotionaler Kompetenzen gehört es, dass Kinder altersgemäß herangeführt werden, **eigene Emotionen wahrzunehmen sowie auszudrücken** und ebenso die **Gefühle anderer nachzuempfinden (Empathiefähigkeit)**. Somit ist das Benennen von Gefühlen, die während und auch nach dem Streit aufgetreten sind, ein wichtiger Schritt hin zu einer positiven Konfliktlösung. Hilfreich können dabei Bilder oder Fotos sein, die bestimmte Gefühle, wie Angst, Ärger, Wut, Sich-ausgeschlossen-Fühlen oder Glück etc. darstellen.

Diese regen die Kinder an, über ihre Gefühle zu sprechen. Bewährt haben sich etwa die Gefühlsdelfine aus dem Palaverzelt.

---

6 *Hösl, Gerhard G.*, Mediation – die erfolgreiche Konfliktlösung, München 2002.
7 *Rosenberg, Marshall B.*, Gewaltfreie Kommunikation – Eine Sprache des Lebens, 8. Aufl. Paderborn 2008.

Erziehungsziele:

Das **Palaverzelt** ist ein Beitrag zur **Konflikt- und Friedenserziehung**, die bereits im Kindergartenalter beginnen sollte. Kinder lernen ein Ritual, das ihnen auch im späteren Leben hilft, schwierige Situationen im Umgang mit anderen Menschen zu meistern und sich in Gruppen und Teams zu integrieren. **Konflikt- und Teamfähigkeit** sind in der Schule sowie im Arbeitsleben unverzichtbar. Durch wiederholte Erfahrung, dass Konflikte vorübergehend und lösbar sind, werden **Lernblockaden aufgehoben,** die auf mangelnder Wertschätzung, Diskriminierung oder Ausgrenzung beruhen können. Das Ritual basiert auf gegenseitigem Respekt, stärkt das Selbstwertgefühl und erweitert die **sozialen und emotionalen Kompetenzen** der Kinder. Das Modell Palaverzelt unterstützt damit die Entwicklung einer **positiven Konfliktkultur** in Kita, Grundschule und Familie.

Das **Modell** wurde unter wissenschaftlicher Leitung des Autors mit einem Team von ErzieherInnen, KitaleiterInnen und Studierenden in zweijähriger Arbeit an der Ostfalia Hochschule entwickelt. Während der anschließenden Pilotphase im Jahr 2010 wurde das Konfliktritual an mehreren Kitas und Grundschulen im Raum Braunschweig / Wolfenbüttel / Wolfsburg erprobt, evaluiert und kontinuierlich den Bedürfnissen von Kindern, ErzieherInnen und LehrerInnen angepasst. Mittlerweile wird das Palaverzelt erfolgreich in zahlreichen Kitas und Grundschulen in Niedersachsen und zunehmend auch in weiteren Bundesländern eingesetzt.

Das **Besondere** an dem Modell Palaverzelt ist das Ansetzen an einem **konkreten, aktuellen Streit** zwischen Kindern, der nach den **Grundprinzipien positiver Konfliktbearbeitung** gelöst wird. Anders als bei den meisten Programmen steht die Bearbeitung **erlebter Emotionen** im Vordergrund. Das vertieft den Lerneffekt. Vorschnelle Lösungen und autoritäre Anweisungen werden vermieden. So kann sich in Kita und Grundschule eine **positive Konfliktkultur** entwickeln, die die Persönlichkeit der Kinder ernst nimmt, ihre **Konfliktlösungskompetenzen** fördert und von der ebenso ErzieherInnen wie LehrerInnen profitieren.

Umsetzung in Kindergarten und Familie:

ErzieherInnen, pädagogische Fachkräfte aber auch Eltern können das Ritual **"Palaverzelt"** bei Auseinandersetzungen zwischen Kindern zur konstruktiven Konfliktlösung einsetzen. Ohne ihnen den Konflikt aus der Hand zu nehmen, spielt eine Anleiterin oder ein Anleiter mit den Kindern die **fünf Phasen des Rituals** durch. Die Erfahrung hat gezeigt, dass Kinder Spaß an dem Ritual haben, weil es verschiedene spielerische Elemente enthält und die Kinder aktiv einbezieht. So wird die Schwere aus dem Konflikt herausgenommen. Ein Ritual nimmt etwa 10 – 20 Minuten in Anspruch. Und in fast jeder Situation führt das Palaverzelt zu einer Einigung, mit der die Kinder wirklich zufrieden sind.

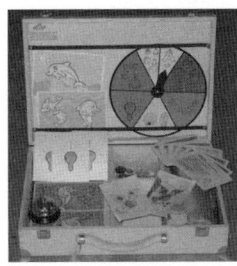

Training:

ErzieherInnen, pädagogische Fachkräfte sowie Eltern können das Konfliktritual Palaverzelt in einem ein- oder zweitägigen Kurs erlernen und dann sogleich anwenden. Trainiert werden die Grundhaltungen der VermittlerIn wie Wertschätzung, Aktives Zuhören und Neutralität sowie die fünf Phasen der Konfliktbearbeitung. Die Kurse werden von praxiserfahrenen TrainerInnen durchgeführt.

Fazit

Mediation und Gewaltfreie Kommunikation haben sich bei Auseinandersetzungen zwischen Erwachsenen bewährt. Prinzipien und Elemente lassen sich – altersgemäß und spielerisch – ebenso auf Kinder übertragen. Beim Konfliktlösungsritual Palaverzelt werden diese Grundlagen methodisch vereint. Damit wird die Konfliktlösungskompetenz von pädagogischen Fachkräften und Eltern gestärkt. Für Kinder bietet Konfliktbearbeitung mit der Methode Palaverzelt eine solide Grundlage, um soziale Fähigkeiten – auch für ihr späteres Leben – zu erwerben.

Weitere Informationen:
www.palaverzelt.de
www.iko-info.de

Prof. Dr. Ansgar Marx lehrt Familienrecht und Konfliktmanagement an der Ostfalia Hochschule Braunschweig/Wolfenbüttel. Er leitet dort das Projekt "Mediation", wo das "Palaverzelt" für Kita und Grundschule entwickelt wurde, umgesetzt und wissenschaftlich begleitet wird. Daneben ist er Geschäftsführer des iko Instituts für Konfliktlösungen, bildet Mediatoren aus und praktiziert Scheidungs- und Arbeitsmediation.

Mediation trifft Pädagogik – Mediation von Anfang an |
Ingrid Rauner, Günther Braun, Meike Mennekes, Hans-Jürgen Rojahn, Roland Schüler, Helmolt Rademacher, Gesine Otto

„Es gibt keinen Weg zum Frieden, wenn nicht der Weg schon Frieden ist."
Martin Luther King

Die Gründung der Fachgruppe Mediation in Erziehung und Bildung (MEB) im BM 1998 durch professionelle und erfahrene SchulmediatorInnen hat dazu geführt, dass heute bundesweit MediatorInnen in Kindergarten, Schule und Jugendarbeit nach den Standards des BM ausgebildet werden und Mediation ein Teil der Schul- bzw. Kindergartenkultur in einigen Einrichtungen der Bundesländer geworden ist. Dies ist der Anfang einer stetigen Weiterentwicklung, wozu auch die jährlich stattfindenden Fachgruppentagungen und die daraus entstandenen Arbeitskreise bzw. Projektgruppen beigetragen haben. Nach jahrelangen Praxiserfahrungen vieler MediatorInnen in Schule, Jugendarbeit und Kindertagesstätten wurde die Frage nach der Qualität und Professionalität in der Mediation immer dringender und führte innerhalb der Fachgruppe zu konstruktiven Diskussionen. Wertvolle Anregungen mündeten schließlich auch in der Weiterentwicklung von Mediationsmodellen und -programmen, die eine Vielfalt von Gestaltungsmöglichkeiten für Ausbildungen anbieten und die sich gleichzeitig alle an den Qualitätsstandards des BM orientieren. Einige davon werden auf dem Mediationskongress 2012 in Ludwigsburg vorgestellt und hier beschrieben.

Wer streiten kann, soll früh lernen auch zu schlichten.

Ingrid Rauner
- Diplompädagogin, Mediatorin BM, Ausbilderin BM, Supervisorin
- 2006 – 2012 im Leitungsteam der Fachgruppe Mediation in Erziehung und Bildung
- (MEB) im Bundesverband Mediation e.V.
- Leiterin der Regionalgruppe „Bremerhaven und umzu"
- Seit 2002 Entwicklung und Durchführung von Ausbildungsmodulen in www.bine- wesermarsch.de

Günther Braun
Soziale Kunst - Brückenbauen in der Kindertagesstätte

Meike Mennekes
Kinder lösen Konflikte selbst - Mediation in der Primarstufe

Hans-Jürgen Rojahn
Mediation in der Jugendarbeit

Roland Schüler
Mediation und Inklusion – ein gutes Zusammenspiel

Helmolt Rademacher
Mediation in der Schule

Gesine Otto
Konfliktklärung im Klassenraum

Soziale Kunst - Brückenbauen in der Kindertagesstätte | Günther Braun

Streit gehört in jeder Kindertagesstätte zum Alltag. Das beginnt schon bei den Kleinsten. Kinder lernen Laufen und Sprechen, sie entdecken ihre Umwelt, später lernen sie Lesen, Schreiben, Rechnen und noch vieles mehr. Auch richtig Streiten will gelernt sein. Wie dieser Prozess schon im jüngsten Alter mit Hilfe des Bensberger Mediations-Modells - BMM - beginnt, wird hier beschrieben.[1]
Im Elementarbereich befinden sich Kinder in unterschiedlichen Alters- und Entwicklungsstufen:

---

[1] Siehe auch *Meike Menneke*, Mediation in der Primarstufe

- Krippenkinder (1 bis 3 Jahre)
- Kindergartenkinder (3 bis 5 Jahre)
- Vorschulkinder (5 bis 6 Jahre)

Zu den drei Stufen werden unterschiedliche Interventionen gekürzt dargestellt und anschließend werden unterstützende Maßnahmen genannt.

1.Beispiel: Krippe - Kleinstkinder wachsen in soziales Verhalten hinein

Wenn ein Kind aus Neugier einem anderen Kind ein Spielzeug wegnimmt:
Erzieherin: „Anna, ich habe gesehen, dass du gerade mit dem Auto gespielt hast. Und dann hat es Marcel dir weggenommen und du bist wütend. Das verstehe ich sehr gut. Erst darf Anna damit spielen und gleich kommst du (Marcel) dran."
Oder:
„Anna, kannst du Marcel das auch mal ausprobieren lassen?"
Das Kind erfährt, dass das Geschehen von der Bezugsperson gesehen und die Gefühlswelt verstanden wurde. Wichtig ist: Das Gefühl der Wut ist berechtigt und erhält Raum.
Aber was tun, wenn Kinder mit Gewalt Konflikte lösen und damit Erfolg haben? -
Die Erzieherin hat Dominik in den rechten Arm, Simon in den linken Arm genommen.
„Dominik (14 Monate), ich habe gesehen, dass Simon (16 Monate) dir die Bausteine
umgeworfen hat. Nun bist du wütend. Das verstehe ich sehr gut. Du hast dann mit einem Baustein mehrmals Simon auf die Hand geschlagen. Das tut sehr weh! - Du darfst nicht schlagen!" (Norm setzen!).
Zu Simon: „Du kannst später bauen. Jetzt spielt Dominik mit den Bausteinen."
So eine „sprachliche Begleitung" von Konfliktfällen reicht in der Regel bei Kleinstkindern aus, damit sie erfahren, dass Gewalt kein Lösungsmittel ist und dass die Gefühle, die sie im Streit haben o.k. sind. Gewalt muss auf der Stelle unterbunden werden.

2.Beispiel: Kindertagesstätte – Anders Streiten einüben

Ab dem dritten Lebensjahr erleben die Kinder bewusster im Stuhlkreis „Anders streiten" - Anders streiten bedeutet, dass sie erfahren, wie sie eigenverantwortlich mit Streit umgehen können. Sie lernen zuzugeben, was sie im Streit getan haben und sagen, wie sie sich dabei gefühlt haben. Fiktive Streitgeschichten werden im Stuhlkreis mit Handpuppen vorgetragen. Auch hier ist es wie beim Laufen, Sprechen und Singen: Die Fähigkeiten verkommen, wenn sie nicht trainiert werden. In acht Schritten werden spielerisch Verhaltensweisen für das Streiten erfahren. Mit vier Schritten wird die Streitgeschichte mit Handpuppen erlebt. Die weiteren Schritte: eigene Gefühle äußern, eigene Streitanteile formulieren, die Sichtweise des anderen Streitenden einnehmen, Lösungen suchen und finden.

Für den Streitfall - die Intervention - liegt das „Erst-Hilfe-Büchlein" vom BMM für ErzieherInnen vor:

1. Schritt: zuhören, ausreden lassen, nicht beschimpfen.
2. Schritt: „Was ist passiert?" - spiegeln
3. Schritt: „Sag dem anderen, worüber du dich geärgert hast.
Beginne bitte mit ,Ich habe mich geärgert, dass du ...'"
4. Schritt: „Sag dem anderen, was du selbst getan hast: ,Ich habe ...'"
5. Schritt: „Was möchtet ihr jetzt tun?"

Jahrelange Erfahrungen belegen den großen Erfolg des BMM durch die präventive Arbeit im Stuhlkreis und die Handhabung der „Erst-Hilfe im Streit" bei Interventionen.

3. Beispiel: Vorschulkinder übernehmen mehr Verantwortung für ihren Streit

Gelegentlich kann bei Vorschulkindern die Erst-Hilfe durch das Büchlein „Hilfe im Streit" aus dem BMM ergänzt werden. Zu den fünf Schritten kommt der Rollenwechsel hinzu, den die Kinder aus der Übung im Stuhlkreis mit den Streitgeschichten schon kennen. Beim „Lösungen finden" handeln Vorschulkinder sehr eigenverantwortlich.

Unterstützende Maßnahmen im gesamten Elementarbereich zu den drei Beispielen:

Der Herzenskreis

Je früher wir bei Kindern beginnen, soziale Fähigkeiten zu entwickeln, umso mehr bewahren wir sie vor späteren Problemen. Im Alter von drei bis sieben Jahren entwickeln sich sehr wichtige soziale Fähigkeiten: Die Selbstkontrolle - das Zuhören - Mitgefühl. U. Püttmann hat dafür den Herzenskreis entwickelt.[2] „Sprich von Herzen und fasse dich kurz!" So lautet die Grundregel. Im „Miteinander hören und Miteinander sprechen" werden Grundformen des Dialogs eingeprägt.[3]

Erziehungspartnerschaft mit Eltern

Eltern fragen häufig, ob sie dieses „Anders Streiten" auch zu Hause praktizieren können. Die
oben genannte Form der „Erst-Hilfe" mit Elementen aus der Mediation ist schnell zu
vermitteln.

Ausbildung

Zur Anwendung von Elementen der Mediation in Kinderkrippen und Kindertagesstätten gehört eine qualifizierte Ausbildung zur Mediatorin im Elementarbereich. Die TeilnehmerInnen werden in einem 60-stündigen Lehrgang in die Lage versetzt, im Kindergartenalltag Erfahrungsfelder für die Entfaltung von Konfliktlösekompetenz bereitzustellen und nach einem bestimmten Vermittlungsverfahren Konflikte zwischen Kindern und zwischen Eltern/Teammitgliedern zu lösen. Für eine nachhaltige Didaktik sollte in jeder Kindertagesstätte einmalig ein Pädagogischer Tag, in der Region jährlich etwa zweimal ein Treffen (Intervision) und eine Fachtagung angeboten werden.[4]

2 *Braun, G/Püttmann, U.* Kinder bauen Brücken zueinander, Bensberg 2005, S. 18 ff.

3 *Schopp, Johannes,* Eltern stärken. Dialogische Elternseminare, Opladen 2006

4 www.tma-bensberg.de und www.bmev.de, Informationen über hilfreiche Arbeitsmittel siehe *Meike Mennekes,* Mediation in der Primarstufe.

Weitere Informationen:
www.tma-bensberg.de/docs/flyer_bmm.pdf

Günther Braun,
- Realschulrektor i.R., geb. in Breslau, Studium in Alfeld/Hildesheim und Göttingen,
- Mediator BM und Ausbilder für Mediation BM, BMM-Trainer Trainings für alle Schulformen und Kindertagesstätten
- BM-Vorstandsmitglied 1995 -2002 Leiter der Fachgruppe „Erziehung und Bildung" von 1998- 2006 im Bundesverband Mediation e.V.
- Veröffentlichungen zu Fragen der Mediation in pädagogischen Handlungsfeldern: Kindertagesstätten, Primarbereich, Sekundarbereich und Förderschulen.

Kinder lösen Konflikte selbst – Mediation in der Primarstufe | Meike Mennekes

Konflikte konstruktiv und gewaltfrei mit Hilfe der Mediation zu lösen, das kann man nicht früh genug lernen! So sind 6- bis 10-jährige Schulkinder eine wichtige Zielgruppe für Mediationskonzepte, die für diese Altersstufe entwickelt wurden. Ein erfolgreich erprobtes Beispiel ist das Bensberger Mediations-Modell, kurz BMM genannt, das von der Elementar- bis zur Sekundarstufe eingesetzt werden kann und auch speziell für den Primarbereich geeignete Bausteine anbietet.

Das BMM wurde von einem pädagogischen TrainerInnenteam der Thomas-Morus Akademie unter Günther Braun entwickelt und hat sich im Alltag vieler Grund- und Förderschulen seit Jahren bewährt. Es ist ein Programm zur Prävention gegen Gewalt und unterstützt die friedliche Lösung realer Konflikte mit seinen Möglichkeiten der Intervention. Es bietet in einem strukturierten Trainingsprogramm vom ersten bis zum vierten Schuljahr allen SchülerInnen einer Klasse oder Gruppe feste Sprach- und Handlungsmuster zur friedlichen Konfliktlösung an. Die Konfliktbearbeitung wird nicht den Erwachsenen überlassen, sondern die Kinder lernen, zunehmend selbstständig und eigenverantwortlich ihre Konflikte zu lösen. Da die aufeinander aufbauenden Trainingsbausteine alle Alters- und Entwicklungsstufen der SchülerInnen berücksichtigen, kommen auch Kinder mit Migrationshintergrund oder Kinder im integrativen Unterricht (Inklusion) gut mit dem BMM zurecht. Bei der Intervention mit dem sogenannten Hosentaschenbuch lernen die Kinder, im Konfliktfall selbstverantwortlich ihren Streit konstruktiv zu bearbeiten. In diesem Prozess machen sie sich gegenseitig kreative Lösungsvorschläge, handeln im Dialog für beide Seiten akzeptable Ergebnisse aus und schreiben sie in einem gemeinsamen Friedensvertrag auf. Dabei lernen sie, Gesprächsregeln einzuhalten, den eigenen Streitanteil zu benennen und über die eigenen Gefühle zu sprechen. Beim Rollenwechsel (in den Schuhen des anderen laufen) versetzen sie sich in die Sichtweise und die Gefühle des Kontrahenten - eine wichtige Übung zur Stärkung von Empathie.

Im Pausengeschehen und im Nachmittagsbereich der Ganztagsschulen bietet das BMM bei realen Streitigkeiten (Intervention) mit dem Baustein der „Erst-Hilfe im Streit" praxisorientierte und für altersgemischte Gruppen geeignete Handlungsmuster an. Hier müssen viele Konflikte unter nicht immer einfachen zeitlichen und räumlichen Bedingungen geklärt werden. Es arbeiten viele verschiedene Lehrkräfte, ErzieherInnen und Betreuungspersonen zusammen, die in der Regel wenig Zeit für einen pädagogischen Austausch haben. Umso wichtiger ist es für das gesamte System, ein gemeinsames vernetztes Streitschlichtungsprogramm wie das BMM mit inhaltlich und formal gleichen Strukturen zu haben. Es kann den Kindern mit seinen festen Regeln und gleichen Sprachritualen eine verlässliche und für sie durchschaubare Orientierung geben.
Zusätzlich bietet das BMM einen halbjährlichen Kurs (ca. 60 Std.) für sozial kompetente Schulkinder der Klassen 3 und 4 an, die als Pausen- und StreithelferInnen im Vormittags- und Nachmittagsbereich der Schule eingesetzt werden können. Zum Training gehören zum Beispiel aktives Zuhören, Gefühle erkennen und ausdrücken, Körpersprache, Teamfähigkeit, Konfliktbearbeitung mit der „Erst-Hilfe im Streit", Organisation, Werbung und Implementierung. Bei schwierigen Streitfällen lernen die Schulkinder, rechtzeitig die Hilfe der Aufsicht führenden Erwachsenen zu holen. In den regelmäßig stattfindenden Rückmeldestunden reflektieren sie ihren Einsatz mit ihren AusbilderInnen. Die Erfahrungen aus dem Schulalltag zeigen, dass die Kinder im Primarstufenalter ihre Aufgabe mit hohem Engagement, mit Verantwortung und Freude erfüllen. Das ist eine große Bereicherung für die demokratische Entwicklung einer Schule im Sinne der Partizipation.

Da das Mediationsverfahren ein komplexer Vorgang ist, muss der Lernprozess für 6- bis 10jährige Kinder altersgemäß gestaltet und mit geeigneten Anschauungsmitteln unterstützt werden. Aus diesem Grund sind für die Primarstufe motivationsfördernde Arbeitsmittel zum BMM entwickelt worden: Ein Ordner mit vielen kindgemäßen Arbeitsblättern, fünf Handpuppen, dazu passende große Bilder- und Streitgeschichten, ein Erzähltheater aus Holz und eine CD. Die gezeigten Streitgeschichten können entsprechend der individuellen Schulsituation abgewandelt werden. Die Arbeitsmaterialien nennen sich Me Mo Mix, das bedeutet Mediation Mobil Mix, denn sie sind flexibel und variabel und können ohne große Vorbereitung in allen Alters- und Entwicklungsstufen eingesetzt werden. So bekommen auch die Kinder mit geringer deutscher Sprachkompetenz und die Kinder mit sonderpädagogischem Förderbedarf, z.B. Lernbehinderung oder geistige Behinderung, die für sie so wichtigen anschaulichen Arbeitsmaterialien - ein nicht zu unterschätzender Gesichtspunkt beim Thema Inklusion. Für die Erwachsenen sind die umfangreichen Arbeitsmaterialien eine große Hilfe und Arbeitserleichterung.

Für eine nachhaltige Implementierung des BMM müssen in der Schule mit Unterstützung der Schulleitung die organisatorischen Rahmenbedingen geschaffen und die Lehrkräfte und pädagogischen MitarbeiterInnen gründlich ausgebildet werden, um den Kindern das Programm kompetent vermitteln zu können. Im Rahmen ihrer eigenen Fortbildung bekommen die Pädagogen außerdem theoretische und praktische Hilfen zur Gestaltung von Informationsabenden für KollegInnen und Elternfortbildungen zum BMM. Die Erfahrungen zeigen, dass diese Veranstaltungen nicht nur von deutschen, sondern auch von Eltern mit Migrationshintergrund gut besucht werden. Da das Erst-Hilfe Programm im BMM auch in anderen Sprachen angeboten wird, können sie das Gelernte im Familienkreis ausprobieren und damit gleichsinnig die gewaltpräventive Arbeit der Schule unterstützen.

Das BMM wurde von Kriminologen der Ruhruniversität Bochum an einer Bochumer Grundschule in einem sozialen Brennpunkt wissenschaftlich evaluiert. Die Ergebnisse der Evaluation von Dr. Jan Köhler wiesen deutlich eine gewaltreduzierende Wirkung bei den Schulkindern nach und unterstützten überzeugend die Ansicht, das Trainingsprogramm mit dem BMM bereits in der Grundschule, am besten schon im Elementarbereich[5] einzusetzen.

---

5   siehe Beitrag von *Günther Braun*.

Da das BMM Schulungsbausteine und Schulungsbroschüren von der Kindertagesstätte und der Grundschule über die weiterführenden Schulen mit den Sekundarstufen I und II bis zur Berufsschule anbieten kann, haben sich in einigen Städten sinnvolle horizontale und vertikale Vernetzungsstrukturen entwickelt. So gibt es z.B. in Bochum Stadtteile, in denen alle Kindertagesstätten, Ganztagsgrundschulen, Förderschulen und weiterführenden Schulen mit dem BMM arbeiten. Auf diese Weise gehen die umfangreichen, in der Primarstufe erworbenen Schlichtungskompetenzen als Ressource nicht verloren und werden sinnvoll weiterentwickelt.

Das BMM ist einerseits ein Trainingsprogramm, das geübt werden muss. Andererseits realisiert es in seinem Leitbild die Werte einer konstruktiven Konfliktkultur durch gewaltloses Handeln, Eigenverantwortlichkeit, Empathie, Dialogorientierung, Verlangsamung des Lösungsprozesses und Zulassen von Anderssein und Unterschieden. Es verändert die eigene Haltung und zeigt sowohl Erwachsenen als auch Kindern einen sinnvollen und friedlichen Weg, Konflikte nicht im Gegeneinander, sondern im Miteinander zu lösen.

Meike Mennekes

Tätigkeiten:

- Mediatorin BM und Konflikttrainerin, BMM Trainerin, Schulleiterin i.R.
- Referentin und Trainerin für Mediation an Grundschulen, weiterführenden
- Schulen, Förderschulen, Kindertagesstätten, Studienseminaren, sozialen
- Einrichtungen und verschiedenen Fortbildungsakademien
- Moderatorentrainerin der Bezirksregierung Arnsberg 2002 bis 2007

Mediation in der Jugendarbeit | Hans-Jürgen Rojahn

„Jeder hat gute Gründe für das, was er denkt und tut. Oft sind sie uns nur nicht bekannt."

Wer als Kind oder Jugendliche/r an Veranstaltungen oder Maßnahmen der Jugendarbeit teilgenommen hat, oder ehrenamtlich oder hauptamtlich im Bereich Jugendarbeit tätig war, weiß um die Vielfalt und die Vielzahl von Konflikten, die in diesem Tätigkeitsfeld als „normal" anzusehen sind. Neben kleineren Konflikten in den verschiedenen Bereichen der Jugendarbeit und im alltäglichen Geschäftsablauf kommen auch Auseinandersetzungen vor, die einen längeren Vorlauf haben und mit den zur Verfügung stehenden Mitteln nicht zufrieden stellend bearbeitet werden können. Unter Jugendlichen werden Konflikte häufig mit sprachlicher oder zum Teil auch physischer Gewalt ausgetragen. Ehrenamtliche und Hauptamtliche haben sich bislang meist mehr oder weniger effizienter Interventionen oder Sanktionen bedient. Insgesamt blieben diese Vorgehensweisen aber unbefriedigend. Was lag also näher als das Vorhaben, auch in diesem gesellschaftlichen Feld die Mediation und die Streitschlichtung zu implementieren.

Die Fachgruppe „Mediation in Erziehung und Bildung" im Bundesverband Mediation e.V. hieß ursprünglich seit ihrer Gründung 1998 Fachgruppe „Schule und Jugendarbeit". Dieser Titel macht deutlich, dass von vornherein die Absicht bestand, Mediation nicht nur im Bereich Schule sondern auch in der Jugendarbeit zu etablieren. Es gibt zahlreiche Versuche von Ehrenamtlichen und Hauptamtlichen z.B. bei Freizeiten oder Bildungsveranstaltungen, auftretende Konflikte im Rahmen einer Mediation zu klären. Immer wieder treten dabei auch von SchulmediatorInnen ausgebildete gegenwärtige oder ehemalige StreitschlichterInnen in Erscheinung, die während oder nach ihrer Schulzeit in der Jugendarbeit mitarbeiten.

Dies zeigt, wie bedeutungsvoll und nachhaltig Schulmediation und Streitschlichterausbildungen in die Gesellschaft hineinwirken.

Inzwischen gibt es auch eigenständige Projekte der Mediation in der Jugendarbeit. In Hessen findet eine Kooperation zwischen dem Hessischen Jugendring (HJR) – das ist die Arbeitsgemeinschaft der hessischen Jugendverbände, dem 30 landesweit aktive Jugendorganisationen angehören – und dem Institut inbalance MEDIATION statt. Ziele des HJR sind „die Förderung von ehrenamtlichem Engagement, außerschulische Jugendbildung, die Qualifizierung und Partizipation von Kindern und Jugendlichen".[6] Das Institut inbalance MEDIATION (iM) gehört zu den führenden und anerkannten Mediations- und Ausbildungsinstituten in Hessen, das sich neben der Organisations- und Wirtschaftsmediation sowie der Familienmediation vor allem auch um die Mediation in der Jugendarbeit bemüht. Bei der erwähnten Kooperation zwischen dem HJR und iM geht es um Fortbildungsprogramme für (hauptamtliche) Mitarbeiter aus hessischen Jugendverbänden. Die Fortbildung besteht insgesamt aus vier Projektteilen.

1. Auftaktveranstaltung – Einführung Konfliktmanagement (2 Tage)

Hier geht es besonders um die Motivierung der hauptamtlichen JugendmitarbeiterInnen, sich mit alternativen Formen der Konfliktbearbeitung zu befassen. Außerdem gilt es, die Verantwortlichen – hier insbesondere Vorstandsmitglieder aus den Jugendverbänden – für dieses Thema zu sensibilisieren. Um bei den Verantwortlichen die Bereitschaft zur Implementierung eines Konfliktmanagementsystems zu wecken und ihr Interesse an konstruktiver Konfliktbearbeitung zu fördern, müssen sie gut über die Möglichkeiten und Grenzen der prophylaktischen Arbeit und des Mediationsverfahrens informiert werden.

2. Ausbildung von KonfliktberaterInnen / KonfliktmanagerInnen (5 Tage)

KonfliktberaterInnen in Jugendorganisationen sind die Anlaufstellen für Konfliktbeteiligte. Das können sowohl ehrenamtliche wie hauptamtliche MitarbeiterInnen sein. Hier wird mit den Konfliktpartnern (oder auch einem von ihnen) eine erste Konfliktanalyse erarbeitet und im gemeinsamen Gespräch geklärt, wie, mit welchem Verfahren und mit welchen Personen der konkrete Konflikt bearbeitet werden kann. Ziel dieser Ausbildungswoche ist es, die KonfliktberaterInnen zu einem positiven Konfliktverständnis zu ermutigen und Interventionen zur Deeskalation von Konflikten kennen zu lernen und anwenden zu können. Dieses Seminar stellt den Grundkurs dar zur weiteren Ausbildung zu MediatorInnen in der Jugendarbeit.

3. Aufbaukurs zu MediatorInnen in der Jugendarbeit (8 Tage)

JugendmediatorInnen (vergleichbar mit SchulmediatorInnen) sind in der Lage, auch schwierige Konflikte zwischen Jugendlichen und Konflikte zwischen Jugendlichen und MitarbeiterInnen, sowie auch

---

6 www.hessischer-jugendring.de

zwischen Jugendlichen und anderen Erwachsenen (wie z.B. Eltern) zu klären, zu schlichten. Darüber hinaus erlangen sie die Fähigkeit, Jugendliche zu StreitschlichterInnen auszubilden, die dann ihrerseits in der Lage sind, in Peer-Mediation Konflikte zwischen Jugendlichen angemessen zu bearbeiten. Inhaltlich orientiert sich dieser Aufbaukurs an dem Curriculum für Schulmediation und wird speziell den Belangen der Jugendarbeit angepasst.

4. Entwicklung von Curricula für die Ausbildung von StreitschlichterInnen und prophylaktische Arbeit am Umgang mit Konflikten

Die Teilnehmenden an dieser Ausbildung erstellen parallel zu den Ausbildungsblöcken oder auch hinterher eigene Curricula für die Streitschlichterausbildung und Konzepte für Informationsveranstaltungen und Trainings der verschiedensten Art, die den wertschätzenden Umgang miteinander, eine nicht verletzende Kommunikation und eine emphatische Haltung fördern sollen. Inzwischen ist es der Fachgruppe „Erziehung und Bildung" im Bundesverband Mediation gelungen, die Standards und Ausbildungsrichtlinien für die Schulmediation und die Mediation im Elementarbereich um den Bereich Jugendarbeit zu erweitern und für die in diesen Bereichen anerkannten MediatorInnen neue Titel zu erarbeiten. Sie sollen künftig heißen: „MediatorIn in Erziehung und Bildung BM" Schwerpunkt Schule, Elementarbereich oder Jugendarbeit.

Weitere Informationen:
www.inbalance-mediation.de

Hans-Jürgen Rojahn,

Mediator BM,
- Ausbilder für Mediation BM
- Ev. Theologe
- Geschäftsführer des Institutes inbalance MEDIATION
- BM-Vorstandsmitglied 1999 – 2005
- Leiter der BM-Regionalgruppe Rhein-Main-Neckar
- Mitglied in den BM-Fachgruppen „Erziehung und Bildung",
- „Mediation in Organisationen / Wirtschaftsmediation"
- und „Mediation und Kirche"

Mediation und Inklusion – ein gutes Zusammenspiel |
Roland Schüler

Mit mächtigen Schritten schreitet sie voran, die Inklusion: die Teilhabe aller Menschen am gesellschaftlichen Leben. Wir beschränken uns hier auf die Lebenswelt Schule und deren Fragen zur Inklusion.

In den letzten Jahren war es Praxis, Menschen mit besonderem Förderbedarf in Schulen mit eigenem Profil zu unterrichten und sie dort gemäß ihrem Bedarf zu fördern und ihnen Wissen zu vermitteln. Je nach Bundesland gab es eine ausdifferenzierte Landschaft von Förderschulen. Klassisch sind die Förderschulen für Menschen mit geistiger Behinderung oder Menschen mit Körperbehinderung, um die sich viele andere Formen ausbildeten. Früher hießen diese Schulen Sonderschulen, doch gerade in diesem Bereich der Pädagogik und der Arbeit mit Behinderten ändern sich die Begrifflichkeiten sehr schnell. Die Sonderschule stand neben dem klassischen dreigliedrigen Schulsystem Hauptschule, Realschule und Gymnasium und ermöglichte Abschlüsse in allen Stufen.

Schulstreitschlichtung trifft Förderschule

Die Schulstreitschlichtung ist in vielen Schulformen eingeführt, doch wer genau hinschaut, findet sie in Förderschulen recht selten. In meiner Arbeit als Mediator und Ausbilder BM für Menschen mit geistiger Behinderung ist mir dies recht früh aufgefallen. Seit 2002 arbeite ich am Streitschlichterkonzept für Menschen mit geistiger Behinderung[7] zusammen mit Menschen mit geistiger Behinderung. Wir wurden für unser Konzept 2008 mit dem 1. Innovationspreis Behindertenpolitik der Stadt Köln ausgezeichnet.[8]

Ausgehend von der Leitidee: „Wer streiten kann, kann auch schlichten" haben wir die Mediation als strukturiertes Verfahren der konstruktiven Konfliktlösung dem Bedarf der Menschen mit geistiger Behinderung angepasst. Ziele sind, dass sie im Falle eines Konfliktes wissen, welche Möglichkeit es gibt, damit umzugehen, und dass sie als Streitschlichterln den Mitmenschen helfen können, einen Streit zu bearbeiten.

---

7   Schüler, Roland, „Menschen mit geistiger Behinderung lernen Mediation", in: Perspektive Mediation 1/2006, S. 26-28.

8   Manke, Sabine/Schüler, Roland „Streitschlichtung von und mit Menschen mit Behinderung", GWK-Gemeinnützige Werkstätten 2006, Broschüre mit Aufsätzen und der Streitschlichtermappe; Bericht im Kölner Stadt Anzeiger vom 11.10. 2008.

Diese Streitschlichtung ist dann in Werkstätten und Einrichtungen für Menschen mit Behinderung eingeführt worden. Schon früh kam der Gedanke, die Streitschlichtung auch an Förderschulen einzuführen.[9]

Der Weg von der Werkstatt in die Schule

Damit alle neuen Beschäftigten in einer Einrichtung um die Streitschlichtung wissen, gibt es in der Berufsförderung einen Tag mit der Vorstellung von Streitschlichtung und dem praktischen Kennenlernen der Streitschlichtung in Rollenspielen. Eine Streitschlichterin aus der Werkstatt ist immer dabei und ist beteiligt an der Leitung der Fortbildung. In einer dieser Runden fragte ein junges Mädchen, welches zu dieser Zeit ein Schülerpraktikum machte:

„Warum haben wir das nicht an der Schule?" - Ja, warum nicht?
Einfach weil vielfach das Naheliegende nicht gedacht wird. Alle wissen um Streit und Konflikte im Schullalltag zwischen den SchülerInnen und es gibt auch tolle Konzepte der Bearbeitung. Doch die Streitschlichtung an Förderschulen gehörte noch nicht dazu.
Die Aufgabe war nun, die Information und Möglichkeit bekannt zu machen. Indem darüber geredet wurde, indem es kleine Veröffentlichungen gab. LehrerInnenkollegien informierten sich auf pädagogischen Tagen, wie die Comeniusschule in Schwetzingen, um sie dann einzuführen.[10]
Größere Einrichtungen leisteten den Transfer von der Streitschlichtung in der Einrichtung in ihre eigenen Schulen, wie in Hephata in Nordhessen[11] oder in der Diakonie Himmelsthür in Hildesheim. Andere Schulen machten gleich eine mehrtägige Fortbildung für SchülerInnen und LehrerInnen, wie Langenfeld oder Duisburg-Bucholz.
Wenn erst die Verbindung da war, dann folgte die Verknüpfung von Förderschule und Streitschlichtung. Mit Erfolg. Auch wenn es noch ein junges Kind ist in den Schulen, wo sie eingeführt ist, hat sie schon laufen gelernt.

Streitschlichtung an Förderschulen

Die Streitschlichtung an Förderschulen hat alle Elemente einer Streitschlichtung. Sie ist nur an die Fähigkeiten der SchülerInnen

---

9   *Schüler, Roland*„Streitschlichtung an Förderschulen – geht das überhaupt?" in: Spektrum der Mediation II/ 2007, S. 16-17.
10   Artikel Schwetzinger Zeitung vom 18.02.2011.
11   Hephata Aktuell 19/2009

und der StreitschlichterInnen angepasst. Dazu gibt es vielfach eine Unter-stützung mittels Assistenz. Die Materialien, wie die Streitschlichtermap-pe, Bilder, Tafeln etc. wurden meist zusammen mit den StreitschlichterIn-nen, den LehrerInnen und mir auf der Grundlage des Kölner Konzeptes entwickelt, so dass es für die Zielgruppe passte und anwendbar war.

Streitschlichtung und Inklusion

Momentan wird dieser Gedanke gar nicht betrachtet. Jedenfalls ist mir bei allen Inklusionskonzepten aufgefallen, dass die Mediation fehlt.
Selbst da, wo schon erste Schritte gemacht wurden, kam es nicht zum naheliegenden Gedanken. So hat eine Förderschule mit umliegenden Schulen zusammengearbeitet und auch schon Außenklassen gehabt.

An diesen „Regelschulen" gab es schon Streitschlichtung. Doch sie war weder für die FörderschülerInnen gedacht noch waren diese zu einer Streitschlichterausbildung gebeten worden. Das hat sich nach einer gemeinsamen LehrerInnenfortbildung geändert.
Streitschlichtung hat für die Inklusion wesentliche Vorteile:
Inklusion bedeutet Veränderung und Veränderung wird am besten mit Mediation begleitet, um die unterschiedlichen Interessen und Bedürf-nisse sinnvoll zu einer gemeinsamen Lösung zu führen.
Streitschlichtung stärkt die Eigenverantwortung der Menschen. Sie übernehmen Verantwortung für ihr Tun und für eine gemeinsame Lö-sung. Damit bringen sie ein wertvolles Potential für die Inklusion mit.
StreitschlichterInnen haben ein gestärktes Selbstwertgefühl und kön-nen so die anstehende Inklusion besser ver- und bearbeiten und ihre anspruchsvollen Herausforderungen annehmen. Konflikte in der Inklu-sion können diese Menschen konstruktiv angehen und aufzeigen, wie mit ihnen umgegangen werden kann. Da in den vorliegenden Konzep-ten der Inklusion der Aspekt „Konflikt" fehlt, bringen die Streitschlich-terInnen mit einer Behinderung etwas Starkes ein. Streitschlichtung an der Schule ist für alle machbar – also ist Streitschlichtung vollständig inkludiert.

Weitere Informationen:
www.friedensbildungswerk.de

Roland Schüler

- Lehrer für SekII + I in NRW,
- Erwachsenenbildner,
- Geschäftsführer des Friedensbildungswerks in Köln und seit 1992 in Mediation unterwegs.
- Annerkennung als Mediator BM und Ausbilder BM.
- Felder in der Mediation neben der Streitschlichtung von und mit Menschen mit geistiger Behinderung
- Mediation in der Zivilen Konfliktbearbeitung und Konflikttransformation im In- und
- Ausland,
- Sprecher der Fachgruppe Mediation bei Planen&Bauen des Bundesverbands
- Mediation,
- Politische Mediation zur besseren Bürgermitwirkung

Mediation in der Schule | Helmolt Rademacher

Entwicklungslinien

Anfang der 90er Jahre nahm die Mediation in deutschen Schulen ihren Anfang und hat sich seither relativ weit verbreitet. Einzelne Personen brachten diese Idee mit und machten erste Schritte in Schulen in NRW und Berlin. Etwas später fand der Mediationsansatz in weiteren Bundesländern wie Hessen, Hamburg, Niedersachen und Sachsen eine umfangreichere Verbreitung. Inzwischen gibt es in allen Bundesländern Schulen, die den Mediationsansatz praktizieren.

Die vorherrschende Praxis der Schulmediation Anfang und Mitte der 90er Jahre war die Ausbildung von Peer-Mediatoren, die MitschülerInnen als VermittlerInnen in Konflikten dienen sollten. Ausgehend von diesen Erfahrungen entwickelten sich weitere Modelle in Hessen und Nordrhein-Westfalen (Bensberger Mediations-Modell), die die Arbeit mit den Klassen in den Mittelpunkt rückten.[12] Ausgangspunkt in Hessen, wo von Anfang an ein systemischer Ansatz verfolgt wurde, war das

---

12 Die Arbeit in den Klassen erfolgt durch sog. Klassenprogramme, die in einigen Schulen in Form von Sozialtrainings durchgeführt werden.

Offenbacher Modellprojekt, auf das später das Projekt "Mediation und Schulprogramm"[13] im ehemaligen Hessischen Landesinstitut für Pädagogik aufbaute. In anderen Bundesländern fand der Mediationsgedanke Verbreitung durch staatliche Institutionen wie in Hamburg durch die Beratungsstelle Gewaltprävention oder den Verein "Brückenschag" in Niedersachsen. In Sachsen hat sich deutlich später ein Modell etabliert, das besonders auf die Vernetzung der SchulmediatorInnen abzielt.

Zu Beginn der Umsetzung von Schulmediation wurden die SchülermediatorInnen sehr häufig von externen TrainerInnen ausgebildet und die Lehrkräfte waren nur teilweise eingebunden. Bald wurde deutlich, dass dies im systemischen Sinne nicht sehr hilfreich war, da es zum einen zu einer Abhängigkeit von externen Ressourcen und Institutionen führte und zum anderen der Gedankte konstruktiver Konfliktbearbeitung nicht wirklich die vielen Akteure im System Schule erreichte. Insofern wurden recht bald Lehrkräfte in Mediation geschult, die dann wiederum die SchülerInnen zu Peer-MediatorInnen ausbildeten.
Auch wenn die Peer-MediatorInnen von Lehrkräften ausgebildet werden, verhindert dies nicht, dass die Peer-Mediatoren teilweise zu wenig Akzeptanz in ihrer Schule haben. Daher wird den Rahmenbedingungen der Umsetzung eine immer größere Aufmerksamkeit geschenkt. Genauer beschrieben ist dies in den Standards für Mediation in Erziehung und Bildung der Fachgruppe des Bundesverbands für Mediation, die durch das hessische Projekt "Mediation und Schulprogramm" mitgeprägt wurden. Die Standards wurden im Jahr 2010 aktualisiert.

Aktueller Stand

Heute ist Mediation in sehr vielen Schulen verbreitet, steht aber teilweise auch in Konkurrenz zu anderen Gewaltpräventionsprogrammen. Die Umsetzung erfolgt durch Peer-MediatorInnen und/oder Klassenprogramme, die auf der Grundhaltung der Mediation - Allparteilichkeit und Lösungsabstinenz - basieren. Die Peer-Mediation ist sehr weit verbreitet, krankt allerdings unter der Tatsache, dass die ausgebildeten SchülermediatorInnen zu wenige Fälle haben, die sie real bearbeiten können. In einigen Schulen haben sie daher noch andere Funktionen wie MentorInnen für jüngere SchülerInnen. Die Gründe dafür sind sehr unterschiedlich: entweder ist Mediation als Gesamtkonzept in der Schule nicht wirklich verankert (Behn u.a. sprechen von einer Insellö-

13 Heute wird das Programm im Rahmen des HKM-Projekts "Gewaltprävention und Demokratielernen" (www.gud.bildung.hessen.de) im Rahmen des Schwerpunkts Mediation und Partizipation durchgeführt.

sung) oder die Lehrkräfte geben die Fälle nicht an die SchülerInnen weiter und zwar z.B. aus mangelndem Zutrauen oder Angst vor Machtverlust. Auf jeden Fall erwerben diejenigen, die zu SchülermediatorInnen oder StreitschlichterInnen ausgebildet wurden, wichtige soziale Kompetenzen, die auch für ihr späteres Leben von Bedeutung sind, da sie dadurch fähig sind, Konflikte konstruktiv zu lösen. Nach wie vor ist es so, dass die Ausbildung vornehmlich von Mädchen in Anspruch genommen wird – ca. 2/3 der Auszubildenden sind weiblich.

Das Grundkonzept der Mediation kommt bei den Klassenprogrammen „Soziales Lernen" zum Tragen und zwar dort, wo die Grundgedanken der Mediation in der Ausbildung der MultiplikatorInnen (Lehrkräfte) eingesetzt werden. Programme zum sozialen Lernen gibt es mit sehr unterschiedlicher Ausrichtung. Meist handelt es sich um Programme, die in einem Zeitraum von mehreren Wochen realisiert werden und in der Grundschule beginnen oder solche, die über mehrere Schuljahre gehen und fest in die Stundentafel bzw. im Jahresplan durch festgelegte Projekttage integriert sind. Auch sie können in der Grundschule beginnen, sind aber beispielsweise in Hessen hauptsächlich in den Klassen 5 – 8 verbreitet. Immer geht es um die Förderung sozialer Kompetenz im Bereich der Kommunikation und um den Zugang zu Gefühlen sowie den Umgang damit. Bei den Programmen in Hessen nimmt das Thema konstruktive Konfliktbearbeitung einen großen Raum ein, wobei die Themen Konsens und Kooperation eine wichtige Rolle spielen.

Sinnvoll ist es, wenn möglichst viele Lehrkräfte einer Schule ein entsprechendes Training besuchen, bei dem sie über das Schuljahr begleitet werden, um parallel das Training in ihren Klassen durchzuführen. Eine gute Voraussetzung haben diejenigen, die ein Grundlagentraining in konstruktiver Konfliktbearbeitung absolviert haben.

Aussichten

Mediation in der Schule ist ein sehr wichtiger Ansatz, allerdings ohne Alleinvertretungsanspruch. Er lässt sich gut mit anderen Programmen wie dem Klassenrat verknüpfen. Gerade die Durchführung eines Klassenrats erfordert eine Grundhaltung (u.a. Gleichberechtigung, Respekt, Unterstützung bei der Einhaltung des Regelwerks, auf Wertungen verzichten) wie sie bei der Mediation zu finden ist. Lehrkräfte, die in dieser Haltung geübt sind, können den Klassenrat entsprechend gut durchführen, auch weil es dort besonders in den unteren Klassen immer wieder um Konfliktbearbeitung geht. Anti-Mobbing-Strategien wie der No-blame-aproach, das buddy-Programm oder gewaltpräventive Theaterarbeit lassen sich gut mit Mediation verknüpfen.

Weitere Informationen:
www.bmev.de
www.bs-lg.de
www.li-hamburg.de
www.tma-bensberg.de
www.gud.bildung.hessen.de

Helmolt Rademacher
Lehrerausbilder am Studienseminar für Grund-, Haupt-, Real- und För-derschulen in
- Offenbach;
- Projektleiter des HKM-Projekts „Gewaltprävention und Demokra-tielernen"
- Mediator BM und Mediationstrainer BM
- Mitglied der Fachgruppenleitung Mediation in Erziehung und Bildung von 2001 – 2008
- Vorstandsmitglied der Deutschen Gesellschaft für Demokratiepä-dagogik
- div. Publikationen zu Mediation in der Schule, Gewaltprävention und Demokratiepädagogik

Konfliktklärung im Klassenraum | Gesine Otto

In der Fachgruppe „Mediation in Erziehung und Bildung" existieren ver-schiedene Konzepte zur Vermittlung von Mediationskompetenz für 10- bis 16-jährige und ältere SchülerInnen in weiterführenden Schulen und in Berufsbildenden Schulen: Neben der Streitschlichterausbildung für einzelne SchülerInnen und den Trainingsprogrammen für Schulklassen kann z.B. auch mit einer Schulklasse zu ihren aktuellen Konfliktsituatio-nen gearbeitet und die Mediation angewandt werden. Als langjähriges Mitglied der Fachgruppe „Mediation in Erziehung und Bildung" - seit 2000 - stelle ich hier stellvertretend für die Vielfalt der Konzepte der Fachgruppe exemplarisch mein Konzept vor, bei dem ich an den kon-kreten Konflikten in einer Klasse ansetze. Die Haltung und die Methode der Mediation sind dabei für mich wegweisend.

Titel: „Faires Streiten in unserer Klasse"

Ziel: Die SchülerInnen setzen sich damit auseinander, wie sie in ihrer Klasse fairer miteinander umgehen können. Die Inhalte, die sie kennenlernen, können sie ebenso in ihren beruflichen Praktika etc. unterstützen.

Gewinn: Die SchülerInnen erfahren konkret an Konfliktsituationen aus ihrer jeweiligen Klasse, was es bedeutet, eine faire Haltung umzusetzen. Sie erhalten wertvolle Impulse, die eigenen Denkmuster auf ihre Förderlichkeit hin zu überprüfen. Mit der Anwesenheit der KlassenlehrerIn erhöht sich die Möglichkeit der Umsetzung und der Nachhaltigkeit der erarbeiteten Inhalte. Die Veranstaltung wird durchzogen von einer Auseinandersetzung mit dem eigenen Menschenbild und mit unserer Kultur.

Hintergrund: Die Inhalte, die im Prozess dieser Veranstaltung transportiert werden, sind die Quintessenz unserer Arbeit seit 1999[1]. Dabei finden sich Elemente aus der Mediation, aus dem Coaching, aus der Erlebnispädagogik sowie Bausteine wieder, die wir im Laufe der Zeit entwickelt und immer wieder in Seminarsituationen angewendet und verfeinert haben. Ebenso basieren die Inhalte auf dem, was wir selbst nicht nur in unserem beruflichen, sondern auch im privaten Umfeld praktizieren und als förderlich erleben – sprich: sie sind realistisch.

Haltung: Konflikte und Streit sind unvermeidbar: Beides begegnet uns im Alltag, unabhängig von Situationen im beruflichen wie im privaten Leben. Deshalb ist es wichtig, sich damit auseinandersetzen und zu schauen, wie ein Streit nicht unfair bzw. wie er fair verlaufen und was ich selbst dazu beitragen kann. Grundlage unserer Arbeit sind insbesondere die Haltung der Mediation und ein positives Menschenbild.

Arbeitsweise: Atmosphärisch, fair, konkret, partizipativ, positiv, prozess-orientiert, ressourcen-orientiert, sinn-orientiert, spielerisch, symbolisch, teilnehmerInnen-orientiert, transparent, ziel-orientiert.

Inhaltlicher Aufbau: Die Inhalte dienen als mögliche Orientierung, da wir uns vorbehalten, während der Veranstaltung auch auf die Gruppe und den Prozess zu reagieren und das
Programm gegebenenfalls entsprechend anzupassen:

---

1   „Der Fairness-Kreis – Mediation im Alltag mit den Farben ROT-GELB-GRÜN" in: Spektrum der Mediation",
Fachzeitschrift des Bundesverbandes Mediation e.V., Nr. 43, 2011: Schwerpunkt Methodenvielfalt in der Mediation,
www.bmev.de

Zum Anfang: Kennenlernen, Einstieg in die Gruppe und in das Thema[2]

Schritt 1:	Die SchülerInnen nennen, was sie gut / GRÜN und was sie schlecht /ROT in ihrer Klasse finden / fanden.
Schritt 2:	Rollenspiele zu einzelnen ROTEN Situationen und Auswertung, Gespräch über Fairness anhand des Instruments: „Der FAIRNESS-Kreis", Transfer auf die Rollenspiele und Veränderung der ROTEN Situationen in GRÜNE Situationen.
Schritt 3:	Destruktives und konstruktives Reden anhand unseres Killer- und Türöffner-Modells sowie unserer „Die Sechs Schritte des Fairen Redens": Arbeit an ROTEN Sätzen, die in der Klasse gesagt wurden, und Verwandlung in GRÜNE Sätze
Schritt 4:	Unsere Klasse: Vertiefungen der Themen, Erarbeitung von Zielen, Strategien und Vorhaben

Zum Schluss: Feierliche Vereinbarung, Fazit, Abschied

Theorien: Auf u.a. folgenden theoretischen Modellen basiert die Veranstaltung:

- Mediation: Gewinner-Verlierer-Lösungsmodell, Das Harvard-Konzept
- Konflikttheorie: Eisberg-Modell
- F. Schulz v. Thun: Modell „Inneres Team", Modell „4-Münder-4-Ohren", „Modell der Stimmigkeit"
- M. Rosenberg: Gewaltfreie Kommunikation
- „kommstruktiv": Mediationskonzept „Fairness in ROT-GELB-GRÜN", Das Instrument „Der FAIRNESS-Kreis", „Die Sechs Schritte des Fairen Redens"

Methoden: Anschauliche Darstellung der Inhalte, Brainstorming, Diskussion im Plenum, Einzelarbeit, Kleingruppenarbeit, kontinuierliches Festhalten der konkreten Dinge, die die Teilnehmenden aus der Veranstaltung mitnehmen, lebendiger Vortrag, prozesshaftes Erarbeiten mit der Gruppe, thematische Spiele / Übungen / Rollenspiele, Experimente und Kooperative Abenteuerspiele

---

2 „Wie kommen wir von ROT nach GRÜN? Vermittlung von Fairness mit einfachen Mitteln im Kita-Alltag" in: TPS - Theorie und Praxis der Sozialpädagogik – Leben, Lernen und Arbeiten in der Kita, Evangelische Fachzeitschrift für die Arbeit mit Kindern, Ausgabe 6 / 2012: Schwerpunkt Streit und Konflikt, www.tps-redaktion.de.

Materialien zur Vermittlung des Konzepts:

- in ROT-GELB-GRÜN: Gesichter, Karten, Plakate, Tücher, Vorwurfs-bälle
zu ROT-GELB-GRÜN: Sammlung von Filmen – Geschichten – Liedern – Redewendungen – Schildern – Spielen – Sprüchen – Wörtern
- zu ROT-GELB-GRÜN: Symbolische Gegenstände
- Zahlreiche Unterlagen zur Visualisierung der Haltung und der Methode der Mediation in Verbindung mit ROT-GELB-GRÜN
- Fahne der Fairness
- Schatzkiste
- Wandsprüche

Gesine Otto

- zertifizierte Mediatorin (1999 bis 2001 nach den Standards des Bundesverbandes Mediation e.V. ausgebildet)
- Diplom-Sozialpädagogin
- Selbstständig mit der Sozialagentur kommstruktiv
- Mitglied in der BM-Fachgruppe „Erziehung und Bildung" (seit 2001)
- Leiterin der BM-Regionalgruppe Mainz (seit 2001)
- Jury-Mitglied zusammen mit Friedrich Glasl / Salzburg und einem BM-Gründungsmitglied für den Innovationspreis 2005 des BM e.V.
- Lehrbeauftragte an der Katholischen Hochschule

JEDE MEDIATION IST INTERKULTURELL |
Dorothea Lochmann und Stefan Zech

„Jeder Mensch ist eine Welt für sich."

„Zusammenfluss ist für die Kultur das, was Schwerkraft für die Natur ist."
Trojanow/Hoskoté

Grundannahmen und Methoden der Mediation durch die Diversity-Brille betrachtet

Stellen Sie sich vor, Sie seien Mediator oder Mediatorin. (Wenn Sie das sowieso sind, wird Ihnen das leicht fallen.) Welche Konfliktfälle können da zusammen kommen, in denen der Aspekt „Kultur" eine Rolle spielt? Ein deutsch-französisches Paar möchte seine Trennung einvernehmlich regeln.

In einem gemeinsamen Projekt eines traditionsreichen Maschinenbauunternehmens mit einer jungen Solarfirma haben die gemischten Teams viele Probleme in der Zusammenarbeit.

Ein Hausmeister und die junge Leiterin einer Kindertageseinrichtung möchten ihre gestörte Zusammenarbeit verbessern.

Ein ins Dorf zugezogener Arzt hat einen Streit mit seinem Nachbarn, einem ortsansässigen Handwerker, zu klären.

Der Inhaber eines kleinen Unternehmens möchte, dass der Streit zwischen zwei seiner türkischen Mitarbeiter nicht weiter eskaliert.

In einem Wohnprojekt wollen eine WG von Studierenden um die 25 und die BewohnerInnen einer Seniorenwohngruppe eine Vereinbarung über Ordnung und Lautstärke treffen.

„Jede Mediation ist interkulturell." Hinter dieser plakativen These steht die Erfahrung, dass es für die Bearbeitung jedes Konflikts hilfreich ist, darauf zu achten, wie die unterschiedlichen kulturellen Prägungen der Beteiligten, der Konfliktparteien und der MediatorInnen, auf den Konflikt und die Art und Weise einwirken, wie er erlebt, bewertet und besprochen wird.

Es existiert eine stetige Nachfrage für Trainings, wie man in einer Mediation angemessen mit ethnisch unterschiedlichen Kommunikationsstilen umgehen kann. Damit verbunden ist landläufig die Annahme, dass eine Mediation dann „interkulturell"[1] wird, wenn eine andere Nationalität beteiligt ist. Es gibt allerdings auch andere kulturelle Prägungen, die die Verständigung im Konflikt beeinflussen: Die soziale Schicht, Berufs- und Organisationskulturen, Stadt-Land-Unterschiede, Generationen, um nur einige zu nennen.

Und die Mediation selbst? Viele MediatorInnen betrachten die Mediation als ein Verfahren, das auf Neutralität bzw. Allparteilichkeit beruht und deswegen universell einsetzbar ist und über allen Kulturunterschieden steht. Diese könnten behandelt werden wie jeder andere Konflikthintergrund auch. Dabei ist die Mediation beileibe nicht kulturneutral, sondern hat sich in einem ganz bestimmten gesellschaftlich-kulturellen Kontext entwickelt. Ihre Grundannahmen und Verfahren atmen also Gedanken, Symbole und Denkmuster, die z.B. einem Industriearbeiter, einer tamilischen Mutter, einem nordafrikanischen Geschäftsmann ziemlich fremd sein können. Oder auch nicht.

Wir möchten mit diesem Artikel dazu einladen, die eigenen Grundannahmen als Mediator oder Mediatorin im Umgang mit Kultur bewusst zu betrachten und gegebenenfalls zu relativieren. Im folgenden Abschnitt möchten wir darstellen, wie sich die Vielfalt kultureller Kontexte bei den Konfliktparteien in einer Mediation abbilden kann. Daraufhin werden wir die Mediation selbst mit ihren Grundannahmen und Methoden in ihrer kulturellen Geprägtheit unter die Lupe nehmen. Abschließend werden wir Ansatzpunkte für einen sensiblen Umgang mit kulturellen Unterschieden in der Mediation skizzieren. Was beinhaltet also die Kompetenz, kultursensibel zu mediieren?

Jede Mediation hat interkulturelle Kontexte

Wenn wir im Titel die These aufstellen, jede Mediation sei interkulturell, so beschreiben wir mit dem Begriff „Kultur" die gemeinsamen Lebensweisen und Deutungsmuster einer Gruppe oder Lebenswelt. Kulturen sind nicht statisch, sondern in Bewegung, also veränderbar, nicht einheitlich, sondern zusammengesetzt und nicht eindeutig, sondern mehrdeutig und widersprüchlich. In jeder Gesellschaft gibt es also eine Vielzahl von Kulturen. Das heisst umgekehrt, dass jeder durch eine Vielzahl kultureller Prägungen beeinflusst ist. In manche werden wir hin-

---

1   In der Fachgruppe bevorzugen wir mittlerweile den Begriff der kulturellen Diversität oder „Supervielfalt" (Vielfalt bewegt Frankfurt. Integrations- und Diversitätskonzept für Stadt, Politik und Verwaltung, Dezernat für Integration (2010); sowie *Vertovec, Steven*, Super-diversity and its implications. Ethnic and Racial Studies, Jg. 29, 2007, H. 6, S. 1024 – 1054. Das Wort „interkulturell" legt nahe, dass hier Kultur A ist und dort Kultur B, und man nun versucht, eine Brücke zwischen beiden zu schlagen. In der Realität ist jeder Mensch Träger verschiedener kultureller Prägungen, die sich gegenseitig beeinflussen und ständig weiterentwickeln.

eingeboren, anderen ordnen wir uns freiwillig zu.

Zum Beispiel sind Konflikte zwischen umweltbewegten FahrradfahrerInnen und ManagerInnen in ihrem SUV, die sich über die korrekte Auslegung der Vorfahrtsregelung streiten, wesentlich geprägt von den grundlegenden Werten ihrer Gruppenkultur.

In der Konfliktvermittlung müssen wir als MediatorInnen also herausfinden, welchen Gruppen sich eine MediandIn angehörig fühlt und inwieweit deren Werte den Konflikt und dessen Lösung beeinflussen.

So benötigte ein getrennt lebendes Elternpaar eine komplette Mediationssitzung für das Thema „Ess-Kultur": Während die Kinder bei der Mutter vegetarische Öko-Kost vorgesetzt bekamen, gab es beim Vater Fast Food vor dem Fernseher.

Ein weiteres Beispiel: In einer Konfliktbearbeitung zwischen Produktions- und Vertriebsabteilung einer Firma unterschieden sich deren VertreterInnen deutlich in Kleidungsstil und verbalem Ausdruck voneinander. Auch hier galt es, Gruppenstereotype zu hinterfragen, eigene und gemeinsame Interessen zu identifizieren und die jeweilige Konfliktpartei in ihrer Einzigartigkeit (an-)zuerkennen.

Dies gilt selbstverständlich ebenso z.B. für eine Mediandin, die in der Türkei geboren ist oder in Thailand. Aber auch eine solche Person „mit Migrationsgeschichte" hat meist schon mehrere Migrationsstationen durchlebt, sodass Termini wie Bi-, Multi- oder Interkulturalität nicht mehr zutreffend beschreiben, woraus sich ihre ethnische Identität speist.

Die im Frankfurter Integrationskonzept beschriebene „Supervielfalt" entsteht aus Menschen, die in verschiedenen Ländern gelebt haben, sich beruflich mehrmals neu orientieren mussten, im Alltag mehrere Sprachen sprechen und oft in einer bikulturellen Partnerschaft leben, in einer Familie, die in der ganzen Welt zu Hause ist. Sie sind selbst geprägt durch ihre berufliche Identität und soziale Schichtzugehörigkeit, durch ihren Wohnort, durch die Zugehörigkeit zu einer Subkultur, sind vielleicht im Schützen-, Schach- oder Moscheeverein.

Die Ergebnisse der Sinus-Studie über Migranten-Milieus in Deutschland zeigen ein differenziertes Spektrum von Grundorientierungen zwischen Tradition, Modernisierung und Neuidentifikation, das noch heterogener ist als bei den Bürgern ohne Zuwanderungsgeschichte.

Die Sinus-Migranten-Milieus® in Deutschland
Soziale Lage und Grundorientierung

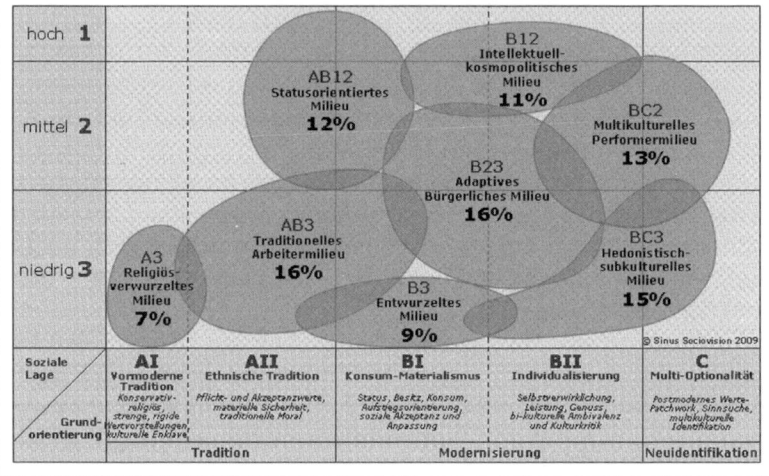

Soziale Lage					
hoch **1**				**B12** Intellektuell-kosmopolitisches Milieu **11%**	
mittel **2**		**AB12** Statusorientiertes Milieu **12%**			**BC2** Multikulturelles Performiermilieu **13%**
				B23 Adaptives Bürgerliches Milieu **16%**	
niedrig **3**	**A3** Religiös-verwurzeltes Milieu **7%**	**AB3** Traditionelles Arbeitermilieu **16%**		**B3** Entwurzeltes Milieu **9%**	**BC3** Hedonistisch-subkulturelles Milieu **15%**

© Sinus Sociovision 2009

Soziale Lage / Grund-orientierung	**AI** Vormoderne Tradition Konservativ-religiös, strenge, rigide Wertvorstellungen, kulturelle Enklave	**AII** Ethnische Tradition Pflicht- und Akzeptanzwerte, materielle Sicherheit, traditionelle Moral	**BI** Konsum-Materialismus Status, Besitz, Konsum, Aufstiegsorientierung, soziale Akzeptanz und Anpassung	**BII** Individualisierung Selbstverwirklichung, Leistung, Genuss, bi-kulturelle Ambivalenz und Kulturkritik	**C** Multi-Optionalität Postmodernes Werte-Patchwork, Sinnsuche, mylakulturelle Identifikation
	Tradition		Modernisierung		Neuidentifikation

Quelle: Sinus-Institut (2008): Zentrale Ergebnisse der Sinus-Studie über Migranten-Milieus in Deutschland. http://www.sinus-institut.de/uploads/tx_mpdownloadcenter/MigrantenMilieus_Zentrale_Ergebnisse_09122008.pdf

Der Aspekt der Kultur kann auf vier unterschiedliche Arten in einen Konflikt und seine Bearbeitung hineinwirken[2]: Erstens können kulturelle Kommunikationsschwierigkeiten die Verständigung erschweren und zu Fehlinterpretationen führen. Hier liegt auch die Gefahr, Kultur als Barriere überhaupt erst zu konstruieren („Die Lehrer sind eben so." oder auch „Wir als Sinti sind halt so."). Zweitens kann Kultur selbst zum Konfliktthema werden, z. B. in Wertekonflikten, aber z. B. auch in Nachbarschaftskonflikten, in denen es um unterschiedliche Lebensgewohnheiten geht (Gerüche beim Kochen, Lautstärke, Tagesabläufe). Drittens kann die Deutung eines Konfliktes als „interkulturell" auf einen Konflikt um fehlende Anerkennung hindeuten, wenn nämlich die Sichtweise besteht, dass es eine mächtige und eine schwache, weniger anerkannte Seite gibt. Viertens gibt es kulturell unterschiedliche Arten, wie und mit welchem Ziel Konflikte ausgetragen und bearbeitet werden.

---

2   *Ropers, Norbert,* Agenda für den Frieden: Interkulturelle Mediation. In Evangelische Akademie Loccum 7/1999, S. 69 ff.

Mediation selbst hat einen kulturellen Kontext

Die geniale Idee, auf anerkannte, aber unparteiische Dritte zurückzugreifen, um mit deren Hilfe eine passende Konfliktbewältigung zum Wohle aller Parteien zu erarbeiten, gehört wohl weltweit zum Werkzeugkasten des menschlichen Zusammenlebens. Einführungen zur Mediation verweisen stolz auf ähnliche Verfahren aus der ganzen Welt und aus allen Epochen. Mediation scheint ein universell passendes Verfahren zu sein. Heißt das aber auch, dass sie über allen kulturellen Unterschieden steht, mit ihren Phasen, Methoden und Grundhaltungen?

Die Mediation in der Form, wie sie hierzulande gelehrt und praktiziert wird, speist sich aus den kulturellen Wurzeln der abendländisch-nordamerikanischen Geistesgeschichte.[3] In ihrer geistigen Tiefenstruktur findet sich griechische Philosophie, christlich-jüdische Theologie und Aufklärung. „Unsere" Mediation entstand - holzschnittartig dargestellt - im angloamerikanischen Kontext der Bürgerrechts- und Friedensbewegung und der humanistischen Psychologie. Das bedeutet, ihre Grundgedanken sind nicht kulturneutral und universell, sondern haben selbst eine spezifische kulturelle Prägung. Menschen, die diese Prägung teilen, können leichter etwas mit der klassischen Herangehensweise der Mediation anfangen. Das werden vermutlich westeuropäisch-nordamerikanisch geprägte Menschen sein, mit relativ hoher Bildung, bürgerlicher Sozialisation, alternativem Gedankengut eher nahe stehend. Diese Tendenz bildet sich ab in der Art und Weise, wie der Prozess strukturiert wird, mit welchen Methoden zu Kommunikation und Klärung beigetragen wird und auch in den dahinter stehenden Grundannahmen zum Menschenbild, zu Funktion und Wesen von Konflikten, zur zwischenmenschlichen Kommunikation, zum Umgang mit individuellen Bedürfnissen und Gefühlen.

Die Grundgedanken der Mediation verbinden sich in der Praxis mit dem Menschenbild jeder MediatorInnenpersönlichkeit. Das ist wunderbar, weil es Orientierung und ethische Verwurzelung gibt, kann aber dann zum Problem werden, wenn z.B. eine Konfliktpartei dieses, für allgemein gültig gehaltene Gedankengebäude, weit gehend teilt, die andere aber deutlich weniger, weil sie anders geprägt ist. Oder wenn beide sie nicht teilen.

---

3   Dass diese nicht hermetisch von der arabischen oder indischen Geistesgeschichte abgegrenzt werden kann, sondern wesentliche Entwicklungen nur durch ihre Vermischung entstehen konnten, läßt sich nachlesen, u.a. bei *Trojanov, Ilja /Hoskoté, Ranjit,* Kampfabsage. Kulturen bekämpfen sich nicht - sie fließen zusammen, München 2007.

Wir möchten einige dieser Grundgedanken etwas genauer betrachten:

Jeder spricht für sich. Ohne pauschalisieren zu wollen: Diese Anforderung passt gut zu einem Denken, dass der freie Wille und das Gewissen des Individuums das höchste Gut ist, erkämpft in noch nicht allzu lange zurückliegenden Emanzipationsprozessen. Viele Eingewanderte, die sich stärker als Teil eines Kollektivs (Familie, Clan, Gemeinde) sehen, kommen damit in Schwierigkeiten.
In unserer Arbeit, v. a. zu Familien- und Nachbarschaftskonflikten in Algerien war immer wieder spürbar, dass individuelle Befindlichkeiten zurückgestellt werden, um die Stabilität und das Ansehen der Familie nicht zu gefährden. Gerade das eigentliche direkte Mediationsgespräch, dem wir viel heilende Wirkung zuschreiben, verpufft in einem solchen Kontext. Den Prozess stärker über Shuttle Mediation und gegebenenfalls unter Einbeziehung weiterer Bezugspersonen zu gestalten, ist hier meist hilfreicher als von Anfang an direkt zusammenzukommen.
Es ist heilsam und fördert den Verständigungsprozess, Gefühle, Bedürfnisse, Verletzungen usw. offen anzusprechen. Diese Grundgewissheit in der Mediation ist leichter nachvollziehbar und auch umzusetzen für jemanden, der auch beruflich mit einem empathischen Umgang mit Menschen zu tun hat, sagen wir mal: PädagogInnen. Aber ist es das auch für Angehörige anderer Berufskulturen, z.B. TechnikerInnen, JuristInnen, BetriebswirtschafterInnen? Für manche sicher schon, aufgrund ihrer Persönlichkeit oder weiterer kultureller Prägungen – für andere weniger.
Bleiben wir bei der Sache... Bei der Sache zu bleiben, nicht in langatmige Geschichten abzuschweifen, einander nicht zu unterbrechen, einem Ablauf von Phase 1 bis 5 zu folgen, entspricht oft schon außerhalb der bürgerlichen Mittelschicht nicht den Erfahrungen, wie man Probleme zu besprechen und zu lösen versucht[4]. Scheinbar abschweifende Erzählungen können allerdings den Kern der Botschaft einer Konfliktpartei in sich tragen und zu Selbstkundgabe und Beziehungsaufbau beitragen. In der Regel ist v. a. die Zeit, die man immer wieder für den herzlichen Aufbau von Vertrauen und Beziehung aufwendet, sehr gut angelegt.

---

4   Die Unterscheidung zwischen einem linearen und einem polychronen, zyklischen Zeitbegriff gehört zu den grundlegenden Kategorien in der Unterscheidung von Kulturstandards; vgl. *Hofstede, Geert,* Interkulturelle Zusammenarbeit: Kulturen - Organisationen – Management, 1993.

Um sich dann auch der sachlichen Klärung im Konflikt zuwenden zu können, muss man sich als Konfliktpartei in der Mediation gut aufgehoben fühlen.

MediatorInnen fällen – auf der Grundlage ihrer Grundannahmen und meist unbewusst - viele

Micro-Entscheidungen darüber, wer an einer Konfliktbearbeitung beteiligt sein sollte, was relevant, was zentral oder nebensächlich ist und wie vorgegangen werden soll, beeinflusst von ihrer Weltsicht, die von ihrem eigenen kulturellen Umfeld geprägt ist.[5]

Machen Sie sich bewusst, welche Leitgedanken Ihre MediatorInnenpersönlichkeit prägen. Sich selbst diese „Selbstverständlichkeiten" zu verdeutlichen und sich zu vergegenwärtigen, dass diese anderen Menschen fremd sein können, eventuell die eigenen Prinzipien transparent zu machen oder gar zu relativieren und sich über gemeinsame Prinzipien zu verständigen, gehört zu den wesentlichen Herausforderungen der Konfliktbearbeitung in interkulturellen Kontexten.

Die Fachgruppe „Mediation in interkulturellen Kontexten" hat auf einer internen Tagung einmal diese Hausaufgabe gemacht und – ohne Anspruch auf Vollständigkeit – eine lange Liste an Grundannahmen hinter der „okzidentalen"[6] Mediation ausgemacht, so z.B.:

Jeder Mensch ist für sich selbst verantwortlich.

Es ist gut, wenn Menschen ihre Bedürfnisse und den Wunsch, dass ihre Bedürfnisse befriedigt werden, direkt und aktiv äußern.

Konflikt als Chance

Machtungleichgewichte sollten in der Konfliktbearbeitung ausgeglichen werden.

Selbstreflexion ist ein Muss für jede und jeden.

Es ist wichtig, sich von seinen Eltern zu lösen.

Wer der oder die Richtige ist, kann nur ich ganz allein entscheiden.

---

5   vgl. *LeBaron,Michelle*, Mediation and Multicultural Reality, 1998. http://www.gmu.edu/programs/icar/pcs/lebaron.htm

6   Der algerische Mediator *Yahia Bahayou* ist als Streitschlichter auf der Grundlage lokaler Traditionen und der Shariah tätig und absolvierte eine Mediationsausbildung. Er verwendet diesen Begriff in seiner unveröffentlichten Gegenüberstellung der beiden Formen der Konfliktvermittlung.

Methoden in der Mediation unter der interkulturellen Lupe

Kann man denn nun wenigstens davon ausgehen, dass das methodische Handwerkszeug, das man in seiner Mediationsausbildung gelernt hat, überall brauchbar ist? Oder gibt es Methoden, die in bestimmten kulturellen Kontexten funktionieren und in anderen nicht? Darauf lassen sich keine allgemein gültigen Antworten finden.

Eine Kultur ist nie etwas Abgeschlossenes. Sie trägt in sich selbst eine große Heterogenität und entwickelt sich weiter. Darüber hinaus vereinigt jeder Einzelne in sich verschiedene kulturelle Prägungen und hat persönliche Charakteristika. Ein junger Büroangestellter in einer türkischen Druckerei, der lange bei den muslimischen PfadfinderInnen aktiv war, kommt vielleicht gut mit dem Aktiven Zuhören klar. Bei seinem älteren Kollegen, der stark von seinem traditionsverhafteten, partiarchalen Familienleben geprägt ist, muss man damit vielleicht vorsichtig sein.

Das **Aktive Zuhören** beinhaltet zwei sensible Aspekte: das Wiederholen dessen, was man von der Konfliktpartei verstanden hat, das in manchen Kulturen als unhöflich und Zeichen schlechten Zuhörens gilt[7], und das explizite Benennen von Gefühlen und Bedürfnissen. Jede Kultur hat ihre Form, wie man welche Gefühle ausdrücken und erkennen kann. Das gilt nicht nur für Angehörige unterschiedlicher ethnischer Kulturen. Mit Empfindungen wie Angst, Ärger oder Erschöpfung wird im Kontext des Managements von Unternehmen anders umgegangen als z. B. in der Kultur staatlicher Schulen oder eines Mediationsverbandes. Sicher ist es hilfreich, sich im Vorfeld einer Mediation Klarheit zu verschaffen, wie man mit Gefühlen umgehen und wie man sie ansprechen kann, und dann im Einsatz des Aktiven Zuhörens sorgsam und kreativ zu sein.

Man muss allerdings andererseits auch nicht zu vorsichtig werden. Angehörige von Kulturen, in denen Gefühle eher unterdrückt oder indirekt ausgedrückt werden, gaben uns immer wieder die Rückmeldung, dass gerade dies viel Leiden und Ohnmacht verursacht, und man Möglichkeiten schaffen müsse, seine Emotionen auszudrücken. Das Aktive Zuhören wie auch die Gewaltfreie Kommunikation seien hier sehr hilfreich. Eine wichtige Voraussetzung ist hierbei Vertrauen

---

7   Vgl. *Mayer, Claude-Hélène/Boness, Christian M.*, Interkulturelle Mediation und Konfliktbearbeitung, Münster 2004. Auch in den folgenden Aspekten greifen wir Anregungen von *Mayer und Boness* auf , v. a. S. 54 ff.

in die Person der Mediatorin / des Mediators und in den geschützten Rahmen, den diese für die Konfliktbearbeitung schaffen.

Ähnliche Erfahrungen macht man mit dem **Doppeln** wie auch mit dem direkten **Spiegeln körpersprachlicher Signale.** Dies sind starke Interventionen und sie sind von daher per se vorsichtig einzusetzen. Sehr viel hängt hier vom Verhältnis der MediandInnen zu den MediatorInnen ab. Diese Methode birgt generell die Gefahr der Manipulation, die Gefühle und Bedürfnisse

der Konfliktparteien nicht richtig zu treffen und ihnen dann Dinge in den Mund zu legen, denen sie nicht widersprechen können. Das gilt umso mehr in kulturellen Kontexten, in denen die Person der Mediatorin / des Mediators mit einer (moralischen) Autorität assoziiert wird. Gleichzeitig hat sich das Doppeln als sehr wirksames Instrument erwiesen, um Menschen schonend zu unterstützen, ihre Empfindungen auszudrücken.

In vielen kulturellen Kontexten gut anschlussfähig sind das **Reframing** sowie der **Einsatz von Bildern und Analogien.** Mayer/Boness weisen darauf hin, dass in vielen Kulturen fast schon automatisch versucht wird, das Negative aus anderen Perspektiven zu betrachten und das „Gute" im „Schlechten" zu sehen. Die Idee von Yin und Yang steht u. a. dafür. Das kann helfen, den Blick auf Chancen und Zukunftsperspektiven zu lenken bei aller Gefahr, unangenehme Befindlichkeiten unter den Teppich zu kehren.

Zu den schwierigsten Dingen in der interkulturellen Kommunikation gehört es, Ironie zu verstehen. Hierin liegen viele Ebenen, die in unterschiedlichen kulturellen Kontexten unterschiedlich gedeutet werden. Daher ist auch bei **paradoxen Interventionen** große Vorsicht geboten.

Grundsätzlich ist es uns allerdings auch wichtig, der interkulturellen Kommunikation die Schwere und das Komplizierte zu nehmen, alle „Regeln" kennen und alles „richtig" machen zu müssen. Wir leben in einer globalisierten Welt, in der gerade die MigrantInnen Kompetenzen entwickelt haben, mit unterschiedlichen kulturellen Spielregeln klarkommen und spielen zu können.

Ansatzpunkte für einen sensiblen Umgang mit kulturellen Unterschieden in der Mediation – Interkulturelle Kompetenz

„Um Menschen bzw. Zielgruppen zu erreichen, muss man ihre Befindlichkeiten und Orientierungen, ihre Werte, Lebensziele, Lebensstile und Einstellungen genau kennen lernen, muss man die Lebenswelten der Menschen „von innen heraus" verstehen, gleichsam in sie „eintauchen". Nur dann bekommt man ein wirklichkeitsgetreues Bild davon, was die Menschen bewegt und wie sie bewegt werden können."

Um Konfliktpartner bei der Konfliktklärung und –lösung professionell und effektiv unterstützen zu können, müssen wir als MediatorInnen einen guten Kontakt zu ihnen aufbauen und halten. Bereits hier muss ich einen Weg finden, meinen persönlichen Stil mit den Eigenheiten der MediandInnen zu verbinden, z. B. was den Grad an Formalität angeht.

Um die Werteorientierungen der Konfliktpartner herauszuarbeiten und meine Allparteilichkeit wahren zu können, muss ich als MediatorIn zunächst wissen, wie ich selbst zu Themen wie Familie, Hierarchien, Geschlechtsrollen, Religion, Umgang mit Zeit und Geld, Status, Selbstverwirklichung, etc. stehe.
Man sollte den Kommunikationsstil seines Gegenübers erkennen und beobachten, ob er eher direkt oder indirekt seine Bedürfnisse anspricht, ob sie lieber implizit oder explizit schwierige Punkte thematisiert und ob dies eher nacheinander oder wiederkehrend im Zusammenhang geschieht.
Bei Entscheidungen und Vereinbarungen muss ich als MediatorIn wissen, ob sich der Betroffene vorrangig als eigenverantwortliches Individuum sieht, oder vielmehr als Teil einer für ihn existenziell bedeutsamen Gruppe.
Dabei geht es keinesfalls darum, sich als MediatorIn jederzeit und bei jedem Thema eins zu eins auf die gleiche Wellenlänge mit der Konfliktpartei zu begeben, da es durchaus erfrischend und transformativ wirken kann, einmal in ein anderes Fahrwasser zu geraten und so – in geschütztem Rahmen - Neues zu entdecken und auszuprobieren.

Dies alles gleichzeitig während der ohnehin äußerst anspruchsvollen Gesprächs- und Verhandlungsführung zu bewerkstelligen, erfordert von einer Mediatorin / einem Mediator ein hohes Maß an Bewusstheit, Sensibilität und Virtuosität im Umgang mit unterschiedlichen Werteorientierungen und Methoden.

Solche Kompetenzen kann man durch die Reflexion praktischer Mediationserfahrungen in Co- und Supervisionen und in entsprechenden Fortbildungen entwickeln, wo Interventionen kritisch hinterfragt, und das eigene Wertesystem bewusst wahrgenommen und relativiert werden kann.

Weitere Informationen:
www.dorothea-lochmann.de
www.interperspective.de

Dipl.-Päd. Dorothea Lochmann, Ausbilderin und Mediatorin BM/BAFM, Institutsleitung IKOM-Frankfurt, Lehrbeauftragte für Mediation an der Hochschule Niederrhein, Ombudsfrau des Verbands binationaler Familien und Partnerschaften, iaf e.V.

Stefan Zech, Soziologe / Geograph (MA), Mediator BM, Coach (Trigon), Intervenant en Thérapie Sociale; Leiter der Fachgruppe „Mediation in interkulturellen Kontexten", Mitglied des Trainernetzwerkes „Groupe Ressources pour la Paix"

Grenzüberschreitende Mediation – Wie funktioniert das? |
Christoph C. Paul

Transparenz und Informiertheit – diese Prinzipien der Mediation erfahren bei grenzüberschreitenden Fällen eine ganz besondere Bedeutung.

Ein Wirtschaftskonflikt über nationale Grenzen

Das Ludwigsburger Maschinenbauunternehmen Baierle, Familienbetrieb in dritter Generation, arbeitet seit Beginn der 90er Jahre eng mit dem in Eger/Ungarn ansässigen Unternehmen EGV zusammen. Die ursprünglich wesentlich niedrigeren Lohnkosten und die EU-Fördermittel machten das Engagement in Ungarn sehr attraktiv. In den letzten Jahren sind verschiedene Probleme aufgetreten, die zu Produktionsausfällen und einem Imageschaden bei Abnehmern geführt haben. Klaus Baierle sieht die Ursachen dafür hauptsächlich in der unterschiedlichen Unternehmenskultur. In den ersten Jahren hatte er ein geradezu freundschaftliches Verhältnis zu dem Leiter des ungarischen Partners EGV; nach einem Wechsel in der Geschäftsführung muss er mit Viktor Varosi zusammenarbeiten, einem erfahrenen Ingenieur, dem aber nach Baierles Ansicht jeglicher unternehmerischer Geist fehlt. Am liebsten würde Klaus Baierle die Zusammenarbeit mit EGV beenden, was wegen vielfältiger Verflechtungen nicht so einfach – wenn überhaupt – möglich ist, zumal die Rückzahlung erheblicher Fördermittel droht. Die Stuttgarter Anwaltskanzlei, die mit der Prüfung eines Ausstiegsszenarios beauftragt wird, sieht in den zwischen den beiden Partnern abgeschlossenen Verträgen keinen überzeugenden Weg aus diesem Dilemma. Es kommt die Idee einer Mediation auf. Als Klaus Baierle bei einem Arbeitstreffen Viktor Varosi eine Mediation vorschlägt, ist dieser damit grundsätzlich einverstanden, besteht aber darauf, dass diese in Ungarn stattfinden müsse. Ziel der Mediation soll nach dem Wunsch beider Parteien entweder die Beendigung der Zusammenarbeit oder aber die Schaffung einer neuen Arbeitsebene sein. Beide Konfliktparteien wollen jeweils einen Mediator vorschlagen; diese sollen dann in Co-Mediation in Eger arbeiten. Die Anwälte von Klaus Baierle empfehlen einen bekannten Wirtschaftsmediator aus Stuttgart, der grundsätzlich bereit ist, dieses Mandat zu übernehmen. Viktor Varosi benennt einen Mediator aus Budapest, der mit seinem deutschen Kollegen in Co-Mediation zusammenarbeiten will.

Soweit eine ganz normale Anbahnung einer Mediation. Wäre dies ein Konflikt zwischen zwei in Deutschland ansässigen Betrieben, würden sich die beiden Co-Mediatoren jetzt abstimmen, wie sie vorgehen und wann sie mit wem und in welcher Weise die Vorgespräche führen wollen, sie würden sich über ihre bisherigen Erfahrungen und ihre Ausbildung austauschen etc. Aber wie geht das mit einem Mediator in Ungarn? Wie sind die Mediatoren dort ausgebildet? Arbeiten sie eher prozess- oder lösungsorientiert?

Klaus Baierle weiß durchaus, wie eine Mediation in Deutschland „funktioniert". Aber in Ungarn? Was erwartet ihn, welche rechtlichen Rahmenbedingungen gelten, wie ist sichergestellt, dass seine Interessen und Bedürfnisse in vollem Umfang berücksichtigt werden? Auch seine in Stuttgart ansässigen Anwälte sind gefordert: Wie lauten die rechtlichen und tatsächlichen Rahmenbedingungen einer Mediation in Ungarn? Kann der deutsche Mediator, der im Grundberuf Coach und ehemaliger Banker, aber kein Jurist ist, überhaupt in Ungarn arbeiten? Was muss ein Mediatorvertrag beinhalten, um den Mandanten bestmöglich abzusichern? Und wie ist eine mögliche abschließende Vereinbarung zu gestalten?

Ein grenzüberschreitender Fall aus dem familiären Bereich

Claudia, 33 Jahre alt, von Beruf Industriekauffrau, hat bisher bei Siemens in Deutschland und den USA gearbeitet und ist jetzt im Bereich Healthcare bei Siemens in Irland tätig. Sie verliebt sich in Ian, der 38 Jahre alt ist und ebenfalls bei Siemens in Dublin arbeitet. Sie werden ein Paar und nach einem halben Jahr wird Claudia schwanger. Ian freut sich auf das Kind, möchte Claudia heiraten und plant die Zukunft mit Claudia und einer Familie. Claudia möchte erst mal abwarten, wie sie das alles mit dem Kind „hinbekommt". Sie würde gerne so bald wie möglich nach der Entbindung wieder arbeiten und hat große Angst, ihre gerade begonnene Karriere zu gefährden. Zur Geburt reist Claudia in ihre Heimatstadt Oldenburg, wo im März 2011 Sohn Alexander geboren wird. Nach drei Wochen reisen Mutter und Sohn nach Irland zu Ian und die junge Familie wächst mit großer Freude am kleinen Sohn zusammen. Als Alexander ein Jahr alt wird, möchte Claudia – wie verabredet – wieder ihre Arbeit bei Siemens aufnehmen. Ian aber würde gerne weitere Kinder haben und spricht häufig über seinen Wunsch zu heiraten. Ein weiteres Kind aber scheint für Claudia mit der Fortsetzung ihrer Berufstätigkeit nicht vereinbar zu sein. Claudia nimmt ihre Arbeit also wieder auf, was neben der Versorgung von Alexander nicht einfach ist, zumal Ian sehr viel arbeitet und wenig Zeit für die Familie aufbringen kann. Beide streiten häufig über die Gestaltung des Alltags. Ian spricht immer wieder von einem weiteren Kind, was Claudia zunehmend als lästig empfindet; schon mit einem Kind und ohne Unterstützung durch den Vater fühlt sie sich überlastet. Im Sommer fährt die ganze Familie nach Deutschland. Zuerst sind sie zu dritt auf einer ostfriesischen Insel, anschließend ist Claudia noch allein mit Alexander bei ihren Eltern in Oldenburg. Sie findet das Leben ohne den von ihr als drängelnd empfundenen Ian so viel angenehmer, dass sie bei Siemens in Bremen nachfragt, ob man vielleicht eine Stelle für sie habe. Und in der Tat: für den Bereich Healthcare wäre sofort eine Stelle frei. Claudia bespricht sich mit ihren Eltern, die sich rührend um Alexander kümmern – und sie entschließt sich, nicht nach Dublin zu Ian zurückzukehren. Erst nachdem sie voller Freude ihren neuen Arbeitsvertrag unterschrieben und das Arbeitsverhältnis in Dublin kurzerhand per E-Mail gekündigt hat, informiert sie Ian über ihre Schritte. Als Ian am Telefon von Claudias Plänen hört, ist er schockiert und fragt einen befreundeten irischen Anwalt um Rat. Dieser vermittelt einen Kontakt zur irischen Zentralen Behörde, die sich wiederum an die deutsche Zentrale Behörde in Bonn wendet. Claudia wird schriftlich darauf hingewiesen, dass das Zurückhalten des gemeinsamen Sohnes rechtswidrig sei und aufgefordert, freiwillig mit Alexander nach Dublin zurückzukehren. Andernfalls werde man bei dem zuständigen Amtsgericht Celle einen Antrag auf Rückführung stellen. Dem Schreiben beigefügt sind Informationen über die Möglichkeit einer Mediation mit der Nennung des gemeinnützigen Vereines MiKK (Mediation bei internationalen Kindschaftskonflikten) als Ansprechpartner für die Mediation. Claudia lässt sich erst einmal anwaltlich über ihre Situation beraten und ihre Anwältin bestätigt die Rechtsansicht der Zentralen Behörde, dass die gerichtliche Anordnung einer Rückführung des Kindes Alexander wahrscheinlich ist. Im Rahmen einer Mediation könne vielleicht mehr erreicht werden als in einem gerichtlichen Verfahren, zumal es ja auch um die grundsätzlichen Fragen gehe, ob es noch eine Chance für das Paar gibt und wie eine mögliche Trennung sowie die Kontakte von Ian zu seinem Sohn geregelt werden und die finanziellen Aspekte zu gestalten sind. Claudia ist unentschlossen und fürchtet den Kontakt mit ihrem Arbeitgeber in Dublin, dem sie ja gekündigt hat. Nach gut einer Woche beantragt die Zentrale Behörde beim Familiengericht Celle die Rückführung des Kindes Alexander nach dem Haager Übereinkommen über die zivilrechtlichen Aspekte internationaler Kindesentführung (HKÜ). Die Richterin setzt einen Termin zur Anhörung der Eltern innerhalb des gesetzlichen 6-Wochen-Rahmens an. Claudia fragt jetzt bei dem Verein MiKK telefonisch an, wie die von der Zen-

tralen Behörde angeratene Mediation ablaufe. Nach Bestätigung von Ian, dass auch er an einer Mediation interessiert sei, wird ein deutsch-irisches Co-Mediatorenpaar gefunden, eine irische Mediatorin und ein deutscher Mediator, die beide für solche grenzüberschreitenden Famlienmediationen besonders ausgebildet und bereit sind, die Mediation gemeinsam durchzuführen. Die Mediation wird wenige Tage vor dem Gerichtstermin für zwei ganze Tage angesetzt.

Die Anbahnung dieser grenzüberschreitenden Familien-Mediation unterscheidet sich von der zuvor geschilderten Wirtschaftsmediation unter anderem dadurch, dass es in Europa bereits ein hervorragend ausgebildetes Netzwerk von 140 Mediatorinnen und Mediatoren gibt, die in 28 Sprachen arbeiten, nach gleichen Grundsätzen ausgebildet sind und für derartige Verfahren zur Verfügung stehen.[1]

Für den Konflikt zwischen Ian und Claudia gelten die gleichen Fragestellungen wie im vorherigen Fall: Ian weiß durchaus, wie eine Mediation in Irland „funktioniert". Aber in Deutschland? Was erwartet ihn, welche rechtlichen Rahmenbedingungen gelten? Wie ist sichergestellt, dass seine Interessen und Bedürfnisse in vollem Umfang berücksichtigt werden? Auch sein in Dublin ansässiger Anwalt ist gefordert: Wie lauten die rechtlichen und tatsächlichen Rahmenbedingungen einer Mediation in Deutschland? Kann die irische Mediatorin überhaupt in Deutschland arbeiten? Was muss ein Agreement to mediate beinhalten, um den Mandanten bestmöglich abzusichern? Inwieweit ist die Tatsache bedeutsam, dass in Irland das Common Law, in Deutschland hingegen das sog. Civil Law gelten? Und wie ist eine mögliche abschließende Vereinbarung zu gestalten?

Mediation findet „im Schatten des Rechts" statt. Eine profunde Kenntnis der rechtlichen Rahmenbedingungen ist erforderlich, um sicher nach Lösungen für den Konflikt zu suchen. Und gleichermaßen erfordert das Gebot der Informiertheit Kenntnisse über den Ablauf einer Mediation in dem jeweiligen Land. Ein Unternehmer mit großer Verantwortung für seine Entscheidungen muss genauso informiert und sicher in die Mediation in einem anderen Land gehen können wie die Eltern, die fürchten müssen, ihr Kind „zu verlieren". Recherchen im Internet sind natürlich möglich, sie sind aber ausgesprochen aufwändig und bergen die Gefahr, dass die darin genannten Informationen nicht mehr aktuell sind.

---

1   http://www.mikk-ev.de/deutsch/mediatorenliste/ sowie http://www.crossbordermediator.eu/.

Seit kurzem gibt es eine Online-Veröffentlichung, die genau diese Informationslücke umfassend schließt: Cross-Border Mediation. Foreign and International Legal Provisions /Mediation über Grenzen. Ausländische und internationale Rechtsnormen.[2] Diese Online-Publikation führt Mediationsgesetze auf sowie sonstige einschlägige gesetzliche Regelungen ausgewählter Länder. Nationale Methoden der Mediation, Gesetzgebung und besondere Charakteristika des Mediationsverfahrens in den jeweiligen Ländern werden exemplarisch dargestellt. Zusätzlich enthält jeder Länderbericht Kontaktadressen und bibliografische Hinweise. Die Länderberichte sind sowohl in der jeweiligen Muttersprache als auch auf Englisch und teilweise auch auf Deutsch verfasst. Bisher sind die Länderberichte für Bulgarien, Irland, Italien, Österreich, Polen und Ungarn verfügbar, alle weiteren Länder werden nach und nach ergänzt. Die Berichte der Länder Belgien und Spanien stehen kurz vor der Veröffentlichung. Eine Besonderheit dieser Veröffentlichung besteht darin, dass verantwortliche Autoren in den jeweiligen Ländern die Aktualisierung der Länderberichte gewährleisten.

Was geschah in den beiden skizzierten Fällen

Klaus Baierle, seine Stuttgarter Anwälte und der deutsche Mediator können in der o.g. Online-Publikation den Länderbericht für Ungarn erwerben und damit alle Informationen erhalten, die sie benötigen. Auch Ian und sein irischer Anwalt und ebenso die irische Zentrale Behörde können den Länderbericht Deutschland buchen und sich umfangreich informieren. Und sollte die Mediation z.B. in Dublin fortgesetzt werden, dann wäre es für die Oldenburger Anwältin von Claudia möglich, den Länderbericht Irland zu erwerben und damit zu allen Fragen in Irland kompetent beraten zu können. Mit der Kenntnis der Rahmenbedingungen und nach darauf beruhender fachlicher Beratung können sowohl der Ludwigsburger Unternehmer als auch der irische Vater gelassener die Mediation beginnen.

Sie können sich auf die Inhalte des Konfliktes konzentrieren und die in dem jeweiligen Land bestehenden Rahmenbedingungen zur Erarbeitung einer Regelung für ihren Konflikt optimal nutzen.

---

2   *Paul, Christoph C. / Kiesewetter, Sybille*, Cross-Border Mediation. Foreign and International Legal Provisions/Mediation über Grenzen. Ausländische und internationale Rechtsnormen, Online Publication 2011. Wolfgang Metzner Verlag, Frankfurt am Main 2011, Retrievable at: Wolfgang Metzner Verlag

Wie sind die beiden Fälle ausgegangen?

Klaus Baierle und Viktor Varosi haben mit dem ungarischen und dem deutschen Mediator in Eger an einer Mediation teilgenommen. Nach ersten getrennten Sitzungen haben sie sich an zwei aufeinanderfolgenden Tagen auf ein Ergebnis geeinigt, das wie folgt zusammengefasst werden kann: Beide Firmen werden weiter zusammenarbeiten, wenngleich auch einige Produktionsschritte verändert werden müssen. Neben wöchentlichen Telefonkonferenzen werden regelmäßige Arbeitstreffen verabredet. Diese Arbeitstreffen finden wechselnd in Ungarn und Deutschland statt; bei Bedarf sind innerbetriebliche Mitarbeiter an diesen Treffen zu beteiligen. Das erste Arbeitstreffen findet zwei Monate später in Ludwigsburg statt, und zwar mit Begleitung der beiden Mediatoren. Viktor Varosi hatte an den beiden Mediationstagen Gelegenheit, seinen deutschen Partner kennen und verstehen zu lernen, die von Verantwortung und Gestaltungswillen geprägte Sichtweise dieses seit Generationen mit seiner Firma verbundenen Klaus Baierle zu erfahren. Und umgekehrt konnte Klaus Baierle erleben, was für einen klugen und geschickten Leiter die ungarische Partnerfirma EGV in Viktor Varosi hatte. Beide haben sich anlässlich der Mediation nicht nur über Sachthemen sondern auch persönlich ausgetauscht. Vor dem Hintergrund ihrer interessanten aber doch sehr unterschiedlichen Biografien und mit dem Willen, das gemeinsame Projekt erfolgreich fortzusetzen.

Das vorläufige Ergebnis der deutsch-irischen Mediation

An zwei aufeinanderfolgenden Tagen haben die irische Mediatorin und der deutsche Mediator mit Claudia und Ian in Oldenburg eine Regelung erarbeitet. Claudia wird mit Alexander zunächst einmal nach Dublin zurückkehren. Beide Eltern werden in Dublin eine Paarberatung oder Familientherapie aufsuchen; die irische Mediatorin hat entsprechende Kontakte vermittelt und zwei Vorgespräche wurden bereits telefonisch vereinbart. Sollten Ian und Claudia zu dem Schluss kommen, dass sie sich dauerhaft trennen, dann wollten beide die Mediation in Dublin fortsetzen. Ian hat zugesichert, dass er im Falle des Scheiterns der Paartherapie gegen einen Umzug von Claudia nach Deutschland nichts einzuwenden hätte, sofern er regelmäßigen Kontakt zu seinem Sohn habe. Claudia ihrerseits hat versichert, dass sie mit Alexander mindestens ein Mal pro Quartal auf ihre Kosten nach Irland reisen werde und dass Ian jederzeit nach Deutschland zu seinem Sohn kommen könne. Auch seien Urlaube von Vater und Sohn möglich; die Einzelheiten dazu wären noch zu vereinbaren.

Die Arbeitssituation von Claudia in Dublin ist noch nicht geklärt; sie hat bisher lediglich einen Gesprächstermin mit dem Personalleiter vereinbaren können. Sie ist aber optimistisch, dass man sie „schon wieder nehmen werde". Ian sichert zu, Claudia finanziell in Dublin zu unterstützen, falls sie das Arbeitsverhältnis bei Siemens nicht wieder aufnehmen könnte.

Sollten sich Ian und Claudia doch endgültig trennen, dann sollen die irische Mediatorin und der deutsche Mediator in Dublin die Mediation fortsetzen; Claudia und Ian haben zu beiden ein Vertrauensverhältnis aufgebaut, an das sie anknüpfen möchten. Die Anwälte werden angewiesen, bei Gericht das Ruhen des Verfahrens zu beantragen. Sobald Claudia mit Alexander nach Irland zurückgekehrt ist, soll der Antrag beim Amtsgericht Celle zurückgenommen werden.

Weitere Informationen:
www.paul-partner.eu

Christoph C. Paul

Rechtsanwalt, Notar, Mediator (BAFM), von 1991 bis 2011 Sprecher des Vorstandes der BAFM, Vorsitzender des Vereins „Mediation bei internationalen Kindschaftskonflikten (MiKK)", Ausbilder am Berliner Institut für Mediation, Lead-Trainer bei www.corssbordermediator.eu, ausgezeichnet mit dem Bundesverdienstkreuz am Bande und dem Sokrates-Preis für Mediation.

„Elder Mediation" – Marketing-Etikett oder Fachbegriff? |
Yvonne Hofstetter Rogger

Je mehr ältere Menschen das Leben selbstbestimmt und selbstverantwortlich gestalten können, desto mehr werden sie als tragend Säulen unserer Gesellschaft wahrgenommen.

Was versteht man unter Elder Mediation?

In Kanada und den USA ist unter dem Begriff „Elder Mediation" eine Praxis der Mediation entwickelt worden, die Fragestellungen mit altersbezogenen Belangen bearbeitet (englisch: „Age relatedissues"). Zum Teil wird der Begriff auch in der Kombination „Elder- andGuardianship Mediation" verwendet („Guardianship" für „Vormundschaft"). Mehrheitlich ging es ursprünglich um Mediation zur Bewältigung oder Prävention von Konflikten, die sich rund um die Unterstützung und Pflege älterer Menschen ergeben können. Der Zusatz „agerelatissues" zeigt allerdings, dass mehr als nur diejenigen Themen gemeint sind, die sich um die Familienbeziehungen und Pflege von Angehörigen drehen, wenn ein hoher Bedarf an Pflegeleistungen entsteht oder wenn das Alter mit Abhängigkeitsbeziehungen einhergeht. Je stärker sich die „Elder Mediators" vor allem als Mediatorinnen und Mediatoren identifizieren und in die klassischen Netzwerke der Mediation eingebunden sind, desto breiter verstehen sie den Begriff.

Das Gebiet von „Elder Mediation" kann folgendermassen umschrieben werden: „Elder Mediation" bezieht sich auf intergenerationale Mediation und Mediation in Fragen und Konflikten, die durch Übergangssituationen im Alter hervorgerufen werden können. Das Themenspektrum ist breit: von Spannungsfeldern zwischen Jüngeren und Älteren in Betrieben, bei Nachfolgeregelungen, bei Neuorganisation des Zusammenlebens als Paar (z. B. nach der Pensionierung), bei Veränderungen in der Familie in Folge von neu entstehenden Abhängigkeiten, in der Zusammenarbeit zwischen Familienmitgliedern und Professionellen in der häuslichen Pflege, im Zusammenleben von Heimbewohnerinnen und -bewohnern und schliesslich im Zusammenhang mit konsensualen Entscheidungen rund um das Sterben. Eine allgemein anerkannte, unbestrittene Definition gibt es bisher nicht.

„Elder Mediation" – einfach eine Spezialform von Familienmediation?

Versteht man unter Elder Mediation vor allem die Regelung von inner-familiären Fragen, z. B. beim Einbezug von Familienmitgliedern in die Pflege eines pflegebedürftigen, älteren Familienmitglieds, kann man sagen, dass es sich um eine besondere Anwendung der Familienmediation handelt. Das gleiche gilt auch, wenn wir an die Mediation im Kontext privater Erbschaftsregelungen denken. Mediation mit älteren Paaren ist auch unbestritten ein Gebiet der Familienmediation. Geht es hingegen um das Zusammenwirken von Familien, Fachleuten und Vertreterinnen und Vertretern professioneller Pflege, sieht es schon etwas anders aus. Hier spielen nicht allein die Familiendynamiken eine Rolle, sondern zusätzlich besondere Dynamiken zwischen Angehörigen und Professionelle von Medizin und Pflege. Professionell Pflegende vertreten dann nicht allein sich selber in der Runde, sondern sie vertreten oft gleichzeitig eine Institution mit spezifischen Regeln und Verbindlichkeiten.

Wenn älter werdende Menschen in ihrer Verhandlungs- und Entscheidungsfähigkeit beeinträchtigt sind, stellen sich eine Reihe von Fragen, die sich in der klassischen Familienmediation in der Regel sonst nicht stellen. Es bedarf besonderer Kompetenzen, um eine sinnvolle Art und Weise der Mitwirkung beeinträchtigter älterer Menschen gewährleisten zu können. Nicht immer geht es um justiziable Themen, bei denen allein die Klärung der Geschäftsfähigkeit ein wichtiges Kriterium ist. Die Frage ist nicht einfach ob, sondern wie die Stimme des älteren Menschen zum Ausdruck gebracht und gehört werden kann. Unter welchen Voraussetzungen gelingt es ihnen selber? Wer kennt die Bedürfnisse eines sich nicht mehr gut äussernden Menschen am besten? Wer kann mit ihm trotz Einschränkungen am besten kommunizieren? Was kann seine Anwesenheit in der Runde bedeuten, selbst wenn er sich nicht über verbale Kommunikation beteiligen kann? Hier sind besondere Kenntnisse, Erfahrungen und Vorgehensweisen gefragt.

Entzünden sich die Konflikte in Heimen, sind spezifische Aspekte der Auftragsklärung und der Berücksichtigung eines Organisationskontextes im Auge zu behalten. Zu denken ist beispielsweise an die Überschneidung von Organisationssystem und familiären Systemen, Fragen von Hierarchie und möglicherweise auch die Frage der Bestimmung von Verhandlungsvertreter/innen. Oft wird hier eine Pre-Mediation notwendig, wie sie klassischerweise in der Familienmediation nicht praktiziert wird. Andererseits werden die im Kontext der Wirtschaft erfahrenen Mediatorinnen und Mediatorennicht ohne weiteres anschlussfähig sein an die Lebenswelt älterer Menschen, speziell in einem stationären Kontext. Dies ist allerdings eine Voraussetzung, um die Lebenswelt zu begreifen und auch unbeholfen oder gar nicht geäusserte Bedürfnisse oder tabuisierte Sachverhalte aufgreifen und kommunizierbar machen zu können. Für eine angemessene Hypothesenbildung und Lösungsfindung kann es beispielsweise wichtig sein zu erkennen, ob ein störendes Verhalten einer Bewohnerin oder eines Bewohners krankheitsbedingt ist und in welchem Maße und unter welchen Bedingungen es modifizierbar ist. Bedeutet das Würdigen eines Menschen, dass man ihm die Verantwortung lässt und ihm eine gewünschte Verhaltensänderung zumutet und damit Wachstum ermöglicht? Oder bedeutet Würdigen dieses Menschen, die Grenzen der Fähigkeit zur Steuerung seines Verhaltens anzuerkennen und nach Möglichkeiten zu suchen, die Auswirkungen der Störung zu minimieren?

Mediation bei anspruchsvollen Fragestellungen und Konflikten im Zusammenhang mit Übergängen in den späteren Lebensphasen ist häufig dadurch charakterisiert, dass verschiedene Kontexte oder Welten sich überschneiden. Besonders deutlich wird dies beiFragen der Nachfolgeregelung in Familienunternehmen. Hier überschneiden sich die Welt der Familie mit der Welt des Unternehmens als wirtschaftsorientierte Organisation. Es sind je unterschiedliche Dynamiken und Logiken wirksam (z.B. unterschiedliche Hierarchisierung von Werten und divergente Gerechtigkeitsverständnisse in der Welt der Familie und in der Welt des Unternehmens). Ähnliches kann bei der Hofübergabe bedeutsam sein1. Streit zwischen Generationen oder Streit in Familien mit langen Geschichten, erfordert oft eine besondere Aufmerksamkeit hinsichtlich eingeschliffener Muster und Denkschemata, die nicht ohne Weiteres mit dem Konzept interessengeleiteter und zukunftsorientierter Mediation allein angegangen werden können.

Braucht es spezifische Kompetenzen?

Die Frage nach der Bedeutung von Feldkompetenz stellt sich in den verschiedensten Anwendungsbereichen der Mediation. Wie weit können Mediatorinnen und Mediatoren ihre Kompetenz hinsichtlich der Kommunikations- und Prozesssteuerung voll entfalten, ohne sich im

Themenfeld und im Kontext, in welchem die Mediation stattfindet, auszukennen? Und wenn man zur Einschätzung kommt, dass es nicht

---

1   Siehe dazu auch *Gertraud Hinterseer*, Generationenübergang in landwirtschaftlichen Familienbetrieben, Mediation als Herausforderung für die ältere Generation. In: Perspektive Mediation – Beiträge zur Konfliktkultur 2011/4 S. 176ff, Verlag Österreich

ohne Feldkompetenz geht, wie viel davon braucht es dann? Die Frage kann wahrscheinlich nie ganz schlüssig beantwortet werden, so dass eine in derFachwelt gemeinsam getragene Lehrmeinung daraus abgeleitet werden könnte. Es kann sein, dass besonders erfahrene Mediatorinnen und Mediatoren, die für die Mediation wesentlichen Kernkompetenzen in die verschiedensten Anwendungsfelder übertragen können. Sie bewegen sich dann auch in solchen Mediationen sicher, in denen mehrere Anwendungsfelderzum Tragen kommen. Wenn sie gelernt haben, Menschen in der Mediation zu stärken, die vielleicht wenig Verhandlungserfahrung haben, die ihre eigenen Bedürfnisse mit ausgesprochener Zurückhaltung oder gar nicht äussern oder die mit beschränkten Ressourcen kommunizieren, wird für sie „Elder Mediation" nichts anderes sein als „Mediation", so wie sie sie immer verstehen. Wenn sie darüber hinaus stark sind in der Berücksichtigung verschiedenster Kontextvariablen, wenn sie sensibel sind gegenüber der Gefahr von Ageism (Diskriminierung aufgrund des Alters), wenn sie offen sind für Unausgesprochenes und wenn sie sich in jedem Fall sorgsam das Wissen aneignen, das in der jeweiligen Mediation notwendig ist, dann haben sie gute Voraussetzungen für Mediation bei Konflikten und schwierigen Übergangssituationen im Alter. Und dies ohne sich ausdrücklich als „Elder Mediator" zu identifizieren. Doch wer traut sich diese umfassende Kompetenz berechtigterweise zu?

Das Elder Mediation International Network (EMIN) geht entschieden von einem Bedarf nach spezifischer Qualifizierung für „Elder Mediation" aus. EMIN ist eine internationale Organisation, die „Elder Mediation" fördern will durch Öffentlichkeitsarbeit, Ethikstandards mit Qualitätskriterien und der Beschreibung spezifischer Kompetenzen für Mediatorinnen und Mediatoren sowie durch Kongresse zur Förderung der internationalen Vernetzung. Im Code of Professional Conductfor Mediators Specializing in IssuesofAging, übersetzt mit„Berufsregeln für auf Altersfragen spezialisierte Mediatoren und Mediatorinnen (Altersmediation)"[2], sind die für „Elder Mediation" zu erwerbenden Kompetenzen ausführlich beschrieben. Diese decken sich weitgehend mit den grundlegenden Kompetenzen, die in Mediationsausbildungen angestrebt werden, ganz unabhängig vom Anwendungsfeld. Hingegen wird eine Reihe von Wissensbeständen genannt, die der besonderen Beachtung bedürfen:

---

2   Zu Ausbildungszwecken im deutschsprachigen Raum hat *Helen Matter* den Code of professional Conduct von ENIM übersetzt. Er ist auf folgender Website aufgeschaltet: http://www.eldermediation.ch/Berufsregeln.pdf (28.8.2012) oder bei ENIM in seiner neuesten Auflage 2012 in englischer Sprache zu bestellen.

- Erkennen können von Risiken und Anzeichen von Übergriffen und Machtmissbrauch gegenüber älteren Menschen sowie von Vernachlässigung oder Ausbeutung (u. a. finanzielle Ausbeutung).
- Dynamik des Alterns und der familiären Beziehungen
- Altern im interkulturellen Kontext
- Umgang mit Trauer und Verlust
- rechtliche Aspekte, vormundschaftliche Massnahmen
- Altersdiskriminierung
- Demenz und Auswirkungen der Krankheit auf die Betroffenen und ihre Familien
- Unterstützungssysteme im Gemeinwesen
- Wohnformen im Alter
- etc.

Aus der Aufzählung wird ersichtlich, dass die Spezifität besonders in kontextbezogenem Wissen gesehen wird. Vertreterinnen und Vertreter der Alzheimervereinigung betonen, wie wichtig für Mediatorinnen und Mediatoren nicht nur entsprechendes Wissen ist, sondern das Vertrautsein mit der emotionalen Dimension der Herausforderungen des Alters. Sie beziehen sich dabei insbesondere auf alters- und krankheitsbedingte Einschränkungen und deren Auswirkungen auf das Umfeld. Besondere Aufmerksamkeit wird bei der Beschreibung der für „Elder Mediation" notwendigen Kompetenzen der Sensibilität gegenüber Risiken von Übergriffen und Machtmissbrauch geschenkt.[3] Offenen und vor allem auch subtilen Formen von Ageism, d. h. von Stereotypen, negativer Wahrnehmung bis hin zu Diskriminierung älterer Menschen, soll durch Aufklärung und Selbstreflexion vorgebeugt werden[4].

Man könnte zusammenfassend sagen: Wenn Mediation einen kompetenten Beitrag zu mehr Selbstbestimmung und Selbstorganisation in altersspezifischen Konfliktkonstellationen oder zur Konfliktprävention leisten will, dann muss man sich darauf verlassen können, dass die Mediatorinnen und Mediatoren über die notwendige Feldkompetenz verfügen. Mediandinnen und Medianden sind oft darauf angewiesen, dass sie über die Mediation Zugang erhalten zu ganz unterschiedlichen Unterstützungsmöglichkeiten und Ressourcen im Gemeinwesen, von denen Mediatorinnen und Mediatoren nur dann Kenntnis haben, wenn sie mit dem Feld und dem Sozialraum vertraut sind. „Elder Mediators"

---

3 Siehe auch *McCann-Beranger*, Judy, Präventive Wirkung von Elder Mediation – durch Vertrauensbildung zur Reduktion von Missbrauch und Vernachlässigung. In: Perspektive Mediation 2011/4, S. 167ff. Zu diesem Thema hat die Autorin einen Bericht zuhanden des Justizdepartementes Kanada geschrieben: *McCann-Beranger, Judy*, Exploring the Roleof Elder Mediation in thePreventionof Elder Abuse. 2010.
4 Siehe dazu auch *Becker,Stefanie*, Unbewusste Altersbilder und ihr Einfluss auf die Kommunikation in der Mediation. In: Perspektive Mediation 2011/4, S. 185ff.

wissen, was ältere Menschen brauchen, um Verhandlungspartner oder in irgend einer Form beteiligt zu sein, können ihre Verfahrensweisen den sehr unterschiedlichen Situationen anpassen und eine besondere Sorgsamkeit im Umgang mit Menschen und mit heiklen Themen pflegen.

Die Gegenposition dazu lautet: Das Anwendungsfeld ist zu wenig klar und abgegrenzt, als dass man einen spezifischen Kompetenzenkatalog definieren könnte, anhand dessen man sich entsprechendqualifizieren und mit diesen Qualifikationen an die Öffentlichkeit treten kann. Fasst man das Feld eng, dann sind die Kompetenzen der Familienmediation und ein begrenztes, zusätzliches Wissen sowie entsprechende Erfahrung gefragt. Diese kann man sich in der Praxis ohne weiteres zusätzlich aneignen. Fasst man das Feld weit, dann sind die notwendigen Kompetenzen und Kenntnisse unüberschaubar breit.

Wenn das Feld, wie hier postuliert, breit verstanden wird, dann ist die Vernetzung von Mediatorinnen und Mediatoren eine Möglichkeit, die unterschiedlichen,für die anspruchsvollen Aufgaben im Bereich von „Elder Mediation" notwendigen Kompetenzen zusammen zu führen. Ein solches Netzwerk ist dann stark, wenn sich Mediatorinnen und Mediatoren beteiligen, die aus unterschiedlichen Herkunftsberufen und Anwendungsbereichen der Mediation stammen, von Familienmediation über Wirtschaftsmediation, Nachbarschaftsmediation bis hin zu Mediation im öffentlichen Bereich. Das gemeinsame Teilen vonKenntnissen und Erfahrungen zu den Besonderheiten der Mediation bei Konflikten im Zusammenhang mit Übergangssituationen im Alter schafft Verbindung und Kompetenz.

Ist „Elder Mediation" ein passender Begriff?

Es kann zur Förderung der Qualität einerseits und zur Bekanntmachung des Angebotes andererseits sinnvoll sein, diesem Feld der Mediation einen eigenen Namen zu geben und sich spezifisch auf diese Praxis hin zu qualifizieren. Nun haben wir noch die zusätzliche Klippe, dass der Begriff nicht unbestritten ist. Folgende Fragen stellen sich:

Besteht nicht die Gefahr der Verwechslungen mit dem Begriff „Wise Elder Mediation"? „Wise Elder Mediation" wird für einen bestimmten Ansatz der Mediation verwendet, bei dem bestimmte Ältere mit einem Sonderstatus in einer Gemeinschaft die Funktion haben, in Konflikten zu vermitteln.

Wie soll man „Elder Mediation" treffend und gut in die deutsche Sprache übersetzen?

Liegt im Begriff nicht auch eine Dimension der Diskriminierung verborgen? Wer will schon über sein Älterwerden angesprochen werden? Fragen, die häufig unter dem Titel „Elder Mediation" diskutiert werden, gelten weitgehend für alle Mediationen, in denen es um Abhängigkeitsbeziehungen Erwachsener geht, beispielsweise auch von Menschen mit einem Handicap. Die Themen, Bedürfnisse und Bedarf können ganz ähnlich sein. Welcher bessere Begriff als „Elder Mediation" könnte gefunden werden, damit auch diese analogen Problem- und Konfliktfelder eingeschlossen sind?

Im Elder Mediation International Networkwerdendiesen Fragen immer wieder diskutiert. Trotz der Bewusstheit, dass „Elder Mediation" nicht ein befriedigender Begriff ist, verwendet ihn das EMIN mangels besserer Alternativen weiterhin. Gibt man den Begriff bei Google ein, erscheinen über 14 Mio. Nennungen. Der Begriff hat sich etabliert, wenn auch vornehmlich im englischen Sprachraum.

Braucht die Gesellschaft „Elder Mediation"?

Wir sehen es der Bevölkerungsstatistik in den europäischen Ländern an: Der Anteil der älteren Menschen an der Bevölkerung steigt stetig. Wir werden immer älter. Dabei entfaltet sich eine Vielfalt von Möglichkeiten der Lebensgestaltung im Alter. Es wird eine Generation älter, die schon in Familie und Beruf gelernt hat, Möglichkeiten der Wahl zu sehen und nicht nach engen Normen der Lebensgestaltung zu funktionieren. Und gleichwohl - oder erst recht - ist es für diese Generation älterer Menschen eine grosse Herausforderung, mit Veränderungen des Älterwerdens sinnstiftend umzugehen. Grenzen werden spürbar und sind augenfälliger als die ebenso vorhandenen Möglichkeiten der Entwicklung und einer anderen Form des Wachstums. Das Bedürfnis nach Autonomie und nach dem durchdringenden Gefühl, das Leben selber so weit wie möglich steuern zu können,ist vielleicht nicht auf die gleiche Weise zu erfüllen wie in jüngeren Jahren. Die geistige Beweglichkeit bedarf der besonderen Aufmerksamkeit, damit der eigene Denkrahmen und die Denkmuster nicht immer enger oder starrer werden. Wechselseitige oder einseitige Abhängigkeiten werden spürbar. Beziehungen spielen eine ganz besondere Rolle. Vielleicht hat man sie vernachlässigt oder man schleppt noch alte Lasten aus der Vergangenheit in der Gegenwart mit. Die Auseinandersetzung mit Verlust verschiebt man vielleicht gerne auf später. Und so können Probleme unvermittelt auftauchen und einzelne Menschen, Paare und Familien unvorbereitet treffen.

Aus diesen Situationen heraus entstehen unterschiedliche Bedarfslagen. Nicht immer ist Mediation der passende Weg. Wenn es um individuelle Klärung von Zielen, Möglichkeiten und die Realisierung von Plänen geht, dann ist Beratung angesagt. Geht es um die vertiefte Verarbeitung psychischer Probleme, ersetzt Mediation keine Therapie, auch wenn es immer noch besser ist, in einer Mediation etwas weiter zu kommen als gar nichts zu tun[5]. Sind Interessen und Rechte älterer Menschen zu klären und durchzusetzen, ist die Intervention einer Ombudsstelle oder die Unterstützung durch Rechtsvertreter/innen die passende Massnahme. Steht das Klären von Bedarfslagen an vorderster Stelle, das Planen und aktive Umsetzen von Unterstützung durch mehrere Institutionen, Fachleute und Privatpersonen, dann kann Case Management (evtl. in Kombination mit Mediation) Sinn machen. „Elder Mediation" hat gute Aussichten, einen festen und eigenständigen Platz innerhalb dieser Interventionsformen zu finden.

Mediation bietet sich sinnvollerweise überall dort an, wo ein passender Rahmen geschaffen werden soll, um Sachfragen zu verhandeln und Beziehungsfragen zu klären. Mediation ermöglicht konsensorientierte, umsichtige Entscheide, in die alle einbezogen werden, die von den Entscheiden betroffen sind oder die sie mittragen sollen. Und Mediation zielt auf eine Neustrukturierung und/oder Verstärkung von Beziehungen innerhalb des Systems, das für die Bewältigung der anstehenden Herausforderungen zusammen wirken soll. Wenn es mittels Mediation möglich wird, individualisierte Lösungen für intergenerationale Konflikte sowie Herausforderungen altersbedingter Veränderungen und Übergangssituationen zu erzielen, dann wird diese Dienstleistung bekannt und genutzt werden. Und wenn mittels „Elder Mediation" die sozialen Beziehungen gestärkt und Lernprozesse bei den Beteiligten ausgelöst werden können, dann leistet „Elder Mediation" einen Beitrag zum Zusammenhalt zwischen den Generationen.

Über den Nutzen in der einzelnen Situation hinaus ist der gesellschaftliche Wert von „Elder Mediation" nicht zu unterschätzen: Je mehr ältere Menschen und die ihnen Nahestehenden das Leben selbstbestimmt und selbstverantwortlich gestalten können, desto mehr werden sie als tragenden Säule dieser Gesellschaft wahrgenommen. Der Blick fällt auf ihre Ressourcen und weniger auf den oft zu sehr im Vordergrund stehenden Aspekt der Hilfebedürftigkeit und dem damit verbundenen Kostenrisiko. Ältere Menschen leisten unschätzbare Beiträge als pflegende Angehörige, als Grosseltern oder als Mentorinnen und Mento-

---

5 Siehe auch Krabbe, Heiner, Elder Mediation – Mediation mit älteren Paaren. In: Perspektive Mediation 2011/4, S. 181ff.

ren, wenn sie die Verantwortung in die Hände der jüngeren Generation übergeben haben. Sie setzen die neu gewonnene Zeit im Dienste der Zivilgesellschaft sinnvoll ein. Sie zeigen uns, wie man lernen kann, Übergangssituationen und Verlusterfahrungen zu bewältigen und dabei gar eine andersartige Form von Wachstum zu finden, bis zum Tod.

 **Prof. Yvonne Hofstetter Rogger**, Sozialarbeiterin und Mediatorin SDM, Studiengangleitung Master of Advanced Studies in Mediation, Berner Fachhochschule

Brauchen wir „Elder Mediation"? | Ingolf Schulz

Papa, sei vernünftig, fahr nicht mehr mit dem Auto!

„Elder Medation" kommt nach Deutschland

Anfang der 90er Jahre entwickelte sich in den USA und Kanada eine rechtliche Spezialisierung: „Elder Law". Hierbei geht es um Rechtsfragen, die mit Erbe und rechtlicher Betreuung verbunden sind, aber auch um Fragen des Steuerrechts für alte Menschen, der Sozialhilfe und des Heimrechts. In Deutschland erschien im Jahre 2006 erstmalig ein Band „Seniorenrecht" in erster Auflage. Die zweite Auflage folgte im Jahre 2011. Dennoch gibt es hierzulande noch keine anerkannte anwaltliche Spezialisierung für dieses Gebiet, abgesehen von dem Fachanwalt für Erbrecht.

Etwa gleichzeitig entdeckten die Mediatoren in den USA und Kanada, dass Konflikte, an denen alte Menschen beteiligt sind, auch einen besonderen Gegenstand der Mediation bildeten. Man nannte das neue Teilgebiet der Mediation „Elder Mediation" in Anlehnung an „Elder Law". In Europa wurde das Thema „Elder Mediation" insbesondere durch den 4. Weltkongress des Internationalen Netzwerkes Elder Mediation, „EMIN" in Bern im Jahre 2011 bekannt. Es gab deutsche Beiträge von Heiner Krabbe und Leo Montada. Eine Reihe von Vorträgen, die auf diesem Kongress gehalten wurden, sind in dem Heft perspektive mediation Nr. 4/2011 dokumentiert.

Im Juni 2012 hat der 5. Weltkongress des EMIN in Glasgow stattgefunden. Yvonne Hofstätter-Rogger berichtete über die Situation von Elder Mediation in der Schweiz, deutsche Beiträge gab es nicht.

Weder bei den zahlreichen Diskussionen um das neue Mediationsgesetz noch auf dem dreitägigen 10. Deutschen Seniorentag im Mai des Jahres 2012 in Hamburg tauchte das Thema „Elder Mediation" auf.

Die Konflikte, um die es geht, werden von der Erbmediation als Teilgebiet der Familienmediation teilweise abgedeckt, nämlich soweit es um Konflikte bei der Gestaltung von Erbregelungen geht. Die Mediation bei Unternehmensnachfolge teilen sich Familien- und Wirtschaftsmediatoren. Alle übrigen Bereiche, in denen sich altersspezifische Konflikte ergeben können, können von Familien oder Wirtschafts- und Organisationsmediatoren bearbeitet werden. Es gibt aber keine besonderen Angebote oder Hinweise für alte Menschen. Das gilt insbesondere für Auseinandersetzungen, die mit der Pflegebedürftigkeit eines Familienangehörigen zu tun haben, Missbrauchsprävention und drohende Vereinsamung oder Vernachlässigung von Heimbewohnern.

Der spezifische Blickwinkel der „Elder Mediation" auf Interessen der alten Menschen und ihre Würde ist für die hiesige Mediationslandschaft neu.

Altersdemenz und andere alterstypische Behinderungen

In juristischen Kontexten, entweder bei Verfassung eines Testaments oder Erteilung einer Vorsorgevollmacht, spielt die Frage der Geschäftsfähigkeit eine bedeutende Rolle. Soweit derartige Erklärungen abzugeben sind, wird der betroffene alte Mensch regelmäßig an den Mediationssitzungen teilnehmen müssen. Eine enge und sensible Abstimmung mit Ärzten und Betreuern oder Bevollmächtigten ist von

Nöten. Ist die Geschäftsfähigkeit nicht sicher festzustellen, nicht mehr gegeben oder kommt es darauf vielleicht auch gar nicht an, wird man sehr individuelle Überlegungen anstellen müssen, um den alten Menschen, um dessen Interessen es geht, in die Mediation einzubeziehen. Die Fragestellung ist mit derjenigen verwandt, wie man Kinder an der Familienmediation beteiligt. Dort ist das Alter, die Art des Konflikts und die jeweilige Entwicklung des Mediationsverfahrens zu berücksichtigen. Hier ist die anstelle des Alters die trotz Behinderung nicht zu unterschätzende verbleibende Entscheidungsfähigkeit maßgeblich. Geht es um eine Patientenverfügung, die rechtliche Konsequenzen haben soll, müsste die sogenannte Einwilligungsfähigkeit gegeben sein, das wäre weniger als die Geschäftsfähigkeit.

Institutionalisierung und Ausbildung

Sollen wir erst durch marktwirksame Angebote versuchen, eine „Elder Mediation"-Praxis in Deutschland zu initiieren oder Ausbildungsgänge für Elder MediatorInnen mit differenzierten Curricula entwickeln? Die Gründer der BAFM haben der Praxisentwicklung nur wenige Jahre gelassen, um dann mit soliden Ausbildungsrichtlinien und entsprechend ausgebildeten MediatorInnen auf den Markt zu gehen. 20 Jahre später haben wir eine ganz andere Situation. Alle Konflikte, die zum Bereich „Elder Mediation" zielen, könnten von ausgebildeten MediatorInnen bearbeitet werden und sicherlich gut, auch wenn spezifisches Wissen, Fähigkeiten und Erfahrungen die Qualität der Mediationsdienstleistung erhöhen könnten. Da wir nicht voraussehen können, ob die Zusammenfassung der verschiedenen Dienstleistungen unter dem Label „Elder Mediation" Entwicklungspotenzial hat, halte ich es für sinnvoll, zunächst den Markt zu testen. Ich bin mit regionalen und überregionalen Organisationen für alte Menschen, Alzheimergesellschaften und Pflegevereinigungen sowie Ministerien in Kontakt. Es ist nicht einfach, Interesse zu wecken. Es gibt aber viele MediatorInnen, die das Thema interessant finden und sich engagieren wollen. Wir brauchen eine Erfolgsstory, am besten von jemandem, der als „Elder Mediator" ausgebildet ist. Wenn wir keine deutsche vorweisen können, sollten wir eine amerikanische verwenden. Bei YouTube gibt es Filme zu „Elder Mediation". Nicht selten geht es um das eingangs genannte Thema, wann Mutter oder Vater den Führerschein abgeben sollten.

Es wird sich irgendwann zeigen, ob dieses besondere Mediationsangebot für alte Menschen angenommen wird und es sich finanzieren lässt. Dann spätestens brauchen wir auch die entsprechenden Ausbildungsgänge. Wer sich bereits jetzt schon in Kanada oder den USA als „Elder MediatorIn" ausbilden lässt, hat meine große Hochachtung, und meine Unterstützung bei der Suche nach Mediationsfällen.

Sicher scheint mir, dass „Elder Mediation" häufiger von Angehörigen nachgefragt werden wird, als von den alten Menschen selbst. Insbesondere diejenigen, die über 65 sind, aber sich noch fit fühlen, meiden häufig Angebote für alte Menschen.

Weitere Informationen:
www.rathausplatz25.de

Ingolf Schulz

geboren 1948

seit 1976 selbstständiger Rechtsanwalt, seit 1978 zugleich Notar, Mediator seit 1990

Mediationsausbildung bei Friedman, Himmelstein, Haynes, sowie Eidos (BAFM-Institut) in der Zeit von 1989 bis 1993, Familienmediator BAFM 1993, 1992-1994 Sprecher der BAFM, seit 1995 Mediationsausbilder in verschiedenen BAFM-Instituten

Schwerpunkt in der Mediationstätigkeit: Familie, Erbangelegenheiten, Gesellschafterstreitigkeiten

„Ich will nicht mehr, ich kann nicht mehr, ihr könnt mich mal!" Oder: Was Mediation zur Burnout-Bewältigung beizutragen hätte | Bernd Fechler

„Für jedes Problem gibt es eine Lösung, die einfach, klar und falsch ist."
Henry Louis Mencken (1880-1956)

In unserer Mediationspraxis mehren sich Fälle, in denen „Workload" bzw. der Umgang mit der zunehmenden Arbeitsverdichtung und den daraus resultierenden Gesundheitsbelastungen zum Thema wird.

In einer Mediation offenbaren sich bei einem Entwicklungsingenieur Abgründe von Überarbeitung, unendliche Listen unerledigter To-Dos, die dieser jedoch stoisch als „normal" und „Ich hab's im Griff!" verteidigt. Seinen wegen seiner cholerischen Anfälle „angezählten" Kollegen hatte dies regelmäßig zur Weißglut gebracht – vor allem der Lieblingsspruch des Entwicklungsingenieurs: „Wer bei mir einen Termin haben möchte, kann gerne im Dezember wiederkommen."

Die Referentin eines Bildungsträgers wird während einer Teamklausur zum Thema „Workload" wegen ihres konsequenten Pausenregimes heftig als „Rosinenpickerin" angegangen, bis diese schließlich mit einem Mobbing-Vorwurf kontert und sich für mehrere Wochen krank meldet.

Eine mit der Diagnose Burnout aus dem Leitungsteam gefallene Abteilungsleiterin einer städtischen Behörde drängt – nach halbjähriger Krankschreibung und ausgedehntem Klinikaufenthalt – nach Ansicht ihrer Vorgesetzten viel zu früh zurück in ihren angestammten Wirkungsbereich. Nicht zuletzt aus Angst, sonst ein für alle Mal als Führungskraft „verbrannt" zu sein.

Drei Beispiele für eine wachsende Krisenstimmung in Unternehmen, Behörden und sozialen Einrichtungen. Nicht nur in den Medien sind Burnout und die dramatisch steigendenZahlen Stress bedingter, seelischer Erkrankungen ein Dauerthema. Auch die Unternehmen haben das Problem als systemrelevant erkannt. Demografischer Wandel, Fachkräftemangel und die hohen betriebs- und volkswirtschaftlichen

Folgekosten von Stress sind die Trigger-Themen. Die humanen Ressourcen werden zum knappen Gut, das es zu pflegen und zu erhalten gilt. Die Antworten reichen von Maßnahmen zur individuellen Stressbewältigung über Kurse zu „gesunder Führung" bis hin zur Einführung eines BGM – eines Betrieblichen Gesundheitsmanagements.

All das klingt gut – doch wirken viele Maßnahmen noch wie aufgesetzt. Auch die eingangs geschilderten Organisationen „hatten" bereits ein BGM. Es gibt eine große Diskrepanz zwischen dem Geist gesundheitssensibler Angebote und der rauen Wirklichkeit in der Arbeitswelt.

Im Folgenden möchte ich beschreiben, was der originäre Beitrag von Mediation und mediativer Personal- und Organisationsberatung (Konfliktcoaching und Konfliktmanagement) zum Umgang mit diesem Thema sein könnte. Mediatoren werden als Feuerwehr gerufen – dann, wenn es brennt. In der Regel ist der Anlass für unser Wirken nicht „Burnout", sondern nach wie vor „Konflikt". Das ist völlig in Ordnung so. Dennoch gibt es einen Bedarf für Burnout-sensible

onfliktberatung, die bei der Implementierung eines Betrieblichen Gesundheitsmanagements gute Dienste leistet. Mit solchen Angeboten machen wir bei inmedio ermutigende Erfahrungen.

Zum Zusammenhang von Konflikt und Burnout

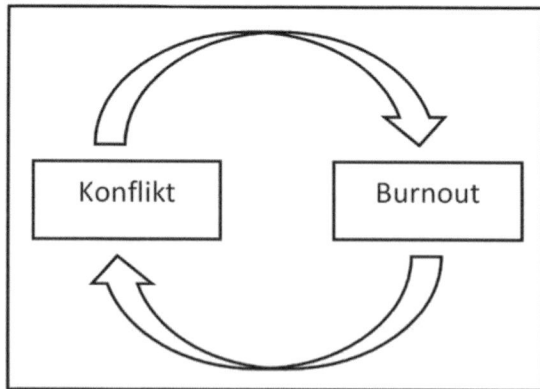

Die Wege vom Konflikt zum Burnout sind gut beschrieben. Konflikte machen negativen Stress und daher krank – jedenfalls so lange sie keiner Lösung zugeführt werden. Eine konstruktive Konfliktkultur könnte helfen, die Kosten stressbedingter, seelischer Erkrankungen zu reduzieren. Dies ist die grundsätzliche, strategische Seite, sozusagen das verkäuferische Argument, mit dem Mediatoren derzeit unterwegs sind, um die Nützlichkeit ihrer Dienstleistungen durch das Argument der Konflikt(Folgekosten)-Reduzierung zu untermauern.

Als Berater für akute Krisen interessiert uns aber auch die umgekehrte Richtung – die Wege vom Burnout zum Konflikt. Es geht um die Untiefen und Fallstricke, die sich im Betriebsalltag im Umgang mit chronischer Arbeitsbelastung, Stress, Burnout und anderen seelischen Leiden zeigen:

- Zu welchen Konflikten führt das Thematisieren wie auch das Verschleiern von Burnout?
- Was tun wir als Mediatoren, wenn Burnout in Konflikten explizit zum Thema wird?
- Und welchen Beitrag kann Mediation bzw. mediative Konflikt- und Organisationsberatung leisten, um einen angemessenen, gesünderen und fairen Umgang mit diesen Zusammenhängen zu fördern?

Uns interessieren Konstellationen, in denen eine gutwillige, „gesundheitsbewusste" Führungskraft bzw. Organisation mit Problemen zu kämpfen hat, die trotz – oder gerade wegen? – eines propagierten Betrieblichen Gesundheitsmanagements auftreten.

Burnout

Burnout ist eine durch chronischenStress hervorgerufene Form körperlicher und psychischer Erschöpfung, die große Ähnlichkeiten zum depressiven Syndrom[1]aufweist. Burnout bedeutet Selbstausbeutung bis zur Gesundheitsschädigung, die sich schleichend vollzieht.Im Endstadium ist Burnout eine ernstzunehmende Erkrankung, die eine dauerhafte Einschränkung der beruflichen Leistungsfähigkeit zur Folge haben kann. Die Symptome und Erkennungsmerkmale einer beginnenden Erkrankung sind nicht immer eindeutig. Zudem wird durch Leug-

---

[1] Einen guten Überblick über den aktuellen Stand der Forschung bietet die sog. DIMDI-Studie, die sämtliche Untersuchungen zu Burnout ausgewertet hat, vgl. *Korczak, Dieter/Kister, Christine/ Huber, Beate*, Differentialdiagnostik des Burnout-Syndroms, Köln 2011.

nungs- und Verdrängungsmechanismen ein schneller Ausstieg aus der Burnout-Spirale verhindert. Hier spielt der durch Führungsverhalten und Unternehmenskultur geprägte Umgang mit Leistung(Schwäche) eine entscheidende Rolle.Andererseits stellt eine durchgestandene Burnout-Krise für viele Betroffene den biografischen Wendepunkt zu einem gesünderen und sinnerfüllteren Leben dar.[2]

Burnout ist ein dynamischer Prozess. Bis zum totalen Zusammenbruch – dem sog. Burnout-Syndrom –kann es Jahredauern, in denen sichdas Leidenbereits in seinen unterschiedlichen Vorstufen ankündigt.Für unser Thema besonders interessant sind die letzten Stufen vor dem Zusammenbruch, treffend beschrieben als „Erschöpfungsmanagement"– ein ständiges Lavieren zwischen „Geht schon!" und „Ich kann nicht mehr.".

Gibt es typische Burnout-Kandidaten?

Was viele persönlich bewegt und auch im betrieblichen Umgang mit seelischem Leiden eine Rolle spielt: Ist jeder gleich gefährdet? Die Antwort: ein klares Jein. Stressbedingte Erkrankungen haben viele Ursachen.Neben beruflicher Überarbeitung spielt auch die private Situation eine wichtige Rolle: Doppelt- und Dreifachbelastung durch Erziehungsstress, Hausbau, Ehe- und Beziehungskrisen, pflegebedürftige Angehörige, dazu fehlender Ausgleich und die informative Überwältigung durch Email und Multitasking – unter widrigen Umständen kann Burnout jeden treffen.

Allerdings gibt es Menschen, die es ehertrifft. Zu den persönlichkeitsbedingten Faktoren zählen:

- Hang zum Perfektionismus
- hohes Verantwortungsgefühl (für andere / die Sache)
- zu hohe Leistungsansprüche an sich selbst und andere
- nicht Nein sagen können
- schlecht planen und sich verzetteln.

Das ist unstrittig – und in jeder Burnout-Behandlung und Stressprävention stellt die Auseinandersetzung mit der persönlichen Biografie und den sich dort zeigenden Mustern und Grundhaltungen (innere Leitsätze/Antreiber) einen zentralen Ansatzpunkt dar.

---

2   Dieser Punkt kann für Mediatoren – gerade in ihrer Rolle als Konfliktcoach – zu einem Zielkonflikt führen. Der Auftraggeber ist primär an der Wiederherstellung der Arbeitsfähigkeit interessiert. Die von Burnout betroffene Person soll wieder fit gemacht werden und sich in die Arbeitsabläufe „wieder eingliedern". Dagegen kann sich aus Sicht des/der Betroffenen herausstellen, dass der Weggang aus dem Unternehmen die beste Lösung für ihn bzw. sie darstellt.

Auf der anderen Seite führt dieser evidente Zusammenhang in vielen Betrieben zu einer verkürzten, aufs Individuum reduzierten Problemsicht und bildet die Legitimierung einer diskriminierenden Haltung gegenüber Menschen, die unter psychischen Erkrankungen leiden.[3]Bei aller Enttabuisierung und Normalisierung des Themas dominiert in vielen Unternehmen weiterhin das Bild vom „Psycho", „Versager" und „Weichei", das seine Aufgaben „falsch anpackt" bzw. ihnen „einfach nicht gewachsen ist". Je höher in der Hierarchieleiter, umso stärker schambesetzt ist dieses Thema. Das beeinflusst auch die Situation der Führungskräfte und Personalentwickler, die sich darum kümmern wollen.

Führungsverantwortung: Anforderungen an Gesunde Führung

Der Einfluss von Führungsverhalten auf das soziale Klima – die Organisationskultur im weitesten Sinne – ist hinlänglich bekannt. Die Empfehlungen, die Gesundheits- und Organisationsexperten für „gesunde Führung" geben, werden Mediatoren und andere Beratermit humanistischer Grundausrichtung nicht sonderlich überraschen. In ihrem erfahrungsgesättigten Buch „Führung und Gesundheit" behandelt Anne Katrin Matyssek[4] die Essentials gesunder Führung, die sie den korrespondierenden Dimensionen krankmachender Führung gegenüber stellt.

Gesunde Führung	Krankmachende Führung
Anerkennung / Lob / Wertschätzung	Destruktive Kritik / Fokus auf Fehler
Interesse / Aufmerksamkeit / Kontakt	Ignorieren / Bevorzugung einzelner MitarbeiterInnen
Aktive Gesprächsführung / Einbeziehen	Engmaschige Kontrollen / Entreißen von Aufträgen
Transparenz / Offenheit	Pokerface / willkürliche Entscheidungen
Führung durch Vertrauen / Ressourcen-Orientierung	Führung durch Misstrauen / Defizit-Orientierung
Stressbewältigung / Belastungsabbau / Ressourcenaufbau	Zusätzliche Druckerhöhung (enge Zeitvorgaben)
Umgang mit sich selbst: Wertschätzung als Haltung „SelfCare"	Umgang mit sich selbst: Mangelnde Wertschätzung und Selbstfürsorge

Gesunde bzw. krankmachende Führung, nach Matyssek 2010, S. 35ff

---

3   Lesenswert dazu: *Kramer, Monika*, Umgang mit psychisch kranken Mitarbeitern und Mitarbeiterinnen in Organisationen, Frankfurt am Main 2011
4   *Matyssek, Anne Katrin*, Führung und Gesundheit, Books on demand, 2. Aufl. 2010

Diese Faktoren sind Essentials der Primärprävention: Welcher Geist soll in einer Organisation herrschen, damit die Beschäftigten gesund bleiben? Auch die Entwürfe für Betriebliches Gesundheitsmanagement basieren auf diesen Prinzipien.

Was aber tun, wenn trotz eines propagierten BGM dennoch nicht alles rund läuft?Wenn trotz guten Willens zu einem wertschätzenden Führungsstil die Kraft oder die Skills nicht ausreichen, um den Widrigkeiten des Betriebsalltags erfolgreich zu trotzen? Und welchen Part können Mediatoren und mediative OE-Berater übernehmen, um diese Kluft zwischen Programm und Wirklichkeit zu überbrücken?

„Burnout-Konflikte" – die Führungskraft in der Zwickmühle

Nehmen wir an, ein Unternehmen macht sich auf den Weg zu einem gesünderen Betriebsklima. Die Führungskräfte wurden sensibilisiert. In einem „Resilienztraining"[5] haben sie die Zusammenhänge zwischen Gesundheit und Ressourcen orientierter Führung verstanden – und sie haben auch verstanden, dass ohne ein gewisses Maß an „selfcare" (Matyssek), d.h. einer Sorge um die eigene Gesundheit, kein Blumentopf zu gewinnen ist. Sie kehren zurück in den Betrieb. Nach ersten Erfolgen hat sie der Alltag wieder: zynische Sprüche von Kollegen, Rückfall in alte Muster – und wieder jagt eine Stressspitze die nächste.

Aber ein Stück Sensibilisierung ist geblieben. Die Führungskraft wird aufmerksam auf eine Mitarbeiterin, die in ihrem Leistungs- und Aufopferungswillen ihre Grenzen zu überschreiten droht. Das sind oft die Leistungsträger, die Säulen des Teams, die „plötzlich" in der Klinik landen. Oder die Führungskraft wird von einem Mitarbeiter angesprochen, der sich „in letzter Zeit so schlapp und ausgelaugt fühlt" und dringend um eine Auszeit bittet – dummerweise mitten im Projektendstress. Was soll die Führungskraft tun?

Die folgende Abbildung versucht, diesen „Klassiker", der uns in Burnout-Fortbildungen, Fallberatungen oder Mediationen immer wieder begegnet, zu illustrieren. Sie gibt einige der Selbstgespräche (Wolken), Statusemotionen (Kästchen) und sozialen Zündstoffe (Sterne) wieder, die es im Beziehungsgeflecht einer Organisation – hier reduziert auf die drei Positionen Führungskraft, Mitarbeiter/in und Teamkollegen/innen– anzuschauen gilt.

---

5 Eine gute Einführung in den „State ofthe Art" der arbeitsweltbezogenen Resilienz bietet *Wellensiek, SylviaKéré*, Handbuch Resilienz-Training, Weinheim und Basel 2011.

Konfliktbaustellen um das Thema „Entlastung von Mitarbeiter/innen" © Bernd Fechler

Die Erfahrung zeigt: In solchen Fällen braucht es unabhängige, allparteiliche Berater und Vermittler, die den Beteiligten Wege aufzeigen, aus ihren Sackgassen herauszukommen. Ähnlich ihrer Aufgabe, Konflikte besprechbar zu machen, können Mediatoren die Betroffenen darin unterstützen, die Probleme, deren Lösung durch Tabus im Umgang mit Leistungsabfall, Burnout und seelischen Erkrankungen blockiert werden, besprechbar zu machen.

Burnout-sensible Mediation in der Praxis

Auch in den eingangs gestreiften Fällen war Mediation das Mittel der Wahl.

Fall 1: „Ich hab's im Griff."

Der „gute" weil stille Kollege des „bösen" Cholerikers leugnet seine strukturelle Überforderung – aus Angst, als „Underperformer" dazustehen. Ein klassischer Fall von Erschöpfungsmanagement. Dieses gelingt ihm so gut, dass die negativen Folgen seiner Erschöpfung – Aufschieberitis, „leck mich-Haltung", Blockierung von Lösungskommunikation – so lange Nebensache bleiben, wie sein zum Ausrasten neigender Kollege sich selbst ins schlechte Licht rückt.

Der Lösungsansatz: In der Mediation ging es darum, dem Ingenieur einen Weg zu ebnen, seine innere Not ohne Gesichtsverlust mitzuteilen. Ermutigt durch ein „Burnout-normalisierendes" Konfliktcoaching, fand er zu einem Satz, der für seinen Kollegen die Wende brachte: „Ich will nicht mehr, ich kann nicht mehr – ihr könnt mich mal!" Die Schwelle zu einer Erarbeitung praktischer Lösungen (Klärung von Zuständigkeiten, Informationsfluss, Auszeiten etc.) war überwunden.[6]

6 Die weiteren Schritte: Der „Systemische Burnout" der ganzen Organisationseinheit wird erkannt und der Führungsebene rückgemeldet. Ad hoc Maßnahmen zur Minderung der Überlast werden genehmigt. Der „Choleriker" lädt

Fall 2: „Rosinenpicken"

Wer Stressreduzierung ernst nimmt, erntet nicht immer Beifall bei seinen Kollegen. Selbst wenn der „Output" stimmt – wenn Pausen machen, Schwätzchen halten, Grenzen setzen nicht den Standards der Teamkultur entspricht, läuft man Gefahr, zur Zielscheibe sublimer und offener Anfeindungen zu werden.

Der Lösungsansatz: In einer weiteren Teamklausur arbeiteten wir an den impliziten Grundannahmen und Regeln rund um das Thema Belastungsgerechtigkeit. Eine grafische Rückmeldung (Abb. 4) brachte vielen den Aha-Effekt. Sie machte deutlich, wie viel unnötige Empörungsenergie durch die Fokussierung auf die „Dissidentin" (links auf der Insel) und den zugrunde liegenden Leitsatz „Allen muss es gleich schlecht gehen." verpulvert wurde, und wie wenig kollektive Intelligenz für die Unterstützung einer anderen, tatsächlich notleidenden Teamkollegin (rechts im Wasser) dann noch übrig blieb. Diese hatte ihren Notstand zwar einige Male zur Sprache gebracht. Ihre zaghaften Hilferufe waren aber bis
dato im kollegialen Shitstorm gegen die „Faulenzerin" untergegangen

---

Mediation bei Burnout-Konflikten

macht Konflikte – das Tabuisierte – besprechbar

sensibilisiert für systemische Zusammenhänge

klärt Verantwortung zwischen den richtigen Stellen

führt zu konkreten Lösungen dort, wo es klemmt

fördert den Mut, sich mit den Dilemmata einer aus den Fugen geratenen Arbeitswelt auseinanderzusetzen

---

zu einem von uns moderierten Feedback-Workshop ein, in dem er sich zu den durch ihn angerichteten Verletzungen bei den MitarbeiterInnen bekennt und dadurch zu seiner Rehabilitation im Unternehmen beiträgt.

Fall 3: Als Führungskraft "verbrannt"?

Selbst wo neue Einstellungen und Werte propagiert werden, erweist sich der Grundsatz, „Eine Führungskraft ist man entweder ganz oder gar nicht", als zäh und langlebig. Das gilt auch für Behörden, die in Bezug auf die Achtung von Arbeitnehmerrechten (Überstundenausgleich, Nichtdiskriminierung, Gleichstellung/Inklusionetc.) extrem sensibilisiert sind. Im vorliegenden Fall war es jedoch gerade das engmaschig geknüpfte Netz an Sozialmaß- nahmen, festgehalten im BEM, dem Betrieblichen Eingliederungsmanage- ment, das in der Wahrnehmung der Abteilungsleiterin zur größten Karri- erebedrohung geworden war. Ungeschickt kommuniziert,hatte sich aus dem Hilfsangebot ein Konflikt mit Mobbing-Vorwurf und entsprechender Frontenbildung (Eskalation bis zur Dezernentin, Einschalten von Anwäl- ten) entwickelt.

Die Lösungsansätze waren in diesem Fall einigermaßen komplex. Konflikt- und Mobbingberatung, Mediation nach Fallenlassen des Mobbingvor- wurfs, Coaching der Amtsleitung und ein Teamworkshop der betroffenen Abteilung, weil auch dort allen das Wasser längst bis zum Hals stand. Der Konflikt machte aber auch deutlich, wie begrenzt die Ressourcen für eine „sachliche" Lösung waren. Auch im Öffentlichen Dienst – der nur noch Ig- noranten als Biotop für Müßiggänger („Lehrer in der Hängematte") gilt – werden die Spielräume und Ressourcen für eine humane Gestaltung der Arbeitsbedingungen immer kleiner.

Mediation als Entwicklungshilfe für ein nachhaltiges Gesundheitsmanagement

„Gesundheit im Unternehmen hat weniger mit Medizin als mit Führung zu tun. Sind die Mitarbeiter krank, ist die Firma der Patient."[7]

Im betrieblichen Dramadreieck kommt das Thema „Burnout" in unter- schiedlichsten Inszenierungen zur Aufführung. Die Betroffenen spielen „Opfer"- und „Täter"-Rollenwild durcheinander, echte „Helfer" machen sich rar. Eine Führungskraft im Erschöpfungsmanagement ist zum einen selbst Opfer der Verhältnisse und ihrer Unfähigkeit, aus dem Hamster- rad auszusteigen. Ihr droht massiver Statusverlust. In ihrer Überforde- rung ist sie aber auch – resigniert, unachtsam,zynisch – selbst Verursa- cher von Unmut, Stress und seelischen Verletzungen. Darüber hinaus hat sie keine Ressourcen mehr, um sich mit „Burnout-Konflikten" ihrer Mitarbeiter auseinanderzusetzen. Aber auch überambitionierte „High-

---

7 Kroınm,Walter/ Frank, Gunter (Hrsg.)Unternehmensressource Gesundheit, Symposion Publishing 2009

performer", die sich selbst und andere chronisch überfordern, können für ihre Kollegen zu einer Plage werden. In den Teams schließlich führt der fehlende Mut im Management, die Grenzen der Belastbarkeit anzuerkennen, zu Stellungskriegen und Ränkespielen rund um das Thema Belastungsgerechtigkeit.

Burnout ist Teamwork. Auch wenn ein zentraler Ansatzpunkt zum Ausstieg bei den Einzelnen liegt, wird die Dynamik von Burnout als Beziehungsgeschehen von den gängigen Hilfsangeboten bislang noch zu wenig reflektiert. Dabei ist die Diskussion über „strukturellen" bzw. „systemischen Burnout" längst im Gang.[8] Es sind die unausgesprochenen Regeln, Werte und Tabus der Organisationskultur, die einer Veränderung im Wege stehen. Sie verhindern eine ehrliche und offene Auseinandersetzung mit der Erkenntnis, dass es Grenzen des Wachstums, des Multitasking und der Selbstausbeutung gibt.
Dabei hilft ein Perspektivenwechsel. Burnout ist nicht nur Krise, Burnout kann auch als Ressource wahrgenommen werden. Gunther Schmidt spricht von „Burnout-Kompetenz"[9]: der Körper verweigert den Gehorsam, um Schlimmeres zu verhindern. So gesehen ist Burnout eine gesunde Reaktion auf kranke Arbeitsbedingungen – und ein untrüglicher Wegweiser hin zu den neuralgischen Punkten, an denen eine Organisation in struktureller Weise Effizienz und Intelligenz einbüßt.

Viele gutgemeinte Ansätze und Angebote greifen zu kurz, weil sie nicht mutig genug und mit ausreichendem Mandat an der Kultur, den internalisierten Haltungen und Alltagsroutinen der Organisation ansetzen dürfen. „Nur nicht zu grundsätzlich, nur nicht zu tief!" als Maßgabe für präventive Angebote ist Augenwischerei. Spätestens wenn es kracht zeigt sich, dass das nicht reicht. Mediatoren können „tief". Sie helfen den Betroffenen und Verantwortlichen, genau dort nachzuschauen und zuzuhören, wo es weh tut.

---

8   Vgl. *Greve, Gustav*, Organizational Burnout, Wiesbaden 2010; Kromm/Frank 2009
9   *Schmidt, Gunther*, Burnout-Kompetenz, DVD, managerSeminare Verlags GmbH 2011

Flankierende Maßnahmen eines Burnout-sensiblen Konfliktmanagements:

Vorträge und Tagesworkshops zur Information und Sensibilisierung

Burnout-kompetentes Konfliktcoaching und Resilienz-Trainings für Führungskräfte und Teams

Fortbildung für Führungskräfte im Umgang mit seelisch belasteten Mitarbeitern

Erstellung eines Ressourcen- und Belastungs-Profils der Organisation/Abteilung

Einbettung in bestehende Programme zur Gesundheitsprävention

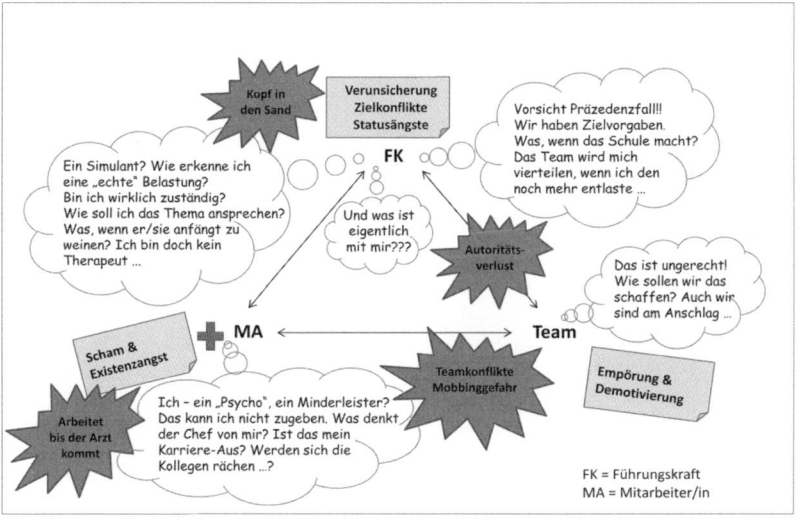

Mediation – oder weiter gefasst: Stress- und Burnout-sensible Formen konstruktiver Verständigung in Konflikten – ist ein wichtiger Verbündeter, um ein BGM durch die wertschätzende Auseinandersetzung mit den internen Verdrängungsmechanismen und Widerständen mit Leben zu füllen.Raus aus der Fassadenkommunikation. Die Betroffenen ernst nehmen. Anerkennen, dass es schwierig ist – das eröffnet Räume für Heilungsprozesse und neue Lösungen.

Weitere Informationen:
www.inmedio.de

Bernd Fechler, Diplom-Pädagoge, Mediator und Ausbilder für Mediation BM, systemischer Coach und Organisationsberater. Zusammen mit Wilfried Kerntke geschäftsführender Gesellschafter der inmedio frankfurt gmbh, die zusammen mit der inmedio berlin gbr die inmedio-Gruppe bildet.

E-Mediation und Social-Media
Chancen und Nutzen für die Mediation? |
Cristina Lenz und Jupp Schluttenhofer

„Wenn man sich geschnitten hat, soll man nicht den Finger verbinden, sondern das Messer" - Joseph Beuys

Inhaltsverzeichnis

I. Einleitung

Traditionell basiert Konfliktlösung auf persönlichem Umgang und Kommunikation zwischen Anwesenden. Telefonischer oder Mail-Kontakt beschränkt sich oft auf Absprachen von Terminen und Klarstellungen spezieller und eng umrissener Probleme. Größere Gesprächsrunden gerade im internationalen Zusammenhang oder generell über Sachthemen werden als Telefon- oder Video-Konferenzen durchgeführt. Im Mediationsprozess kann die MediatorIn den Reaktionen der Teilnehmer diverse Hinweise entnehmen. Die an der Konfliktlösung Beteiligten müssen für diesen Prozess notwendigerweise zur gleichen Zeit am gleichen Ort sein.

E-Mediation ist eine Alternative. Sie stellt zur Lösung der Streitsache hilfreiche Werkzeuge zur Verfügung, um den Mediationsprozess insgesamt effektiver, d.h. kosten- und zeitsparender zu gestalten.

Ziel des Beitrags ist es, Möglichkeiten des Einsatzes von E-Mediation zu erörtern. Dabei wird auf potenzielle Probleme in der Anwendung dieser Form der Mediation eingegangen und spezielle besonders geeignete Konfliktfelder werden beleuchtet. Darüber hinaus werden Softwaretools vorgestellt, welche die E-Mediation erleichtern.

II. Was genau ist E-Mediation?

Während die traditionelle Mediation darauf basiert, dass die Konfliktparteien an einem Ort zusammenkommen und in körperlich fassbaren Konferenzräumen an Problemlösungen arbeiten, wird bei der E-Mediation der reale Raum durch die virtuelle Welt des Internet ersetzt. Die Teilnehmer können über große räumliche Distanzen auf dem Bildschirm verhandeln. Kommunikation findet via E-Mail, Chat oder in virtuellen Konferenzräumen statt, die von Mediatoren verwaltet werden. Alle Beteiligten können sich in solch einem virtuellen Konferenzraum zusammenfinden, wobei für den Mediator die Möglichkeit besteht, sich in einem passwort-geschützten Konferenzraum auch ausschließlich mit einer Partei zu unterhalten, während die andere online in einem anderen Raum wartet. Welche Form der Kommunikation gewählt wird, ist dem Einzelfall und der jeweiligen Situation anzupassen. So können auch Videokonferenzen zur Erleichterung der Verständigung durchgeführt werden. Technische Voraussetzung für die Kommunikation zwischen einzelnen Teilnehmern ist ein ausreichend leistungsfähiger Computer mit Internetzugang. Das Mediationssystem selbst befindet sich auf einem von unbefugten Zugriffen geschützten Server und wird von dem Mediator oder einer entsprechenden Organisation zur Verfügung gestellt.

E-Mediation setzt sich aus den gleichen Stufen zusammen wie die klassische Mediation. Zusätzlich werden in der Eröffnung die Mediationssoftware und ihre Hilfsmittel vom der MediatorIn vorgestellt. Die Parteien müssen über den Umgang mit der Software informiert sein und sowohl mit der Möglichkeit des Einsatzes der einzelnen Hilfsmittel als auch mit ihren Funktionsweisen vertraut sein.

III. Das BMWA-Projekt – die neue E-Mediation Plattform

Ausgefeilte Web-Technologien ermöglichen komplexe Anwendungen für Projekte, die über das Internet Inhalte zusammentragen, verdichten und be- bzw. auswerten. Beispiele dafür sind Blogs, Bürgerbeteiligungsplattformen und Social Networks. Die Bedeutung von Mediationsverfahren in der Wirtschaft nimmt stetig zu. Eine akzeptierte, erprobte und von allen anwendbare, verständliche Struktur im Mediationsverfahren hat zur Idee und Entwicklung einer E-Mediation-Plattform geführt. Derzeit läuft die Beta-Phase.

1. Projektziel

Ziel ist es, alle erprobten und wertvollen Aspekte des klassischen Mediationsverfahrens im Web abzubilden und die technischen Möglichkeiten des Internets zu nutzen. Mediationen könnten dadurch schneller, kostengünstiger und innovativer gemacht werden. Es soll ein Werkzeug zur Verfügung gestellt werden, mit dem sich Mediationsprozesse komplett oder auch phasenweise im Internet durchführen lassen. Ebenso könnten Präsenzverfahren vor Ort online unterstützt werden. Eine MediatorIn führt die Medianden zusammen und leitet Sie durch das Verfahren. Er/Sie ist wesentlicher integraler Verantwortlicher des Verfahrens. Das 5-Phasenmodell wird vollständig abgebildet. Die MediatorIn entscheidet in jedem Verfahren und in jeder Phase welche Hilfsmittel und zusätzlichen Dialogwerkzeuge eingesetzt werden. Diese Flexibilität ist neu und bei anderen Anwendungen nicht zu finden.

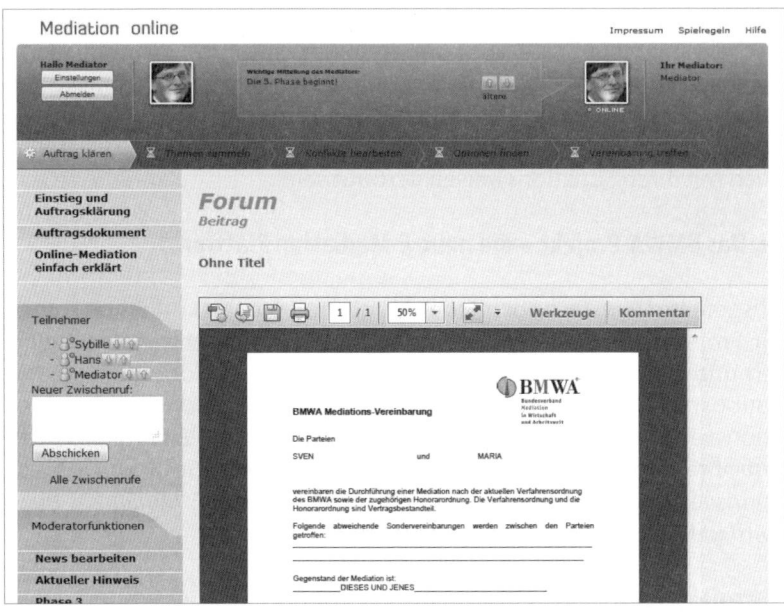

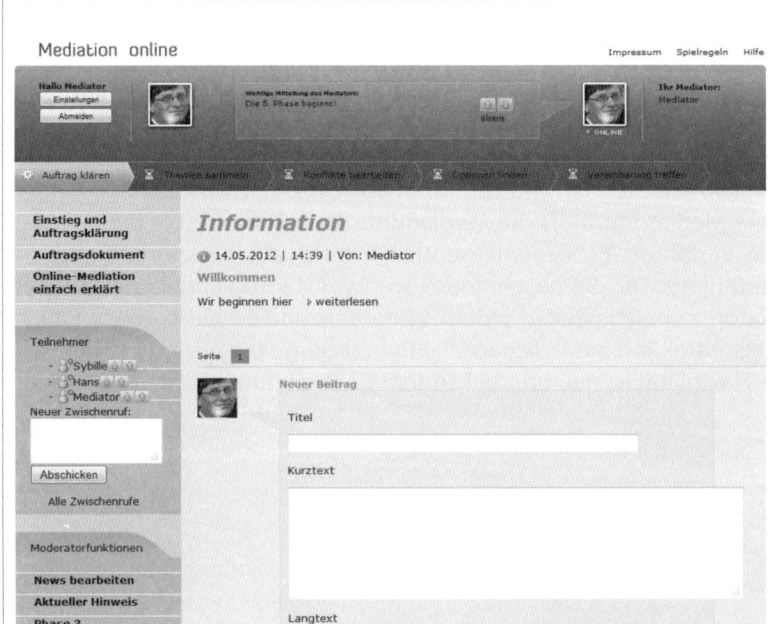

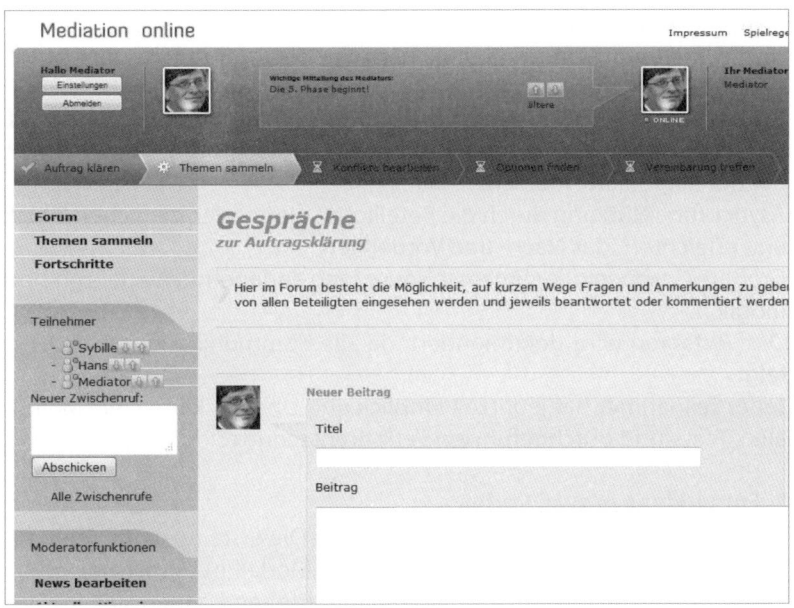

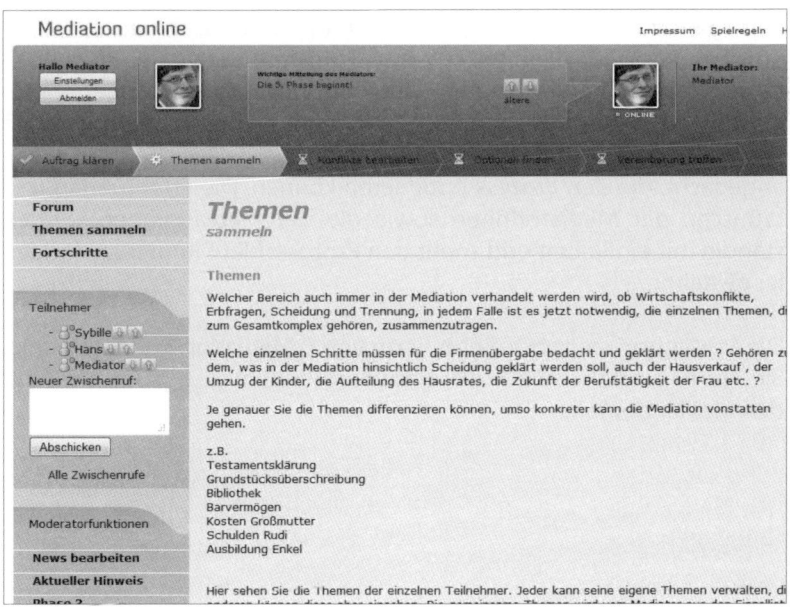

2. Aspekte und Möglichkeiten:

Die TeilnehmerInnen müssen nicht mehr gleichzeitig und vor Ort am Verfahren teilnehmen.

Große räumliche Distanzen und Zeitunterschiede sind kein Hindernis.

Das Verfahren ist asynchron d.h. es ist keine gleichzeitige Anwesenheit der Beteiligten erforderlich.

Asynchrone Nutzung durch die Beteiligten nimmt den zeitlichen Druck und erleichtert das Nach- und Vordenken.

Größere Gruppen oder Prozesse sowie lang andauernde Verfahren sind möglich.

Das Verfahren wird dokumentiert, da alle Kommunikation textlich erfolgt.

Jeder Teilnehmer hat jederzeit Einblick und Überblick über alle Materialen, Texte und durchgeführten Verfahrensschritte.

3. Entwicklung in zwei Stufen

Die Plattform wird in zwei Stufen realisiert. Die erste Ausbaustufe stellt für die einzelne MediatorIn das 5-Phasen-Modell mit einer Reihe von Werkzeugen zur Verfügung. Die TeilnehmerInnen können sich im System anmelden und unter Leitung der MediatorIn und Nutzung der zur Verfügung gestellten Dialogwerkzeuge ihre Interessen verdeutlichen und Lösungen für die identifizierten Probleme entwickeln. Die zweite Stufe wird die gleichzeitige Nutzung von einander abgetrennter Verfahren durch prinzipiell viele MediatorInnen und TeilnehmerInnen ermöglichen. Darüber hinaus sind zahlreiche zusätzliche Werkzeuge angedacht, die den Prozess optimieren können. Die Erfahrungen und Wünsche der MediatorInnen sowie die der MediandInnen werden ständig mit einfließen und somit den Prozessablauf immer individueller gestalten.

Die MediatorIn steht bei dieser Form von E-Mediation im Mittelpunkt. Sie eröffnet oder schließt die einzelnen Phasen nach Absprache mit den MediandInnen.

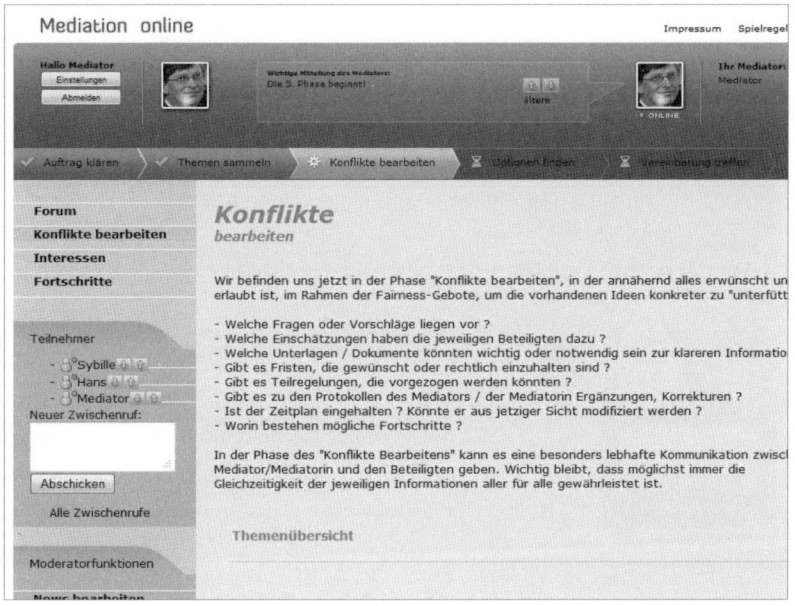

Mediation online

Hallo Mediator
Einstellungen
Abmelden

Wichtige Mitteilung des Mediators:
Die 5. Phase beginnt!
ältere

Ihr Mediator:
Mediator
ONLINE

✓ Auftrag klären   ✓ Themen sammeln   ☼ Konflikte bearbeiten   ☒ Optionen finden   ☒ Vereinbarung treffen

Forum
Konflikte bearbeiten
Interessen
Fortschritte

Konflikte
bearbeiten

Wir befinden uns jetzt in der Phase "Konflikte bearbeiten", in der annähernd alles erwünscht un
erlaubt ist, im Rahmen der Fairness-Gebote, um die vorhandenen Ideen konkreter zu "unterfütt

- Welche Fragen oder Vorschläge liegen vor ?
- Welche Einschätzungen haben die jeweiligen Beteiligten dazu ?
- Welche Unterlagen / Dokumente könnten wichtig oder notwendig sein zur klareren Informatio
- Gibt es Fristen, die gewünscht oder rechtlich einzuhalten sind ?
- Gibt es Teilregelungen, die vorgezogen werden könnten ?
- Gibt es zu den Protokollen des Mediators / der Mediatorin Ergänzungen, Korrekturen ?
- Ist der Zeitplan eingehalten ? Könnte er aus jetziger Sicht modifiziert werden ?
- Worin bestehen mögliche Fortschritte ?

In der Phase des "Konflikte Bearbeitens" kann es eine besonders lebhafte Kommunikation zwisch
Mediator/Mediatorin und den Beteiligten geben. Wichtig bleibt, dass möglichst immer die
Gleichzeitigkeit der jeweiligen Informationen aller für alle gewährleistet ist.

Teilnehmer

- ○ Sybille
- ○ Hans
- ○ Mediator

Neuer Zwischenruf:

Abschicken

Alle Zwischenrufe

Moderatorfunktionen

News bearbeiten

Themenübersicht

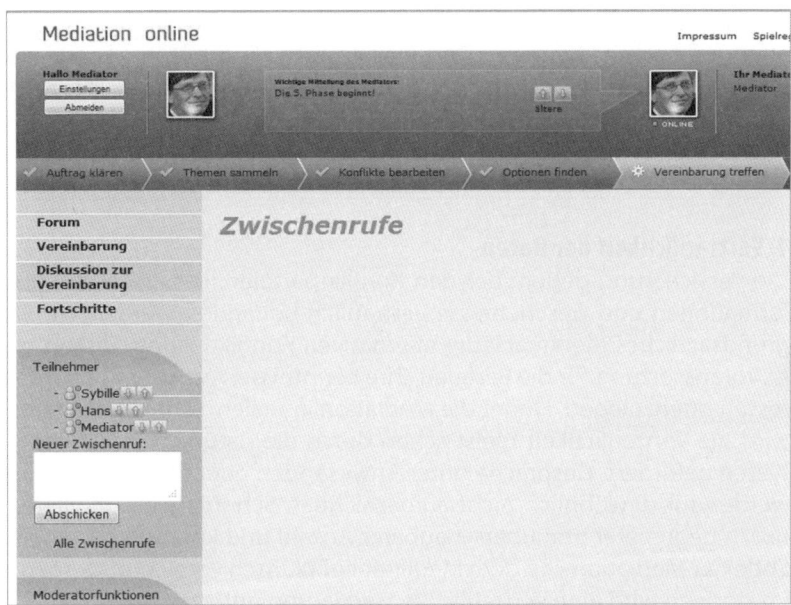

Die InternetnutzerIn ist nicht auf sich allein gestellt und automatisierten Abläufen ausgesetzt. Die Konfliktparteien suchen sich nach wie vor die MediatorIn ihres Vertrauens. Die Dialogwerkzeuge können jeweils flexibel in das Verfahren eingebunden werden. Das Mediationsverfahren ist webbasiert und kann daher an jedem Ort 24 Stunden genutzt werden.

4. Technische Basis

Die technische Basis der E-Mediationsplattform ist das DMS[1] discourse-Machine. Auf der Grundlage dieses DMS sind bereits zahlreiche Großgruppenbeteiligungsprozesse in Berlin, Hamburg, Köln und München realisiert worden[2]. Daneben wurden mit diesem System eine Reihe von firmeninternen Dialog-Workflows[3] implementiert. Für die E-Mediation-Plattform wird das DMS um einige Werkzeuge erweitert.

IV. Potentielle Probleme der E-Mediation

Aus der körperlichen Abwesenheit der Teilnehmer und der Technisierung der Rahmenbedingungen erwachsen jedoch mögli-

---

1   DMS bedeutet Dialog-Management-System. Es stammt von Binary Objects, Berlin. www.binary-objects.de
2   www.binary-objects.de, Navigationspunkt Projekte
3   Dialog-Workflow meint strukturierte, interaktive Unternehmenskommunikation..

cherweise Probleme, welche sich auch inhaltlich in der Mediation auswirken können. Der Einsatz von Computern kann die Verhandlungen verändern, ohne dass dies den Parteien bewusst ist. Probleme müssen daher identifiziert werden, damit sie gegebenenfalls durch besonderes Einwirken des Mediators oder mittels spezieller technischer Hilfsmittel umgangen werden können.

1. Vertraulichkeit der Daten

Die Versicherung gegenüber den Konfliktparteien, dass sämtliche Informationen und Geschehnisse vertraulich behandelt werden, ist ein grundsätzliches Merkmal jeder alternativen Konfliktlösung. Diskretion ist Voraussetzung für die Parteien, ihre Kenntnisse, Ansichten und Interessen offenzulegen. Findet die Mediation in realen Konferenzen statt, wird die Vertraulichkeit meist schon durch die natürlichen Gegebenheiten gefördert. Gespräche unter Anwesenden oder über das Telefon werden für gewöhnlich nicht aufgezeichnet, Schriftstücke zirkulieren nur in begrenzter und überschaubarer Anzahl und könnten nach dem Ende der Mediation von dem Mediator auf Wunsch vernichtet werden[4]. Im Übrigen wird eine Vertraulichkeitserklärung unterzeichnet oder auf eine entsprechende Verfahrensordnung[5] Bezug genommen.

Das Problem der Online-Kommunikation liegt darin, dass die Kommunikation über Netzwerke unausweichlich das Kopieren von Daten einschließt. Im realen Raum kann Vorsorge getroffen werden, dass nur eine Kopie hergestellt wird oder alle Kopien anschließend eingesammelt werden. In der Online-Umgebung kann man zwar verlangen, dass Kopien vernichtet werden oder zum Teil Programme so einstellen, dass keine weiteren Kopien hergestellt werden, jedoch ist es ungewiss, wie viele Kopien wo auf welchem Server auf dem Weg dorthin angefertigt wurden.
Die BMWA-Plattform fertigt keine Kopien. Die auf den gesicherten Servern hinterlegten Dateien sind für die Medianden nicht zugänglich. Zugang zu den Servern hat ausschließlich Binary Objects. Die Beteiligten können die Vorgänge und hinterlegten Dateien erst nach dem Einloggen einsehen, aber nicht kopieren oder drucken – außer es wird anderes gewünscht.

---

4 Dies ist auch auf der BMWA-E-Mediation-Plattform möglich.
5 Z.B. beim BMWA (Bundesverband für Mediation in Wirtschaft und Arbeitswelt) www.bmwa.de

2. Vertrauen als Erfolgsgrundlage

Aber nicht nur Vertraulichkeit, auch Vertrauen ist eine unabdingbare Grundlage jeder erfolgreichen Mediation. Eine Schlüsselqualität einer guten und effektiven MediatorIn ist somit die Fähigkeit, zwischen den Konfliktparteien und sich selbst eine Vertrauensbasis zu schaffen. Vertrauen ermöglicht Offenheit und Ehrlichkeit in den Gesprächen. Die Parteien setzen sich leichter mit ihren wahren Interessen auseinander und bedenken ernsthafter die Vorschläge und Alternativen. Eine wichtige Frage ist also, ob die körperliche Abwesenheit aller Beteiligten die Entwicklung von Vertrauen behindert und damit den Erfolg der Mediation gefährdet.

Nonverbale Kommunikation fehlt naturgemäß in der E-Mediation. Durch die Benutzung eines Computers wird viel der Wärme von zwischenmenschlichem Kontakt genommen, es wird dadurch schwerer, Reaktionen auf vorgetragene Ideen und Lösungsvorschläge einzuschätzen und daraus können Missverständnisse erwachsen. Eine weitere Quelle von Missverständnissen kann auch sein, dass manche Menschen sich schriftlich weniger präzise ausdrücken können als mündlich. Solche Fehldeutungen und Irrtümer können den Kooperationsprozess beeinträchtigen und das Vertrauen zwischen den Beteiligten empfindlich stören.
Die MediatorIn muss sich dieser Zusammenhänge bewusst sein, um schon präventiv entsprechend zu agieren und ggf. auch reaktiv handeln zu können. Mehr Sensibilität und Vorsicht bei der Wortwahl mag erforderlich sein, gerade die Einzelgespräche müssen dazu genutzt werden, Missverständnisse zu erkennen und zu beseitigen, um Vertrauen aufzubauen und zu erhalten. Es ist von Vorteil, zu Beginn der Mediation die Beteiligten besonders auf diese Problematik hinzuweisen, damit auch sie sensibilisiert sind und besser mit daraus auftretenden Irrtümern umgehen können. Zu diesem Zweck sollte in Erwägung gezogen werden, zu Beginn der E-Mediation ein erstes persönliches Treffen zu arrangieren.

Auch während des Mediationsprozesses kann ein persönliches Treffen hilfreich sein, um zum Beispiel Missverständnisse aus dem Weg zu räumen oder die gute bisherige Zusammenarbeit zu bestärken[6]. Sollten die technischen Mittel zur Verfügung stehen, mag auch eine Videokonferenz angebracht sein. Zu berücksichtigen ist aber ebenso, dass die Distanz zwischen den Parteien, das Verborgene hinter dem eigenen

---

6   Beides wird von der BMWA-E-Mediation-Plattform unterstützt.

Bildschirm auch Sicherheit bietet. Ist ein gewisses Maß an Vertrauen zwischen der MediatorIn und der TeilnehmerIn erreicht, fühlt dieser oder diese sich durch die relative Anonymität gegebenenfalls sogar mehr zur Wahrheit ermuntert, um die eigenen Interessen offen darzulegen.

3. Technik und Kommunikationsfluss

Eine weitere Thematik basiert auf dem Umstand, dass die Nachrichten getippt und gelesen und nicht gesprochen und gehört werden. Teilnehmer können unterschiedliche Fingerfertigkeit im Umgang mit der Computertastatur besitzen oder Schwierigkeiten haben, sich schriftlich sicher und zügig auszudrücken. Andere mögen schriftlich kommunikativere Fähigkeiten besitzen als mündlich. Jedenfalls dauert Tippen deutlich länger als Sprechen. Nicht angesprochene Beteiligte müssen länger warten, bis sie wieder aktiv Beiträge leisten können. Eventuell hat sich die MediatorIn sogar mit der anderen Partei in einen anderen virtuellen Konferenzraum zurückgezogen, so dass der Betroffene nicht einmal passiv an dem weiteren Verlauf der Diskussion teilnehmen kann, während er online vor seinem Computer wartet. Derartige Ursachen für Verstimmungen der Teilnehmer untereinander und dem gesamten Online-Prozess gegenüber müssen ebenfalls vom Mediator berücksichtigt werden. Eine strenge Kommunikationsdisziplin ist zur Vermeidung solcher Problematiken nötig. Gegebenenfalls ist zur Erleichterung und zum zügigeren Vorankommen eine telefonische Klärung eines problematischen Punktes anzustreben. Die BMWA-Plattform arbeitet asynchron. Die Erwartung einer sofortigen Antwort ist dadurch nicht gegeben. Es kann allerdings auf Wunsch aller Beteiligten eine solche Funktion (ähnlich einem Chat-Room) eingerichtet werden.

Wegen des Zeitfaktors scheinen Echtzeit-Konferenzen nur bedingt sinnvoll wenn Teilnehmer in verschiedenen Erdteilen leben und dadurch einer Zeitverschiebung unterliegen. Echtzeit ist jedoch in einigen Phasen der Mediation sinnvoll, so insbesondere in der Vorstellungsphase, um den Konfliktparteien gemeinsam den Verlauf und die Regeln zu erläutern. Auch die Einzelgespräche zwischen Mediator und einer Partei können so erfolgen. Auf der anderen Seite hat eine Kommunikation asynchron über E-Mail (E-Mail findet bei der BMWA-Plattform keine Anwendung) den Vorteil, dass man innerhalb eines vorgegebenen Zeitrahmens frei ist zu entscheiden, wann und wie man antworten will. Das Mediationsverfahren wird dadurch aufgelockert und die einzelnen

TeilnehmerInnen sind flexibler in ihrer Zeitgestaltung. So ist ihnen die Gelegenheit gegeben, zu überlegen, was die eigenen Interessen sind und welche Alternative es für eine Lösung gäbe, ohne dass sie sich unter Zeitdruck zu dem Thema äußern müssen.

Es ist auch zu bedenken, dass die Konfliktparteien aus sehr unterschiedlichen sozialen, ethnischen und kulturellen Bereichen mit stark voneinander abweichenden Vorstellungen und Interessen stammen können. Ebenfalls kann es zu Problemen führen, dass die Distanz und die Anonymität des Internet den Konfliktparteien nicht nur Intimität und Vertrauen ermöglicht, sondern auch das Ausleben von Aggressionen erleichtert. Die Auswirkungen des eigenen Verhaltens werden so nicht unmittelbar erfahren.

V. Tools

Trotz der Vorteile der E-Mail-Kommunikation gibt es auch Nachteile. Das Fehlen nonverbaler Elemente, mangelndes schriftliches Ausdrucksvermögen, schlechte Strukturierung der Beiträge oder auch ein unsicherer Umgang mit der Tastatur können das Verfahren empfindlich beeinträchtigen und erschweren. Um über den bloßen E-Mail- Einsatz hinaus zu gelangen, kann die Mediation durch Software-Werkzeuge sinnvoll ergänzt werden. Bilder, Graphiken und Diagramme können bekanntlich mehr wert sein als tausend Worte. Die BMWA-Plattform bietet das über Module im DMS.

1. Dispute Map, Gruppenkalender und Sigle Text Editing

Die Dispute Map und die Heat Map sind Anwendungen, welche den Konfliktparteien ein graphisches Gerüst des Streitstandes präsentieren, Divergenzen und Gemeinsamkeiten farbig veranschaulichen und so versuchen, den Teilnehmern einen Gesamteindruck des Konfliktes zu vermitteln. Durch Verändern von Variablen sollen die Parteien in die Lage versetzt werden, mittels graphischer Veränderungen leichter überschneidende Interessen zu entdecken und so zu Lösungen zu gelangen.

Ergänzend gibt es den Gruppenkalender. Dieser dient den Beteiligten zur übersichtlichen Organisation und Einordnung von Informationen. Jeder der Teilnehmer kann von seinem Computer aus auf diesen Kalender Zugriff nehmen und Ereignisse und ähnliche Informationen eintragen. Die Tatsachenfeststellung kann dadurch wesentlich erleichtert werden, ebenso können Tagesordnungen für die jeweiligen Phasen der Mediation den Teilnehmern zur Erörterung und Einsicht zur Verfügung gestellt werden. Auch besteht die Gelegenheit, die Teilnehmer an die Erfüllung übernommener Pflichten zu erinnern.

Ein weiteres Hilfsmittel ist Single Text Editing. Es ermöglicht allen an dem Konflikt Beteiligten, von ihrem Computer aus zur selben Zeit an dem gleichen Dokument zu arbeiten, statt E-Mails mit Änderungs- und Ergänzungsvorschlägen untereinander auszutauschen. Die unterschiedlichen Beiträge sind jeweils farbig voneinander getrennt und so den einzelnen Personen zuzuordnen. Ein Entwurf für ein Mediationsergebnis kann so problemlos gemeinsam erarbeitet werden.

2. Decision Trees

„Entscheidungsbäume" modellieren die Wahlmöglichkeiten und Wahrscheinlichkeiten, welche die Konfliktparteien für ihre Entscheidung berücksichtigen müssen. Solche Entscheidungsanalysen können die unterschiedlichsten Barrieren für eine gemeinsame Lösung verdeutlichen. Zum Beispiel können voneinander abweichende Vorstellungen über den Ausgang eines Gerichtsverfahrens und unterschiedliche Interpretationen von Tatsachen in Einklang gebracht werden. Decision trees können durch nachvollziehbare Analysen das Wirken des psychologischen Mechanismus der „reactive devaluation" mindern, in welchem der Empfänger eines Zugeständnisses den Schluss folgert „es kann nicht gut für mich sein, wenn man es mir freiwillig anbietet".
Mehrere zwischen den Teilnehmern bestehende Konflikte können über die decision trees miteinander verknüpft werden. Sie können die unterschiedlichen Optionen und Unsicherheiten darstellen und dazu beitragen, dass ein Gesamtpaket an Lösungen für die einbezogenen Konflikte geschnürt wird. Der Gebrauch dieses Instruments kann entscheidend mit dazu beitragen, dass Konfliktparteien kooperativ und interessengerecht Lösungen finden und akzeptieren.

3. Zeno

Eine deutlich komplexere Anwendung stellt «Zeno» dar. Zeno ist ein Mediationssystem, das «gemeinsame Arbeitsbereiche» zur Speicherung verschiedener Arten von Objekten wie Dokumente, Tabellen, Graphiken oder Verweise auf anderen Web-Seiten für eine definierte Gruppe von Benutzern zur Verfügung stellt. Es bietet Funktionen zur

Verwaltung von Benutzern und Benutzergruppen, Zugriffsrechten, gemeinsamen Dokumenten und Ordnern, Agenden, Benachrichtigungsdiensten und themenorientierten Diskussionsforen. Die graphische Benutzeroberfläche Zenos macht es einfach, sich die logischen Beziehungen zwischen den bislang eingebrachten Argumenten darstellen zu lassen, die Argumentation anderer Beteiligter im Detail anzusehen und in eigenen Beiträgen Themen, Argumente und Vorschläge einzubringen. Zeno arrangiert die Themen, Argumente, Vorschläge etc. zu einem Bild, das die Beziehungen zwischen Fragestellungen, Positionen, Argumenten und Entscheidungen übersichtlich darstellt.

Zeno ist aufgrund seiner Unterstützung komplexer multipolarer Prozesse beispielsweise in der öffentlichen Verwaltung geeignet, in Bürgerbeteiligungsverfahren in der Stadt- oder Regionalplanung eingesetzt zu werden, in Umweltverträglichkeitsprüfungen, bei «Runden Tischen» für Umweltkonflikte. In dem EU-geförderten Projekt GeoMed[7] wurde Zeno im Kontext von aktuell laufenden Projekten der Regional- und Stadtentwicklungsplanung erprobt und weiterentwickelt. Um einen geplanten Wohn- und Technologiepark in einem Gebiet anzusiedeln, welches nach dem Flächennutzungsplan für eine landwirtschaftliche Nutzung vorgesehenen war, wurde Zeno gemeinsam mit den Verwaltungen der benachbarten Städte Bonn und Sankt Augustin eingesetzt. Mehr als 80 kommunale, Kreis- und Landesbehörden und Organisationen haben insgesamt bereits an diesem Verfahren mitgewirkt und mussten mit ihren Interessen berücksichtigt werden.

4. One Accord

Eine weitere, für komplexe Mehrparteien-Probleme konzipierte Anwendung ist One Accord. Dieses Programm arbeitet mit algorithmischen Verknüpfungen und hilft den Beteiligten, individuell ihre Präferenzen zur Lösung eines Interessenkonflikts über eine graphische Benutzeroberfläche einzugeben. Nach der Auswertung aller von den Beteiligten eingegebenen Präferenzen erstellt das Programm mögliche Lösungen. Mit „what if"-Optionen wird den Konfliktparteien die Möglichkeit gegeben, unter Eingabe veränderter Voraussetzungen alternative Lösungen zu erkennen und in Betracht zu ziehen. Auch diese Anwendung ermöglicht es den Parteien, losgelöst von emotionalen Beeinflussungen problemorientiert an der Bewältigung des Konflikts gemeinsam mit Unterstützung von Informationstechnologie zu arbeiten.

---

7 Geographical Mediation

Einsatzmöglichkeiten der E-Mediation

E-Mediation findet in Konflikten in Wirtschaft und Arbeitswelt ihre Anwendung und bietet den Bezug und die Prozessverantwortung zu einem/einer MediatorIn. Einige Konfliktbereiche bieten sich verstärkt für die Online-Mediation[8] an. Insbesondere sind solche Konflikte dazuzuzählen, welche ihre Ursache im Internet selbst finden. Die Konfliktparteien können die technischen Voraussetzungen, Computer und Internetzugang, erfüllen, und sind mit dem Umgang des Computers und den Eigenarten des Internet vertraut. Zu solchen Konflikten gehören beispielsweise Auseinandersetzungen in Newsgroups, Verletzungen des Urheberrechts oder Vertragsverletzungen aus Online-Transaktionen.

1. Newsgroups

Ein alltäglicher Konflikt im Internet ist eine Auseinandersetzung zwischen Teilnehmern einer Newsgroup. Beleidigungen, Unterstellungen, Obszönitäten oder gar „spamming"[9], können Ergebnis solcher Auseinandersetzungen sein. Eine Anrufung des Gerichts geschieht meistens aus Kostengründen nicht. Problematisch kann es werden, wenn sich der Konflikt auf das reale Leben ausdehnt[10].

2. Urheberrechte

Ein weiteres typisches Konfliktfeld ist die Verletzung von Urheberrechten. Das Internet ist eine äußerst kreative Umgebung und leicht kann es geschehen, dass die Verwendung von Texten, Bildern, Graphiken und anderen Objekten Urheberrechte verletzt.

3. Domains und Provider

Andere internetspezifische Konfliktbereiche sind Differenzen über Domains oder Konflikte mit den Providern. Für eine effektive Nutzung des Internets durch Unternehmen ist die Wahl des Domain-Namens ein wesentlicher Faktor. Trotz einer Vielzahl von Entscheidungen auf nationaler Ebene gibt es nach wie vor eine Reihe von Problemfeldern, welche rechtlich nur schwer zu bewältigen sind und daher für die Mediation ein interessantes Einsatzfeld darstellen.

---

8   Online-Mediation bezeichnet vorwiegend automatisierte Verfahren ohne besonderen Bezug zum Mediator und wird hauptsächlich in den Internet typischen Bereichen eingesetzt.

9   Spamming ist das Überladen des anderen Benutzers mit sinnlosen E-Mails

10 So wurde nach einer Auseinandersetzung in einer newsgroup der Arbeitgeber des einen Kontrahenten telefonisch darüber informiert, dass sein Angestellter während der Arbeitszeit über dieses Forum diskutierte.

4. Beispiel Up4sale

Das über das Internet agierende Auktionshaus Up4sale[11] weist seine Kunden ausdrücklich auf den Einsatz einer Mediation hin, sollten zwischen den Kunden Konflikte wegen Sachmängeln bei erstandenen Waren entstehen. Up4sale erläutert nicht nur, welche Fälle sich für eine Mediation anbieten und in welchen entweder Up4sale kontaktiert oder der Rechtsweg eingeschlagen werden sollte, sondern präsentiert auch entsprechende links zu existierenden Mediationsservicen wie zum Beispiel Online Ombuds Office[12].

VII. Zusammenfassung und Ausblick

Die großen Vorteile bietet das Internet natürlich im Bereich Kosten und Zeit. Auch mag die bereits erwähnte Distanz und Anonymität unter psychologischen Gesichtspunkten nicht nur Nachteile bieten, sondern den Betroffenen auch Sicherheit und ein überlegteres Arbeiten gewähren.

Was ist das Besondere der BMWA-E-Mediation-Plattform:
Die von den Streitparteien angesprochene bzw. gewählte MediatorIn prüft im Vorfeld die Eignung der Situation für eine E-Mediation.
Die Mediation wird von keinem Unbekannten oder einer zufällig vom System bestimmten MediatorIn durchgeführt, sondern die MediatorIn wurde vorher von den Medianden legitimiert. Die Vertrauensbasis hat damit ein solides Fundament.
Sie erfüllt den höchsten Sicherheitsstandard. Der Zugang ist nur über ein Passwort möglich. E-Mails können nicht kopiert oder an Unbeteiligte versendet werden. Es ist sichergestellt, dass sie ankommen.
Nur die MediatorIn kann das „Mediationshaus" aufschließen. Sie allein hat die Möglichkeit, Räume zu schließen und wieder zu öffnen.
Sie bietet eine einfache und leicht nachvollziehbare, überschaubare und transparente Abbildung der 5 Phasen.
Asynchrones Arbeiten wird mit der Option kombiniert, jederzeit ganz oder teilweise ins Präsenzverfahren zu wechseln, weil die Strukturen und Abläufe bekannt sind. Dokumente und Bilder können ebenso eingebaut werden wie eine Telefon- und/oder Videokonferenz.
Sie ist 24 Stunden von jedem Ort aus nutzbar.

---

11 www.up4sale.com
12 www.ombuds.org

Lenz, Cristina

Jupp Schluttenhofer

Typograph, Immobilienfachmann und Wirtschaftsmediator, 1997 Ausbildung bei Prof. Angela Mickley in Berlin, seit 1998 Mitglied im BMWA, seit 2003 im Vorstand und Leiter der Geschäftsstelle, Gestalter des BMWA Logos sowie Entwicklung und Betreuung Internetseite, Entwicklung einer E-Mediation Plattform in Zusammenarbeit mit Binary Objects Berlin

Cooperative Praxis – Collaborative practice/collaborative law |
Gisela Mähler und Hans-Georg Mähler

„Jedoch wir wolln nicht vorschnell richten,
Gibt es doch oft verschied'ne Sichten
Von Fairneß und insonderheit
Von Partnerschaftsgerechtigkeit."
Helm Stierlin

I. Der Ursprung

Man schrieb das Jahr 1989/1990. Stuart G. Webb, ein Anwalt und Mediator aus Minnesota, hatte keine Lust mehr, zu Gericht zu gehen. Er wollte andere Seiten seines Anwaltsberufes leben, nämlich seine Fähigkeiten, die Situation zu analysieren und kreativ zusammen mit seinen Mandanten nach Zukunftsalternativen zu suchen. Er wollte sich darauf konzentrieren, ausschließlich auf eine Einigung hinzuarbeiten und das Mandat niederzulegen, falls es nicht hierzu kam und der Rechtsstreit doch vor einem Gericht ausgetragen werden musste. In diesem Falle sollten andere Anwälte die Parteien vor Gericht vertreten.

Ihm war klar, dass sich seine Idee nur verwirklichen ließ, wenn er auch Kollegen für dieses Modell gewinnen konnte. Experimentell ließen sich einige darauf ein. So entstand „collaborative law". Stu Webb hielt Vorträge und steckte andere Anwälte mit seiner Idee an.

Einige Zeit später, nämlich 1992, taten sich in Kalifornien zwei Psychologinnen, nämlich Peggy Tompson und Rodney Nurse und später die Sozialarbeiterin Nancy Ross zusammen und entwickelten ein Modell, wie unter psychologischen Gesichtspunkten die Eltern bei Trennung und Scheidung zusammenarbeiten könnten. Auf jeder Seite stand ein „divorce coach". Hinzugezogen wurde in der Regel ein neutraler „child specialist" und ein neutraler „financial specialist". Sie arbeiteten Modelle für die Eltern aus. Wenn die Eltern allerdings anschließend ihre Anwälte aufsuchten, scheiterte ihr Modell häufig, weil die Anwälte andere Vorstellungen hatten und gewohnt waren, strategisch distributiv mit den Mitteln des Rechtes für ihre Mandanten zu kämpfen. Die von den Psychologen erarbeiteten Ergebnisse trugen nicht durch.

Als nun das von Stu Webb entwickelte Modell des „collaborative law" Mitte der 90er Jahre in Kalifornien Einzug hielt, fanden Psychologen und Anwälte eine gemeinsame Sprache, in der sie jeweils ihre speziellen Kenntnisse einbringen konnten. So entstand die interdisziplinär geprägte „collaborative practice".

Peggy Tompson nannte ihr Modell hinfort „collaborative divorce" und ließ diesen Namen als Marke schützen. Kennzeichnend für dieses Modell ist es, dass immer Anwälte, Coaches und Experten bei Fällen von Trennung und Scheidung zusammenarbeiten.

In der Folgezeit entwickelten sich aus dieser Grundkonstellation unterschiedliche Modelle. An der Ostküste beschränkte man sich zunächst auf „collaborative law", also im Wesentlichen auf die Zusammenarbeit der Anwälte. In Texas wurde ein Modell favorisiert, in dem ein neutraler Coach für beide Parteien verantwortlich war. In San Diego bürgerte es sich ein, dass alle potentiell beteiligten Professionen (Anwälte, Coaches, gegebenenfalls Kinderexperten und Finanzexperten) sich eingangs vorstellten und die Konfliktpartner im Fortgang des Verfahrens je nach Bedarf auf die eine oder andere Berufsgruppe zurückgreifen konnten. Weltweit durchgesetzt – und so auch in Deutschland – hat sich ein Modell, das je nach den Bedürfnissen der Konfliktpartner die entsprechenden Professionen einbezieht („customized team"/Legomodell).

Weltweit hat sich inzwischen auch die Interprofessionalität durchgesetzt. Es hat sich gezeigt, wie hilfreich es ist, die Konfliktpartner in interdisziplinärer Weise darin zu unterstützen, eigenverantwortlich zu einer Entscheidung zu finden.

II. Besonderheiten, Gemeinsamkeiten und Unterschiede zu Mediation und herkömmlichen anwaltschaftlichen Verhandlungen

1. C. P. und Mediation

Vom Spirit her ist C. P. getragen von der Mediation. Nicht umsonst wird es auch als **mediationsanaloges** Verfahren gekennzeichnet oder manchmal in paradoxer Weise als **Mediation ohne Mediator**. In beiden Verfahren geht es darum, einen Konsens herbeizuführen, also auf der Grundlage der Unterschiedlichkeit der Sichtweisen und Interessen der Konfliktpartner nach den Maßstäben von Wünschenswertem, Möglichem und Notwendigem eine kreative Lösung zu erarbeiten, die von den Konfliktpartnern selbst verantwortet wird. Auch in der Phasenstruktur hat sich C. P. die Erkenntnisse aus der Mediation zunutze gemacht: Arbeitsbündnis, Themenbestimmung und Bestandsaufnahme/ Interessenerforschung/Einigung/Implementierung.

Wie in der Mediation wird auch die Vertraulichkeit geschützt. Alle professionell Beteiligten, also Anwälte, Coaches und Experten, beenden ihr Mandat, wenn der C. P.-Prozess sein Ende gefunden hat, auch und gerade dann, wenn es entgegen der ursprünglichen Absicht nicht zu einer Einigung gekommen ist. Die Vertraulichkeitsabrede dient dazu, alle entscheidungsrelevanten Tatsachen offenzulegen als Grundlage für eine den Konfliktstoff umfassende Regelung.

Gerade für Anwälte ist die Beendigung des Mandates bei Scheitern der Verhandlungen ein zentraler Schritt. Der damit verbundene Vorteil liegt darin, dass sich die Anwälte für den potentiellen Gang zum Gericht nicht „rechtspositionsfähig" halten müssen. Damit werden die Einigungsmöglichkeiten im Rahmen des C. P.-Verfahrens vertieft und erweitert. Die ausschließliche Aufmerksamkeit ist auf eine Einigung gerichtet. Alle Energie wird in diese Richtung gebündelt.

2. C. P. und herkömmliche anwaltschaftliche Verhandlungen

Mit dieser „Disqualifikationsklausel" unterscheidet sich C. P. vor allem auch von den herkömmlichen anwaltschaftlichen Verhandlungen.

In der traditionellen Anordnung versuchen die Parteien zunächst, selbst eine Lösung herbeizuführen, am Küchentisch oder auch mit Hilfe von Freunden. Gelingt dies nicht, werden Anwälte zu Rate gezogen. Herkömmliches anwaltschaftliches Denken ist darauf ausgerichtet, den Parteien mit Hilfe des Rechtes zur Durchsetzung ihrer Ansprüche oder zur Abwehr gegnerischer Ansprüche zu verhelfen. Lösungen werden deshalb vor allem im Interpretationsrahmen des Gesetzes gefunden. Der Anwalt hat die besten Chancen, sich für seine Partei durchzusetzen, wenn er die höchstrichterliche Rechtsprechung auf seiner Seite weiß.

Scheitern diese Verhandlungen, wird Klage bei Gericht eingereicht. Dann entscheidet der – neutrale – Richter, was materiell rechtens ist. Das Verfahren, wie die Entscheidung zustande kommt, wird durch die Verfahrensordnungen, z. B. durch die ZPO oder das FamFG geregelt.

C. P.-Verhandlungen mit Beteiligung der Anwälte unterscheiden sich fundamental von dieser Vorgehensweise. Die Anwälte sind aufgerufen, einerseits „parteilich" für ihre Mandanten einzutreten, andererseits aber das Ganze nicht aus dem Auge zu verlieren. Der Anwalt schaut vom Standort seiner Partei auf das ganze System. Wir nennen diese Haltung daher auch „Standortparteilichkeit".

Die Anwälte reflektieren das Recht, aber im Kern unter dem Aspekt, was ihnen, von jetzt in die Zukunft gesehen, auf der Basis ihrer Interessen am ehesten dient. Wie in der Mediation sind diese Zukunfts- und Interessenlösungen in der Regel reichhaltiger als das, was das Gesetz, das vergangenheitsorientiert denken muss, als Lösung zur Verfügung stellen kann.

Neben der Tätigkeit auf der **Inhaltsebene** sind die Anwälte gleichzeitig gehalten, auf der **Verfahrensebene** mit dem Anwalt des anderen Konfliktpartners zusammenzuarbeiten, um mit ihm gemeinsam eine Verfahrensstruktur zu entwickeln, in der die jeweiligen Interessen beider/ aller Konfliktpartner wirklich zum Tragen kommen und in ein faires Ergebnis münden. Diese Spannung: inhaltliche parteiliche Beratung und Vertretung einerseits, verfahrensmäßige gemeinsame Strukturgebung andererseits, hat der Anwalt in sich auszubalancieren.

Dabei hilft der Anwalt seinem Mandanten, seine Affekte nicht einfach auszuagieren, sondern zu seinen wahren Bedürfnissen zu finden. Nur wenn das nicht gelingt und der Mandant nicht davon abzubringen ist, dem anderen unfair zu schaden, legt der Anwalt von sich aus das Mandat nieder.

3. Besonderheiten: Coaches und Experten

Die Konfliktpartner ihrerseits werden psychologisch auch durch einen Coach unterstützt. Emotionen brauchen ihren Ausdruck. Der Coach kann besonders gut helfen, die emotionale Situation, die Sichtweisen, die eigenen Anliegen und die tiefer liegenden Bedürfnisse der Konfliktpartner zu verstehen und sie in den Verhandlungen nach außen so zu vermitteln, dass auch der andere Konfliktpartner sie wirklich versteht. Anwälte und Coaches sind in ihrem Zusammenwirken darauf ausgerichtet, den gegenseitigen Respekt der Konfliktpartner untereinander zu stärken. Wie die Anwälte sind auch die Coaches als Mitglieder des professionellen Netzwerkes dafür zuständig, das Verfahren zu optimieren. Hierzu nehmen die Coaches – wie die Anwälte – gegebenenfalls unmittelbaren Kontakt miteinander auf.

C. P. ist im Rahmen der Verfahren von Trennung und Scheidung entwickelt worden. Hier hat man es auch als hilfreich empfunden, Spezialisten herbeizuziehen, die ihrerseits neutral sind, also insbesondere Kinderexperten und Finanzexperten. Kinder haben durch die Trennung ihrer Eltern einen Verlust zu bewältigen. Sie brauchen neben den Eltern oft Personen, bei denen sie sich im vollen Vertrauen aussprechen und über die sie ihre Befindlichkeiten, ihre Sorgen und Wünsche in angemessener Weise in den Verhandlungsprozess der Eltern einbringen können. Während der Trennungssituation kann der Coach den Eltern mit Rat und Tat zur Seite stehen, wie sie am Besten mit den Kindern umgehen. Im C. P.-Verfahren kann der Kinderexperte den Kindern eine Stimme geben, er steht den Kindern bei, wenn diese ihrem Alter entsprechend selbst zu Wort kommen sollen. Die Eltern können die Informationen des Kinderspezialisten nutzen, um zusammen mit den Coaches und gegebenenfalls auch mit den Anwälten eine nachhaltige Betreuungsregelung zu erarbeiten. Manchmal lohnt es sich, einen steuerlich bewanderten Finanzexperten beizuziehen, der besondere Kenntnisse in der Vermögensplanung mitbringt. Alle Experten sind neutral und werden deshalb von beiden Konfliktpartnern gemeinsam ausgesucht und bestellt.

4. Besonderheiten: Aufgaben, Rollen, systemisches Zusammenwirken

Unterschiedlich im Verhältnis zwischen Mediation und C. P. sind die Aufgaben, die Rollen und das systemische Zusammenwirken der professionell Beteiligten. In der Mediation ist der Mediator für das Verfahren verantwortlich, bei C. P. sind es die professionell Beteiligten in ihrem mediativen Zusammenwirken. Weil Anwälte und gegebenenfalls Coaches für das Verfahren und dessen Ablauf zuständig sind, treffen sie sich gegebenenfalls auch ohne ihre Parteien, um je nach Phase die optimalen Verfahrensformen zu verabreden. Was der Mediator allein für sich ausmacht, müssen die Anwälte und Coaches miteinander abstimmen. Im Bewusstsein der unterschiedlichen Aufgaben auf der Verfahrensebene (Konsensfindung) und der Inhaltsebene (Beratung und Unterstützung ihrer Klienten) müssen Anwälte und Coaches dabei eine innere Spannung von Allparteilichkeit und Parteilichkeit ausbalancieren. Die Gefahr liegt naturgemäß darin, dass die professionell Beteiligten ihre Rollen nicht ausreichend differenzieren oder dass sie konkurrieren. Die unterschiedlichen Rollen bedingen auch teilweise eine unterschiedliche Choreographie. Wenngleich die zeitliche Struktur mediationsanalog ist, kann die Choreographie umso komplexer sein, je mehr Personen professionell beteiligt sind. In den einzelnen Phasen gibt es zur internen Vorbereitung und zum Austausch je nach Aufgabenstellung und Bedarf Zweiertreffen (Mandant/Anwalt; Klient/Coach), Dreiertreffen (Klient mit seinem Coach und Anwalt), Vierertreffen (beide Klienten und beide Anwälte; beide Klienten und beide Coaches), Sechsertreffen (beide Klienten, beide Anwälte und beide Coaches), Siebener- oder Achtertreffen (wie Sechsertreffen: hinzu kommen Experten wie Kinderexperte und/oder Finanzexperte, die sich zwischenzeitlich unmittelbar mit den Klienten getroffen haben). Darüber hinaus gibt es zwischenzeitlich Reflexionstreffen der Professionellen, um ihre Aufgaben und ihre Rollen innerhalb des Verfahrens zu optimieren. Diese Komplexität mag manchen abschrecken. Es darf jedoch nicht vergessen werden, dass es auf den Bedarf der Klienten ankommt und diese von Natur aus darauf achten werden, das einfachste und kostengünstigste Setting mit auszuwählen. Im Übrigen ist die Komplexität nicht singulär. Sie ist auch bei herkömmlichen traditionellen Verfahren vor Gericht anzutreffen, in dem Anwälte und Richter, fallweise Sachverständige und Mitarbeiter des Jugendamtes, Verfahrenspfleger, Umgangspfleger, zwischengeschaltete Beratungsstellen in den verschiedensten Settings in mehreren Instanzen in Anspruch genommen werden. Die C. P.-Struktur bedingt, dass die Vertraulichkeit nach außen hin wie im Mediationsverfahren vollständig gewahrt wird, andererseits die Professionen untereinander von der Verschwiegenheitspflicht entbunden sind.

III. Geeignetheitskriterien

Die Parteien haben aus ihrer Sicht grundsätzlich zwei Möglichkeiten, das für sie geeignete Verfahren auszuwählen:
Entweder sie ziehen ein rechtliches Verfahren vor, also herkömmliche anwaltschaftliche Verhandlungen und, wenn diese nicht zu dem gewünschten Erfolg führen, das gerichtliche Verfahren -
oder sie wählen ein Konsensverfahren und unter den Konsensverfahren entweder Mediation oder Cooperative Praxis, denn dies sind die beiden Konsensverfahren, die eine vorgegebene erlernbare Struktur aufweisen und die gezielt zu einem fairen, selbstverantworteten Ergebnis führen.
Ein traditionelles rechtliches Verfahren, also zunächst Auswahl von Anwälten und gegebenenfalls eine gerichtliche Auseinandersetzung, werden die Konfliktpartner am ehesten dann wählen,
- wenn sie eine eindeutig rechtliche Entscheidung wollen, die sich im Kern an rechtlichen Maßstäben misst,
- wenn sie die Entscheidung nicht selbst in der Hand behalten wollen, sondern eine objektivierte Entscheidung durch den Richter anstreben,
- wenn sie überhaupt meinen, dass außergerichtliche Verhandlungen sinnlos sind, weil keine Einigung erzielbar ist, oder
- wenn sie eine eindeutige, schnelle gerichtliche Entscheidung herbeiführen wollen.

Ein Konsensverfahren – Mediation oder Cooperative Praxis – werden die Konfliktpartner vorziehen,

- wenn sie die Entscheidung nicht selbst aus der Hand geben, sondern letztlich selbst über den Konflikt entscheiden wollen,
- wenn nicht die vergangenheitsbezogenen Rechtsansprüche im Vordergrund stehen sollen, sondern persönliche Bedürfnisse sowie Zukunftsinteressen,
- wenn vor allen Dingen Beziehungsaspekte einbezogen werden sollen,
- wenn sie die Befürchtung haben, dass durch ein gerichtliches, kontradiktorisches Verfahren im „Kampf um das Recht" der Konflikt verschärft wird und sie deshalb nicht zu dem kommen, was sie eigentlich wollen,
- wenn sie nicht fragmentierende Entscheidungen hinsichtlich der Einzeltatbestände (z. B. Kinder, Unterhalt, Zugewinnausgleich usw.) erstreben, sondern eine ganzheitliche Betrachtung vorziehen, die maßgeschneidert auf sie und auf den jeweiligen Konfliktpartner zugeschnitten ist,
- wenn die Konfliktpartner alle Ressourcen und Synergien bei der Gestaltung einer zukünftigen Lösung ausschöpfen wollen mit Hilfe einer Verfahrensstruktur, die gerade dies anbietet,
- wenn den Konfliktpartnern daran gelegen ist, eine Vereinbarung zu treffen, die nachhaltig ist und schließlich,
- wenn die Konfliktpartner nicht einer unkontrollierten gerichtlichen Kostenstruktur ausgeliefert sein, sondern selbst über die Kostenstruktur mitbestimmen wollen.

Ziehen beide Konfliktpartner übereinstimmend ein Konsensverfahren vor, können sie sich entscheiden, ob sie Mediation oder Cooperative Praxis wählen.
Mediation ist normalerweise das einfachere, meist auch kostensparendere Verfahren.
Cooperative Praxis könnte vorgezogen werden,

- wenn die Konfliktpartner meinen, dass sie zwar Anwälte an ihrer Seite brauchen, aber nicht mit dem Ziel, beim Scheitern der Verhandlungen zu Gericht zu gehen, sondern um alle Energien auf eine Einigung auszurichten,
- wenn die Konfliktpartner oder zumindest einer von ihnen meint, allein nicht in rechter Weise selbst für sich einstehen zu können, gleichwohl aber eine Einigung angestrebt wird,

- wenn sie meinen, eine besondere psychologische Unterstützung in diesem Verfahren zu brauchen,
- wenn die Konfliktpartner meinen, wegen der Komplexität des Falles Fürsprecher in den Verhandlungen an ihrer Seite zu brauchen, sei es von der sachlich interessegerechten Seite her, sei es von der emotionalen Seite her und schließlich,
- wenn die Konfliktpartner oder zumindest einer einen größeren sichereren Halt brauchen, um den Wandel aus einer gemeinsamen Beziehungsidentität in eine eigenständige Identität mit den entsprechenden sachlichen Verabredungen vollziehen zu können.

Manchmal kommt es zu C. P., weil ein Konfliktpartner als erstes eine juristische Beratung sucht und Mediation damit ausscheidet.

Zusammenfassend: C. P. als das komplexere Verfahren ist geeignet für komplexere Zusammenhänge.

IV. Ausbildung - Konfliktfelder

Um mit der Methode in geeigneter Weise umgehen zu können, ist eine Ausbildung notwendig. In der Bundesrepublik hat das Eidos Projekt Mediation 2007 erstmals erfahrene amerikanische C. P.-Trainer (Catherine Connor als Anwältin und Randy Cheek als Familientherapeut) hierzu eingeladen. Seit 2010 werden die Ausbildungen auch von deutschen Instituten angeboten (z. B. Eidos Projekt Mediation, www.eidosprojekt-mediation.de). Die Ausbildung ist auf mindestens 22 Stunden beschränkt. Das ist deshalb hinnehmbar, weil, jedenfalls in der Bundesrepublik, ausschließlich Personen zugelassen werden, die eine Mediationsausbildung haben oder sich in einer solchen befinden. Dies deshalb, weil der Mediation die gleiche Haltung zugrunde liegt und auf diese Weise viel Vorwissen abgerufen werden kann.

Wir haben gleichzeitig darauf geachtet, dass die Teilnehmer einen interprofessionellen Hintergrund (Anwälte, Psychologen, Coaches und auch Kinderexperten) mitbringen und haben nicht nur Familienmediatoren, sondern namentlich auch Wirtschaftsmediatoren einbezogen. Dies deshalb, weil die Methode offensichtlich nicht nur bei Trennung und Scheidung, sondern überall da erfolgreich eingesetzt werden kann, wo Beziehungskonflikte eine bedeutsame Rolle spielen. Das ist im Wirtschaftsleben nicht nur der Fall bei Streitigkeiten zwischen Personen/Unternehmen, sondern auch bei Konflikten innerhalb von Organisationen/Betrieben. Hier werden allerdings in der Regel in erster Linie nicht Anwälte ausgesucht, sondern z. B. erfahrene Coaches, Supervisoren, Unternehmensberater.

Schwierigkeiten gab es mit der Eindeutschung der Ursprungsbezeichnung collaborative practice. Kollaboration hat in der deutschen Sprache aufgrund unserer Geschichte einen negativ besetzten Klang. Wir haben deshalb das Verfahren in der Bundesrepublik „Cooperative Praxis" benannt.

V. Internationale und europäische Entwicklung, Vereinigungen

Als etwa im Jahre 2000 zu den Amerikanern die Kanadier hinzustießen, wurde die International Acadamy of Collaborative Professionals (IACP; www.collaborativepractice.com) ins Leben gerufen. Diese Organisation wuchs rasant und hat heute weltweit etwa 4.000 Mitglieder. In Europa hat C. P. in der Zwischenzeit in vielen Ländern Fuß gefasst, z. B. in Irland, Schottland, England, in den Niederlanden, in Belgien, Frankreich, Österreich, der Schweiz, der Tschechei, der Slowakei, Ungarn und Italien. Der erste Europäische Kongress mit weltweiter Beteiligung fand 2007 in Wien statt, der zweite 2008 in Cork, der dritte 2010 in der Nähe von München (www.challengingconflict.com).

Bei Mediation sind Vereinigungen wünschenswert, bei C. P. notwendig. Das ergibt sich schon daraus, dass alle professionell Beteiligten die gleichen Vollmachten brauchen und diese untereinander abgestimmt werden müssen. Es braucht auch einen übergeordneten interprofessionellen Erfahrungsaustausch. Kern sind die regionalen Gruppen, die praktisch dann am wirksamsten sind, wenn sie sich untereinander in Teams zusammenschließen. Die örtlichen Vereinigungen geben den Rückhalt für die Vernetzung auf nationaler und internationaler Ebene. In der Bundesrepublik sind die regionalen Gruppen in der Deutschen Vereinigung für Cooperative Praxis (DVCP) vereint. Das gemeinsame Internetportal (www.cooperativepraxis.de) informiert die Betroffenen und die Fachöffentlichkeit. Gleichzeitig können die Betroffenen aus den im Internet veröffentlichten Listungen erkennen, wer entsprechend ausgebildet ist.

VI. Die Zukunft

Wie weltweit wird C. P. auch in der Bundesrepublik seine weitere Verbreitung finden. In rechter Weise verstanden, konkurrieren Mediation und C. P. nicht miteinander, wie es von manchen befürchtet wird. Beide Verfahren ergänzen sich vielmehr, können auch miteinander kombiniert werden. C. P. erweitert so die professionellen Kompetenzen und das professionelle Angebot für Konsensverfahren.

Weitere Informationen:
www.eidos-projekt-mediation.de

Dr. Gisela Mähler **Dr. Hans-Georg Mähler**

Rechtsanwälte und Mediatoren in München, Gründer und Leiter des Eidos Projektes Mediation, das Ausbildung in Mediation (seit 1991) und Cooperativer Praxis/Collaborative Practice (seit 2010) anbietet.

Systemisch-lösungsorientierte Fragen | Norbert Fackler

Wenn Du etwas Neues erreichen willst, ist es besser auch etwas Neues zu tun.

1. Systemisch - lösungsorientiertes Fragen

Das systemisch-lösungsorientierte Fragen gehört zu den „Königsdisziplinen" in der Beratungs- und Mediationsarbeit. Es ist heute fester Bestandteil von Ausbildungen im Bereich der Systemischen Therapie oder Beratung und sollte auch in keiner Mediationsausbildung fehlen. Wichtige Väter und Mütter dieser Methoden waren und sind beispielsweise Steve de Shazer mit seiner Frau Insoo Kim Berg sowie der Heidelberger Arzt, Therapeut und Organisationsberater Gunther Schmidt. Als MediatorInnen setzen wir systemisch-lösungsorientierte Fragen überwiegend in der 1. der 3. und 4. Phase ein. Sie sind aber auch schon ein hilfreiches Mittel zur Zieldefinition und zum Perspektivenwechel in der Auftragsklärung.

Geschickt und kongruent vorgetragen führen diese Fragen häufig zu raschen Erfolgen und ermöglichen den Medianden einen zieldienlichen Wechsel aus ihrer „Problemtrance" in eine zukunftsorientierte „Lösungstrance".

Eine in diesem Zusammenhang hilfreich Idee, die gut mit den jüngst bekannt gewordenen Erkenntnissen der Neurobiologie zusammenpasst, ist das Konzept der Problem- und Lösungstrance, deren Ursprünge auf den Begründer der modernen Hypnotherapie, Milton Erickson zurückgehen. Erickson definierte dabei „Trance" als einen Zustand „fokussierter Aufmerksamkeit". Er machte dabei deutlich dass Menschen ihre Aufmerksamkeit immer und zu jeder Zeit auf bestimmte Teile der Realität richten (fokussieren), während ein wesentlich größerer Teil der Realität überhaupt nicht bzw. nicht bewusst wahrgenommen oder ausgeblendet wird. Menschen befinden sich also insofern permanent in einem Trancezustand. Milton Erickson nannte diese alltägliche Form der Trance „Alltagstrance". Für die Mediation ergeben sich hieraus ein interessanter Blickwinkel und spannende Handlungsideen.

1.1 Das Konzept der Problemtrance

Die Nutzer der Mediation wählen dieses Verfahren, weil sie sich mit anderen Personen oder Gruppen oder Organisationen in einem Konflikt befinden. In den Worten des o. g. Konzeptes kommen die Medianden in „ihrer" (ganz persönlichen) „Problemtrance" zur Mediation, sind in ihrer Wahrnehmung eingeengt und z.B. auf bestimmte eigene Lösungspositionen oder auf Verhaltensweisen der Gegenseite fixiert und blenden gleichzeitig andere Teile der Realität aus. Ihre „Trance" beeinflusst ihre Wahrnehmung, ihr Denken, Fühlen, Handeln und schränkt ihre Wahlmöglichkeiten entscheidend ein. Die erlebte Bedrohung durch die Gegenseite macht es meist unmöglich, die eigenen wirklichen Ziele, Wünsche Bedürfnisse wahrzunehmen, die sich hinter ihren Positionen verbergen. Zum persönlichen Schutz werden verständlicherweise diese Interessen vor der Gegenseite verborgen, ganz häufig aber auch vor sich selbst „versteckt" und nicht wahrgenommen. Zu sehr ist die Aufmerksamkeit auf die Bedrohung und die eigene (Schutz-) Position gerichtet.

Die Frage ist also, wie wir es ermöglichen können, dass Medianden ihre Aufmerksamkeit und Wahrnehmung auch auf andere im Sinne der Mediation zieldienliche Aspekte der Wirklichkeit richten können.

Da sich aus systemischer Sicht lebendige Systeme nicht dauerhaft und nachhaltig gegen ihren Willen zu Veränderungen ihrer Sichtweisen von außen zwingen lassen, und da Mediation als Verfahren die Eigen- und Selbstverantwortung als unabdingbare Vorsaussetzung für die erfolgreiche und nachhaltige Regelung von Konflikten erkennt, müssen alle Interventionen auf dem Weg zu diesem Ziel diesen Erkenntnissen und Prämissen folgen.

Teilnehmer an Mediationen brauchen also zunächst und zu allererst die Erfahrung von Wertschätzung, respektvoller Wahrnehmung durch die leitenden Mediatoren sowie das Gefühl ernst genommen zu werden in ihrer Sichtweise (Trance). Aufgehoben in dieser Form, brauchen die Medianden eine strukturierte, professionelle und vertrauenswürdige Führung durch die Unwägsamkeiten der Konfliktlösung, die richtigen Fragen zum richtigen Augenblick.
Dabei geht aus der Sicht der Idee von Problem- und Lösungstrance darum, unter Würdigung der Problemtrance die Medianden in Kontakt

zu bringen mit der Lösungstrance und ihnen einen neuen Raum der Wahrnehmung und Wirklichkeitskonstruktion zu eröffnen. Ziel der Arbeit ist es, die Medianden in Verbindung zu bringen mit ihren anderen Bedürfnissen, Zielen, mit anderen Aspekten der Wirklichkeit und mit anderen Möglichkeiten der Problemlösung, sie also vom Problem- ins Lösungsland zu begleiten.

Dabei bestimmt nach Joseph Rieforth immer der Grad der Beziehung (die Qualität der Beziehung zwischen Mediator/in und Mediand) das Maß und die Form der Intervention.

1.2 Grundlegender Fokus lösungsorientierter Ansätze

Zum besseren Verständnis der dargestellten Intervention einige grundlegende Prinzipien des systemisch-lösungorientierten Ansatzes:

1. Selbstverantwortung und Aktivität: Die Verantwortung für die Lösung liegt beim Kunden. Man kann nur jemanden begleiten der schon auf dem Weg ist.
2. Nutzung des Vorhandenen – Utilisation aller Ressourcen
3. Konkrete klientenbestimmte Sichtweise: Würdigung der Sichtweise der Kunden und Orientierung daran
4. Sparsamer und effektiver Einsatz von Ressourcen: geringstmögliche und geringstnötige Intervention
5. Konzentration auf Positives
6. Veränderung ist etwas Unvermeidliches
7. Gegenwarts- und zukunftsorientiert statt Vergangenheitsorientierung
8. Herstellung einer partnerschaftlichen Kooperation zwischen Kunden und Berater
9. Zentrale Annahmen:
    - Wenn etwas kaputt ist, mache es nicht ganz.
    - Wenn Du einmal weißt, was funktioniert, mache mehr vom Selben.
    - Wenn es nicht funktioniert, lass es sein, mache etwas anderes.

Standardhaltung des lösungsorientierten Beraters/Mediators ist der Fokus auf positive Erfahrungen in der Vergangenheit, Gegenwart und Zukunft.

1.3 Grundidee systemisch-lösungsorientierter Fragen

Der Fokus der Fragestellung liegt einerseits auf positiven Erfahrungen andererseits in der positiven Zukunft.

Nicht selten stelle ich Medianden schon in der ersten Sitzung folgende Frage:
„Bevor wir beginnen, hätte ich, nur zu meiner Orientierung, noch eine Frage an Sie: Angenommen wir sind schon am Ende unserer Arbeit angekommen und alles ist dann wirklich gut verlaufen und wir haben für Sie beide gute, akzeptable Regelungen gefunden, Sie gehen zufrieden nach Hause, also nur mal angenommen, woran merken Sie das? Woran merken Sie dann bei sich und in Ihrem Leben, dass es richtig war diese Mediation zu machen?"

In der Regel sind die Mediandinnen nun irritiert, stutzen und fragen nach und es bedarf der geduldigen und liebevollen Wiederholung der Frage. Was dann einsetzt ist ein innerer Such- und Findeprozess nach der gewünschten Wirklichkeit.

Die Fragestellung selbst enthält dabei einige Vorannahmen bzw. Kriterien die vom Antwortgeber zur korrekten Beantwortung der Frage in die gesuchte Lösung eingebaut werden müssen:
- alles ist gut
- eine für beide akzeptable Regelung
- Zufriedenheit
- es ist zu merken bei sich und im eigenen Leben

Hier wird deutlich, was der Satz „wer fragt, der führt" wirklich bedeutet. Denn die gestellte Frage ist nicht nur eine beliebige Frage, sondern gleichzeitig eine Intervention. Sie lädt den Befragten zur Konstruktion einer neuen, (im Sinne der Mediation) gewünschten Wirklichkeit ein, die gleichzeitig mit vom Frager definierten Leitplanken, den eingebauten Vorannahmen, versehen ist.
Bei den Antworten achte ich als Mediator sehr darauf, die positiven und zieldienlichen Aspekte der Antwort herauszuhören, anschließend wiederzugeben und dann weiterzuführen: z.B.:

Mediand: „ Woran ich merke dass sich die Mediation gelohnt hat und alles gut ist?"

Mediator: „ Ja, genau woran merken Sie es, dass es sich wirklich gelohnt hat zur Mediation zu gehen statt z. B. zum Gericht?"

Mediand: „Naja, es ist endlich Ruhe und Frieden, ich kann meine Arbeit machen, komme nicht täglich mit Bauchschmerzen ins Büro und fühle mich wieder sicher."

Mediator: „Ah, ich verstehe, Sie fühlen sich sicher und können sozusagen wieder gute Arbeit leisten?

Mediand: „Genau"

Mediator: „Woran merken Sie es dann an Ihrem Konfliktpartner hier, dass es gut war in die Mediation zu gehen? Und woran merkt er selbst es, wenn er Sie trifft?"

Mediand: „Naja, Herr M. wäre dann auch zufrieden und könnte sich endlich wieder um seine Arbeit und die anderen Probleme kümmern. Ich denke schon dass ihn die ganze Sache auch stresst."

Mediator: „Verstehe ich das also richtig, dass Sie eine gelungene Mediation daran merken, dass Sie wieder gerne zur Arbeit gehen, gute Arbeit leisten und auch Herr M. wieder weniger Stress hat und sich seinen Aufgaben widmen kann?

Mediand: „Ja das wär's wohl in erster Linie."

Im weiteren Gesprächsverlauf wird die Gegenseite in gleicher Weise befragt.

Die Zusammenfassung der Schilderungen kann dann sehr rasch z. B. zur Formulierung eines Mediationsziels führen. Gleichzeitig können durch angemessene weitere Befragungen, schon in dieser Phase, Interessen erarbeitet und definiert werden.

Zur Erarbeitung von Mediationsregeln für die Mediation stellen wir in diesem Kontext häufig folgende zusätzliche Frage:

Mediator: „Angenommen es ist uns wirklich gelungen, diese positiven Ergebnisse zu erzielen, können Sie mir sagen, wie wir dann hier miteinander umgegangen sind, damit das möglich geworden ist?"

Auch mit dieser Frage unterstellen wir ein positives Ergebnis und leiten aus diesem die dafür notwendigen Regeln ab.

1.4 Ziele in den einzelnen Mediationsphasen

Als Mediatoren entscheiden wir, wie weit, wie tief wir in der jeweiligen Situation mit unseren Fragen gehen und was wir mit den Fragen erreichen, erarbeiten wollen.

Ziele in den einzelnen Phasen der Mediation können dabei sein:

Phase 1:   Erarbeitung des Mediationsziels
             Erarbeitung des Verfahrensablaufs und der Mediations
             regeln
             Klärung von Rollen, Kompetenzen, Verantwortungen
Phase 3:   Erarbeitung der Interessen und der tiefer liegenden
             Bedürfnisse und Wünsche
Phase 4:   Erarbeitung von konkreten Lösungsideen
Phase 5:   Definition von konkreten Lösungen und Abklärung
             deren Realisierbarkeit

1.5 Standardfragen und Schritte des systemisch-lösungsorientierten Interviews in der Mediation

Schritt 1:
Frage danach, woran in der Zukunft gemerkt wird, dass es gut ist.

Fragenbeispiele:
„Angenommen es ist gut, (oder: der Konflikt ist gelöst, die Mediation hat sich gelohnt, usw.) woran merkst Du es?"
„... woran merken es die Konfliktpartner"
„... woran merken es Kollegen, Freunde, andere Beteiligte, nicht Beteiligte"

Wichtig: Die Frage in der Gegenwartsform stellen. Also nicht fragen: „angenommen es ist gut, woran würdest Du das merken"! Sondern: „... woran merkst Du es".
Die Gegenwartsform führt den Befragten in die Situation hinein und lässt ihn sie erleben. Bei der Konjunkivfrage (Woran würdest Du es merken?) wird er dazu eingeladen, eher theoretisch zu bleiben. Die Frage erzielt damit nicht die gewünschte Wirkung.

Schritt 2:
Ausformulierung des „Lösungslandes" und Herausarbeiten der Lösungskriterien: Hierzu nutzen wir die Idee der „Bundesländer des Lö-

sungslandes" (N. Fackler). Es geht dabei darum, die Kunden intensiv in die gewünschte Zukunft zu führen und die dort eingesetzten Fähigkeiten, Ressourcen, Kompetenzen zu erfragen (besonders auch z.B. in Hinsicht auf den Umgang mit früher belastenden Situationen oder ehemaligen Konfliktpartnern. Gefragt wird stets aus dem Blickwinkel der guten Zukunft. Die Fragen unterstellen dabei immer und konsequent eine (für alle) positive Regelung des früheren Konflikts.

Fragenbeispiele:

"Woran merken Sie es in Ihrem eigenen Verhalten, Denken, Fühlen?
- *im Umgang miteinander?*
- *im Umgang mit Konflikten?*
- *im Umgang mit ihrem früheren Konfliktpartner?*
"Woran merken andere Personen es an Ihnen, am Umgang zwischen Ihnen und ihrem ehemaligen Konfliktpartner?"
"Woran merkt es Ihr Konfliktpartner bei sich selbst, im Umgang mit Ihnen…?"…usw.

Schritt 3:
Transfer der erarbeiteten Ressourcen und Ideen auf die Situation in der Gegenwart oder/und auf den Lösungsweg mit z.B. folgenden Fragen:

Fragenbeispiele:
"Angenommen Sie würden die Fähigkeiten, dieses Verhalten, diese Kompetenzen, diese Ressourcen schon heute einsetzen, wie würde sich das auswirken?"
"Angenommen es würde eine ähnliche Problemsituation, ein ähnlicher Konflikt auftreten wie damals (wie Sie ihn vor Beginn der Mediation hatten), wie würden Sie heute damit umgehen?"
"Wenn Sie zurückblicken auf die Zeit als der Konflikt noch aktuell war, was war ihr erster Schritt zur konstruktiven Lösung? … Was waren weitere konstruktive Schritte … was haben Sie unterlassen und was haben Sie besonders oder neu/anders gemacht?

Grundsätzliches Ziel des systemisch-lösungsorientierten Interviews ist die Eröffnung neuer Möglichkeiten durch die Eröffnung neuer, bisher ausgeblendeter Sicht- und Betrachtungsweisen. Durch die veränderte Sichtweise ergibt sich eine Veränderung der Wahrnehmung sowie der Beziehung zu den Elementen eines Konflikts.

Ein Unterschied, der einen Unterschied macht, ergibt sich aus einer veränderten Wahrnehmung und Beziehung.

2. Die Bundesländer des Lösungslandes
(Fragefokus für lösungsorientierte Interviews)

Häufig ist es für Anwender der systemisch-lösungsorientieren Fragen schwierig sich vorzustellen, wonach auf eine positive Zukunft bezogen genau gefragt werden kann. Die „Bundesländern des Lösungslandes" beschreiben Bereiche und Kriterien der guten Lösungen, nach denen im Interview gefragt werden kann, um ein möglichst ganzheitliches und differenziertes Bild zu erhalten und damit eine möglichst motivierende Konstruktion der möglichen neuen Wirklichkeit. Diese Bereiche sind im Einzelnen:

1. Gesundheit und körperliches Wohlbefinden
2. Innerer Zustand:
   Selbstwert, Kraft, Energie, Kompetenz
3. Beziehung zur Familie:
   Verwandte, Kinder, etc.
4. Weitere Kontakte:
   Freundeskreis, andere Personen, gesellschaftliche Stellung
5. Die andere Umgebung:
   Beruf, materielle Situation, Lebens- und Wohnsituation
6. Verhalten:
   Du selbst, andere, Konfliktpartei
7. Tagesablauf
8. Freizeitgestaltung
9. Innere Haltung und Einstellung:
   zum Leben, zum Konflikt, zu sich selbst
10. Lebensziele und Visionen

Um das Lösungsbild möglichst lebendig und wirksam werden zu lassen können im Grunde alle Lebensbereiche abgefragt werden. Die Wirkung der Fragen ist dann umso intensiver je stärker der Befragte in das Bild mit allen Sinnen einsteigen kann. Unser Ziel ist es deshalb, den Befragten möglichst stark mit seinem Lösungsbild in Kontakt zu bringen, so dass es auf diese Weise seine ganz eigene Wirkung und Dynamik entfalten und für die weiteren Schritte konstruktiv genutzt werden kann.

3. Weitere nützliche Frageformen im Mediationsprozess

3.1 Die Wunderfrage

wurde von Steve de Shazer und Insoo Kim Berg zum ersten Mal beschrieben. Sie nützt der Konstruktion von Lösungen und Zielen und schafft einen spielerischen Zugang zu Lösungskriterien und Ressourcen. Sie nutzt die Möglichkeit des Menschen zur Konstruktion von Realitäten.

Beispiel:
Stellen Sie sich vor, Sie wachen am Morgen auf und ein konkretes mögliches Wunder ist geschehen.
Sie haben sich zufriedenstellend geeinigt oder
das Problem, wegen dem wir zusammen sitzen, ist gelöst
und Sie wissen nicht, wie es geschehen ist.

Was ist ihrer Meinung nach das erste kleine Anzeichen, das Sie darauf hinweist, dass über Nacht ein konkretes mögliches Wunder geschehen ist?
Oder: Woran merken Sie zuerst, dass ein Wunder geschehen ist?

Anschlussfragen an die Wunderfrage:
- Was noch?
- Wie würde sich dieses konkrete mögliche Wunder auf Sie auswirken?
- Was würden Sie an sich bemerken, was anders ist?
- Woran würden die anderen das an Ihnen wahrnehmen?
- Was würden Sie Ihrer Meinung nach tun, was Sie im Moment nicht oder eher weniger tun?
- Wie würden die anderen dann (auf Sie) reagieren?
- Was würden Sie dann tun?
- Wie würde sich das dann weiter auswirken?
- Wenn dann das Problem wieder auftauchen würde, wie würden sie (die anderen) dann reagieren?
- Was könnten Sie dann tun, damit es anders wird?
- Wann zuletzt war es schon so?
- Wann gab es schon einen kleinen Teil des konkreten möglichen Wunders, wenn auch nur ein bisschen?
- Was ist von ihrer Seite dazu nötig, um das fortzusetzen?
- Was könnte der erste kleine Schritt sein, damit ein kleiner Teil des konkreten möglichen Wunders geschieht?

3.2 Versteckte Wunder

Eine weitere effektive Möglichkeit Lösungsideen, Ressourcen und Lösungskriterien ausfindig zu machen, sind Fragen nach sog. „versteckten Wundern". Dazu zählen Erfahrungen in der Vergangenheit oder in anderen Bereichen oder/und aus dem Umfeld, oder Erfahrungen von **Ausnahmen**, die als Beispiele dienen können.

Beispiele für positive Erfahrungen aus der Vergangenheit, wo es schon funktionierte: „In welchen Bereichen hat es früher geklappt, hat es wieder geklappt, geht es jetzt schon gut?"

Bereits jetzt aufgetretene positive Ausnahmen (vom beklagten Schlechten): „Wann gab es (zuletzt) eine Ausnahme, eine Situation, in der sich Ihr Partner anders verhalten hat?"

Details dieser Ausnahmen:
„Wann genau war das, wie ist das gegangen, was haben Sie gemacht, was hat Ihr Partner gemacht, was müsste sein, damit das wieder passiert?"

3.3 Die Skalierungsfrage

wird gestellt:
* um als Mediator zu den angesprochenen Fragen eine Einschätzung und Informationen von den Kunden zu bekommen (**Informations- und Inhaltsebenen).**
* um zu testen, wie die konkrete Bereitschaft zur Zusammenarbeit ist.
* um den Kunden **Selbst- und Fremdorientierung** zu ermöglichen.
* um einen **Maßstab für den Fortschritt** im Prozess zu entwickeln.
* um einen Konkretisierungs- und Reflexionsprozess in Gang zu setzen, der die Kunden bindet und verpflichtet **(Prozessebenen).**
* um einen **Türöffner**, eine Ausgangsposition für einen systematischen und strategischen Aufbau von lösungs- und ressourcenorientierten Fragen zu installieren (**Strategie- und Interventionsebene)**
* um implizite Ressourcen zu konstruieren und zu utilisieren.

Skalierungsfragen können in allen Phasen der Mediation gestellt werden, hauptsächlich jedoch zu folgenden Bereichen:

- Bereitschaft zur Mitarbeit
- Bereitschaft zu Fairness
- Motivation, Zuversicht
- Problemschwere
- Realistische Lösungswahrscheinlichkeit
- Sorge, Bedenken
- Fortschritt im Prozess
- Wohlbefinden, Zufriedenheit

Die Fragen nach Bereitschaft zur Mitarbeit, Fairness, Zuversicht etc. implizieren, behaupten und unterstellen alle vorhandenen Ressourcen. Indem sie durch die Fragestellung eingeführt werden, sind sie real im Gespräch und dadurch im Sinne konstruierter Wirklichkeit real vorhanden. Da sie real vorhanden sind, kann mit ihnen nun auch gearbeitet werden.

Beispiel:
Auf einer Skala von 0-10, wobei Null ganz schlecht heißt und zehn bedeutet: Besser geht's nicht.
Wie hoch ist Ihre Bereitschaft zur Mitarbeit?
(Ihre Motivation, Bereitschaft zur Fairness, Ihr Wohlbefinden)

Fragefokus
Der Fragefokus bei der Skalierungsfrage kann auf alle Bereiche des

ICH – DU – ER – SIE – ES

gerichtet sein und erlaubt den effektiven Einsatz zirkulärer Fragetechniken:

Fragefokus Befragter:	„Wie hoch ist **Ihre** Bereitschaft....?"
Fragefokus Partner:	„Wie hoch ist **ihre/seine** Bereitschaft ....?"
Fragefokus Ich:	„Wie hoch ist **meine** Chance auf eine erfolgreiche .... (Durchführung meiner Arbeit)?"

Beispiel zur Skalierungsfrage:
Stellen Sie sich eine Skala von null bis zehn vor.
Null ist der schlechteste Zustand, den Sie sich vorstellen können,
Zehn ist der beste Zustand, den Sie sich vorstellen können.
- *Wo, würden Sie sagen, befinden Sie sich jetzt?*
- *Wo waren wir zu Beginn der Mediation?*
- *Welchen Grad möchten Sie erreichen?*
- *Welchen Grad halten Sie für realistisch?*
- *Woran würden Sie merken, dass Sie auf .... hochgekommen sind, was würde das genau sein?*
- *Was wäre ein Zeichen dafür, dass Sie den nächsten Grad erreicht haben?*
- *Was könnten Sie dafür tun?*
- *Welche konkreten Schritte sind dafür notwendig?*

Anschlussfrage an die Skalierungsfrage:
Um die Skalierungsfrage wirklich optimal zu nutzen, kommt nach ihr die entscheidende Anschlussfrage, die immer auf die durch die Skalie-rungs-frage implizierten Ressourcen abzielt und aufbaut.

Bereits vorhandene Ressourcen erfragen
Hier werden konkret vorhandene Verhaltens-, Denk- und Handlungs-möglichkeiten herausgearbeitet, z.B.:
„Woran erkennen Sie, dass Sie auf der Skala schon auf... und nicht mehr auf ... sind?"
„Welche positiven Zeichen sehen Sie, die Ihnen sagen ...?"
„Wie haben Sie es geschafft, diese Stufe zu erreichen?"
„Wie haben Sie es geschafft, nicht noch tiefer zu rutschen?"

Ressourcen utilisieren (nutzen)
Hier werden die konkreten Verhaltens-, Denk- und Hand-lungs-möglichkeiten für eine positive Zukunftsgestaltung erarbeitet.

Zukunftsorientierte Fragen
„Was wird sein, wenn Sie auf ... hochgekommen sind, wor-an werden Sie (er, sie, ich ...) das merken?

Konkretisierungsfrage
„Was wäre der nächste Schritt, was müsste hier geschehen,

um eine Stufe höher zu kommen, damit Ihre Bereitschaft, Motivation, Zuversicht, etc. steigt?"

Diese Utilisierungsfragen können sich wieder (zirkulär) auf die
- Ressourcen des Befragten,
- anderer Personen,
- des Fragenden,
- sowie auf den Ablauf und die Prozessgestaltung beziehen.

Konkret:
- „Was könnten Sie tun?"
- „Was könnte Ihr Partner (jemand anderer) tun?"
- „Was könnte ich tun?"
- „Was könnten wir gemeinsam tun?"

Neben den bisher aufgeführten Frageformen und Fragemöglichkeiten kommen im systemisch-lösungsorientierten Fragekontext noch weitere, in die Beispiele oben auch schon eingebaute Frageformen zum Einsatz.

3.4 Ressourcenorientierte Fragen

sind Fragen und Interventionen, die den Kunden dazu veranlassen sich an positive Aspekte, Erfolge, Erfahrungen zu erinnern und ins Bewusstsein zu holen.
Sie fördern positive und konstruktive Gedanken, stärken Kreativität und Selbstwertgefühl und stützen die Beziehung zwischen Berater/ Mediator und Klienten.

Beispiele:
- *Bevor wir weitermachen, anfangen, sagen Sie mir doch, was läuft jetzt schon/noch gut?*
- *Ich wüsste gerne, was hilfreich für Sie wäre, aber vorher sagen Sie mir, was funktioniert denn jetzt schon gut?*
- *Wie haben Sie das früher (positiv) bewältigt?*
- *Welche Reaktionsmöglichkeiten stehen Ihnen da in anderer Situation zur Verfügung?*
- *Wie kommt es, dass Sie in dieser Situation jetzt schon so konstruktiv arbeiten?*

- *Wie kommen Sie jetzt schon damit zurecht?*
- *Wie kommt es, dass nicht alles noch schlimmer ist?*
- *Wie haben Sie das gemacht?*

3.5 Zirkuläre Fragen

sind Fragen, die sich auf die Wechselwirkung zwischen den direkt und/ oder indirekt Beteiligten und/oder so genannten Zuschauern beziehen, also auf den Kontext des Problems/des Konfliktes. Sie bringen den Einfluss des Kontextes und die Wechselwirkungen im Kontext ins Bewusstsein und regen so neue Sichtweisen und einen Perspektivenwechsel an.

- Angenommen das Problem, der Konflikt wäre gelöst, wie würde sich das auf Ihren Konfliktpartner, alle anderen direkt und indirekt Beteiligten auswirken, wie würde er/sie reagieren und was würde das für Sie bedeuten?
- Was wäre wenn das Problem, der Konflikt nicht mehr da wäre?
- Angenommen, Sie würden das tun, was Ihr Partner/Geschäftspartner/ Kollege gerade beschrieben hat, wie würde er reagieren?
- Was glauben Sie, braucht Ihr Partner/Geschäftspartner/Kollege, damit er/sie akzeptieren kann, wie Sie Ihre Interessen vertreten?
- Wie wird Ihr Kollege / werden Ihre Mitarbeiter reagieren, wenn Sie von dieser Möglichkeit erzählen, wenn Sie das .... tun?
- Angenommen, Sie würden das tun, was Sie gerade beschrieben haben, wie würde sich das dann für .... anfühlen?
- Angenommen, Ihr Partner/Geschäftspartner/Kollege würde Ihre Bedenken bemerken können, wie würde er reagieren/fühlen?
- Angenommen, Sie hätten die Möglichkeit, Ihren Geschäftspartner/ Kollegen zu dem zu zwingen, was Sie möchten, wie würde er/sie sich fühlen und wie würde er dann reagieren (gegenüber Ihnen, etc.)? Was hätte das für Folgen?
- Wenn ich Ihre Kollegen/Mitarbeiter/Vorgesetzten etc. frage, welche Veränderung würden die dann festgestellt haben, die Ihnen sagt, dass Sie auf dem richtigen Weg sind/dass es gut ist?
- Woran würden Ihre Kollegen, die anderen Abteilungen, merken, dass das Problem auf dem Weg ist, gelöst zu werden?

Zirkuläre Motivationsfrage

„Angenommen, Sie (er, sie, ich, wir ...) würden das tun, wie würde sich das auf ...... (sie, ihn, uns, mich, den Prozess, Ihre, seine Zuversicht, Bereitschaft zu ....) auswirken?"

„Angenommen, es hätte diese (positive) Wirkung, wie würde sich das auf Sie (Ihre Bereitschaft, Zuversicht ...) auswirken. Wären Sie dann bereit? Was müsste dazu jetzt hier geschehen?"

4. Schlussgedanke:

Das Feld der systemisch-lösungsorientierten Fragen eröffnet MediatorInnen ein effektives Instrumentarium zur Gestaltung des Mediationsprozesses. Der geübte Einsatz der Fragen führt häufig zu überraschenden Ergebnissen und Lösungen. Wie auch andere effektive Methoden kann aber auch diese Technik zu Missbrauch und Selbstüberschätzung verleiten und bedarf deshalb in der Anwendung eines hohen ethischen Standards, einer guten Ausbildung und der angemessenen Reflexion eigenen Verhaltens.

Weitere Informationen:
www.im-beziehungsmanagement.de

Norbert Fackler, Jahrgang 1952, Industriekfm.; Dipl. Soz. Päd.(FH); Wirtschaftsmediator und Lehrtrainer (BMWA®); Mediator (BM®); eingetragener Mediator (BMJ, Wien); Systemischer Therapeut und Supervisor (DGSF®); NPL-Master (DVNLP®); Pionier der Mediation und praktizierender Mediator seit 1990; Ausbildung von über 1000 Mediator/innen nach höchsten Standards im deutschsprachigen Raum; Leiter Masterlehrgang „Mediation & Konfliktmanagement" a.d.J.-Kepler-Uni, Linz; Geschäftsführer IMB-GmbH Institut für Mediation und Beziehungsmanagement, Vaterstetten/München.

Von der Anfrage zum Auftrag
Unterschiedliche Stadien der Verfahrensanbahnung, typische Gestaltungsfragen und Herausforderungen | Ulla Gläßer

„Viele Wege führen nach Rom."

I. Einleitung

Die Anfragen nach Mediation nehmen stetig zu – die Wege, auf denen Beteiligte und Mediatoren letztendlich gemeinsam an den Mediationstisch gelangen, sind allerdings sehr unterschiedlich, lang und verschlungen. Unterwegs stellen sich eine Vielzahl von Gestaltungsfragen, die beantwortet, und Herausforderungen, die gemeistert werden wollen.

Und nicht immer kommt es tatsächlich zur Durchführung eines Mediationsverfahrens. Manchmal investieren Mediatoren auch viel Zeit und Mühe in (unbezahlte) Vorgespräche, um dann zu erleben, dass der Auftrag an andere vergeben wird.[1]

Dieser Beitrag betrachtet verschiedene Stadien der Verfahrensanbahnung. Ich unterscheide dabei einer strukturierten Darstellung zuliebe zwischen dem unverbindlichen Erstgespräch, dem/n systematischen Vorgespräch/en, der Phase des Verfahrensdesigns, der Honorar- und der Vertragsgestaltung – wohl wissend, dass in der Verfahrensrealität diese Stadien teilweise ohne Zäsur ineinander übergehen und jedenfalls inhaltlich eng miteinander verwoben sind.

Statt detaillierte strategische Empfehlungen zu geben, konzentriere ich mich weitgehend darauf, meiner Erfahrung nach zentrale Aspekte sowie entscheidende Frage- und Weichenstellungen zu identifizieren; angesichts der unbegrenzten Varianten von Fallgestaltungen geschieht dies ohne den Anspruch auf Vollständigkeit.

Wegen der Spezifika öffentlicher Planungs- und Großverfahren[2] muss

---

1 Immer häufiger laden Mediationswillige mehrere Mediationsanbieter zu Präsentationen o.ä. ein, bevor sie sich für einen konkreten Mediator entscheiden.

2 Siehe dazu die Überblicks-Beiträge von *Troja/Meurer,* Mediation im öffentlichen Bereich, in: *Falk/Heintel/Krainz* (Hrsg.), Handbuch Mediation und Konfliktmanagement, Wiesbaden 2005, S. 219 ff.; *Holznagel/Ramsauer,* Mediation im Verwaltungsrecht, in: *Haft/von Schlieffen* (Hrsg.), Handbuch Mediation, 2. Aufl., München 2009, S. 683 ff.; *Zilleßen,*

die Komplexität derartiger Fallanbahnungen hier außer Acht bleiben; dafür soll an einigen Stellen besonderes Augenmerk auf Aspekte gelegt werden, die für Konfliktbearbeitung innerhalb von Unternehmen und Organisationen relevant sind.

II. Erstgespräch

Die auf unverbindlichen Anfragen aufbauenden Erstgespräche mit Mediationsinteressierten[3] dienen in aller Regel der beidseitigen Sondierung, die allerdings – vor allem auf Seiten der potentiellen Mediationsnutzer – auf ganz unterschiedliche Ziele gerichtet sein kann:
Die Anfragenden wollen herausfinden, ob Mediation für einen konkreten Konflikt grundsätzlich geeignet sein könnte, wie ein Mediationsverfahren in diesem Fall ablaufen würde, wie ihre Gesprächspartnerin[4] als Mediatorin arbeitet und/oder als Person auf sie wirkt – oder sie wollen (zunächst) einfach mehr über das Wesen von Mediation generell erfahren.
Umgekehrt wollen und sollten Mediatoren möglichst schnell verstehen, worum es einem Anfragenden geht, um zum einen adäquat auf den Kern der jeweiligen Anfrage reagieren zu können[5] und um zum anderen eine erste Einschätzung davon zu gewinnen, ob Mediation für die geschilderte Situation überhaupt ein geeignetes Verfahren wäre und ob sie selbst dafür als Mediatoren in Frage kämen[6].

Je besser es einem Mediator gelingt, das spezifische Gesprächsanliegen seines Gegenübers zu erfassen und passgenau darauf einzugehen, desto „besser aufgehoben" wird sich das Gegenüber fühlen – was in aller Regel wiederum die Voraussetzung dafür ist, einen Mediator   im Bedarfsfall auch tatsächlich zu beauftragen.

Umweltmediation, in: *Haft/von Schlieffen* (Hrsg.), Handbuch Mediation, 2. Aufl., München 2009, S. 729 ff. sowie exemplarisch die Fallstudie von *Zilleßen*, Flughafenmediation in Wien Schwechat – die transformative Wirkung der Mediation im öffentlichen Bereich, Perspektive Mediation 1/2004, S. 4 ff.

3 Derartige Erstgespräche können sich in ganz unterschiedlichen Situationen ergeben. Entweder werden Mediatoren gezielt von den Anfragenden kontaktiert oder Gespräche ergeben sich zufällig auf Reisen, Parties o.ä. auf die Information hin, dass ein Gesprächspartner Mediator ist.

4 Im Folgenden werden weibliche und männliche Bezeichnungen in losem Wechsel verwendet; das andere Geschlecht ist dabei jeweils mitgemeint.

5 So wäre es unangemessen, einem primär an generellen Informationen über Mediation interessierten Gegenüber detailliert und in werbender Manier die Vorzüge der eigenen Arbeitsweise als Mediator anzupreisen. Umgekehrt wäre es auch nicht stimmig, eine bereits Mediationskundige in aller Breite über die Charakteristika von Mediation „aufzuklären", statt zügig auf die Spezifika ihres Anliegens einzugehen.

6 Es gibt multiple Gründe, die gegen die Eignung einer konkreten Mediatorin sprechen können – angefangen von fehlender Allparteilichkeit mit Blick auf die Konfliktbeteiligten und/oder Neutralität in der Sache über mangelnde einschlägige Erfahrung bzw. erforderliche Methodenkompetenz oder für eine aufwändigere bzw. sehr dringliche Fallbearbeitung gegenwärtig nicht ausreichende Zeit- oder Personalressourcen bis hin zu einer unzureichenden persönliche Vertrauens- oder Sympathiebasis auf einer oder beiden Seite/n.

Nicht nur dafür, damit Letzteres möglich bleibt, ist es angezeigt, dass Mediatoren bereits in noch völlig unverbindlichen Erstgesprächen möglichst von Anfang an klar in der Mediatorenrolle agieren. Dies verlangt auf der einen Seite, unter Einsatz von mediativer Kommunikationsmethodik empathisch auf das Anliegen des Gesprächspartners einzugehen, die darin enthaltenen Verfahrensinteressen[7] präzise herauszuarbeiten und guten Kontakt zum Gegenüber aufzubauen. Auf der anderen Seite gilt es aber zugleich, nicht zu tief in eine einseitige Konfliktberatung einzusteigen und auch auf der persönlichen Ebene ausreichenden Abstand zu wahren, um nicht die eigene Unbefangenheit und Allparteilichkeit zu verlieren.

Gelingt dieser Balanceakt, so wird in einem Erstgespräch eine „mediative Visitenkarte" hinterlassen, die „live" die mediatorische Arbeitsweise verdeutlicht und damit eine weit überzeugendere Empfehlung sein kann als die aufwändigsten Werbebroschüren oder Webseiten.

III. Vorgespräche

Steht ein konkreter potentieller Mediationsfall im Raum, ist ein Erstgespräch zur Zufriedenheit des Anfragenden verlaufen und hat sich die Mediatorin grundsätzlich für verfügbar erklärt, so folgen vor einer verbindlichen Beauftragung häufig noch ein oder mehrere Vorgespräch/e.

Diese Gespräche sind oft schon deswegen notwendig, um Kontakt zu den (anderen[8]) Konfliktbeteiligten herzustellen, die ja auch die Entscheidung für eine Mediation und für die Mediatorin/nen mittragen müssen. Sind bereits Rechtsanwälte eingeschaltet, empfiehlt es sich sehr, auch mit diesen zu einem möglichst frühen Zeitpunkt zu sprechen, um ihr Vertrauen und ihre Unterstützung zu gewinnen und um sie in die Verfahrensgestaltung einzubinden.

Im innerbetrieblichen Kontext erfolgt manchmal die verbindliche Beauftragung durch Vorgesetzte, die Personalabteilung oder die Geschäftsleitung, noch bevor der Mediator mit allen Mediationsbetei-

---

7 Mit dem Begriff der Verfahrensinteressen sind Interessen gemeint, die jenseits der materiell-konfliktbezogenen Interessen auf die prozedurale Gestaltung der Konflikt- bzw. Situationsbearbeitung gerichtet sind; siehe dazu *Gläßer/Kirchhoff*, Interessenermittlung – Spannungsfeld zwischen Präzision und Emotion, ZKM 2005, S.130 ff. (insbes. S. 131 und 133).

8 Nicht immer sind die Personen, mit denen ein Erstgespräch geführt wird, selbst auch Konflikt- und damit potentiell Mediationsbeteiligte: So finden Erstgespräche nicht selten mit Vorgesetzten oder mit den Konfliktbeteiligten schlicht nahe stehenden Personen statt, die dann zu Initiatoren bzw. Befürwortern eines Mediationsverfahrens werden, ohne selbst (notwendig) daran teilzunehmen.

ligten persönlichen Kontakt aufnehmen kann. In derartigen Konstellationen biete ich proaktiv an, dass mich die Konfliktbeteiligten vorab kontaktieren können, um Fragen zur Verfahrensweise oder zu meiner Person zu stellen – und ich betone in der ersten Mediationssitzung besonders deutlich den Aspekt der Freiwilligkeit und die damit verbundene Möglichkeit, sich gegen das Verfahren oder gegen mich als Mediatorin zu entscheiden.

Werden Vorgespräche mit den Konfliktbeteiligten geführt, gewinnt die Mediatorin unweigerlich einen ersten Eindruck von deren Perspektiven und erhält damit grundlegende Informationen für die Verfahrensgestaltung (insbes. zu der Frage, wer in welcher Rolle an der eigentlichen Mediation teilnehmen soll). Insofern sind Vorgespräche, Konfliktanalyse und darauf aufbauendes Verfahrensdesign untrennbar verknüpft.[9] Umso wichtiger ist es, darauf zu achten, sich in diesem frühen Stadium der Verfahrensanbahnung nicht die Perspektiven einzelner Beteiligter zueigen zu machen.

Mediatoren sollten sich bei der Gestaltung von Vorgesprächen folgende Fragen stellen:
Mit wem sollte ich sprechen – und in welcher Reihenfolge?[10]
Was will ich in den Vorgesprächen von den Beteiligten hören – und was gerade (noch) nicht?
Gebe ich allen (potentiell) Mediationsbeteiligten gleichmäßig Gelegenheit, sich zu äußern und mir Fragen zu stellen?

Insgesamt hat es sich in meiner Fallpraxis als sinnvoll erwiesen, die geführten Vorgespräche bezüglich der Gesprächspartner, -zeitpunkte und -inhalte relativ detailliert zu protokollieren, um anhand dieser Dokumentation bei Zustandekommen einer Mediation in der ersten Sitzung den eigenen „Weg zum Tisch" und die entlang dieses Weges geführten Gespräche für alle transparent und bei Bedarf auch detailliert offenlegen und nachvollziehbar machen zu können.

---

9 Deshalb wird bereits bei den Vorgesprächen auch schon die Frage relevant, ab welchem Punkt seitens des Mediators Dienstleistungen erbracht werden, die abrechenbar sein sollten; siehe dazu auch Punkt IV.
10 Hier gilt es zum Beispiel, organisationelle Hierarchien angemessen zu berücksichtigen.

IV. Verfahrensdesign

Bisweilen – insbesondere wenn vor der Beauftragung von Mediatoren förmliche Angebote eingeholt werden (müssen) – wünschen die Auftraggeber bereits vor der Auftragsvergabe eine konkretere Vorstellung davon, wie das Mediationsverfahren gestaltet werden soll.

In Fällen, in denen eine überschaubare Anzahl von Konfliktparteien primär an gemeinsamen Sitzungen teilnehmen soll, geht es den Auftraggebern dabei zumeist um eine Aussicht darauf, wie lange, in welcher Frequenz und wo die einzelnen Sitzungen stattfinden sollen, wie lange das gesamte Mediationsverfahren dauern könnte – und mit welchen Kosten wohl zu rechnen ist.

Sind größere Gruppen oder Arbeitszusammenhänge von einer schwierigen Situation betroffen, ist es für einen ersten Entwurf eines Verfahrensdesigns zudem auch notwendig zu überlegen, wer auf welche Weise und zu welchem Zeitpunkt in die Mediation einbezogen werden soll.[11] Dafür ist eine Analyse der Beteiligtenstruktur notwendig. Diese kann zunächst rein überblicksmäßig z.B. durch Visualisierung der konfliktbeteiligten und -betroffenen Personen vorgenommen werden. Manche Mediatoren führen allerdings auch bereits an dieser Stelle eine erste Runde von Einzelgesprächen, um einen besseren Eindruck vom Grad der Involviertheit der Akteure zu gewinnen.[12]
Stellt sich dabei z.B. heraus, dass eine konfliktbetroffene Gruppe in verschiedene Lager gespalten ist und/oder dass einige Personen innerhalb einer größeren Gruppe den eigentlichen Konfliktherd bilden, sind verschiedene Vorgehensweisen – Arbeit mit der gesamten Gruppe oder nur mit Delegierten der Lager, Beginn der Mediation in Plenarsitzungen oder Fokussierung zunächst auf den „Konfliktherd" – möglich, die in einem vorab erwünschten Verfahrensdesign-Vorschlag skizziert und ggf. auch begründet werden müssen.

Eine realistische Einschätzung von Verfahrensverlauf, -dauer und -kosten zu treffen, ist für Mediatoren in einem derart frühen Stadium und bei entsprechend kursorischer Kenntnis des Konfliktstoffs und des Konfliktverhaltens der Beteiligten kaum seriös zu bewerkstelligen. Deshalb

---

11 Dieser Entwurf kann natürlich im Verlauf des Mediationsverfahrens jederzeit revidiert werden.

12 Da derartige Gespräche mit erheblichem Aufwand verbunden sind und meiner Ansicht nach die analysierende Aufbereitung eines Konfliktszenarios bereits für sich betrachtet eine valide Dienstleistung darstellt, wird auch hier die Frage relevant, wo die Grenze zwischen noch unbezahlten Vor- bzw. Akquisearbeiten und zu vergütender Dienstleistung verläuft; siehe dazu das nachfolgende Kapitel IV.

ist es ratsam, bei allen erwünschten Prognosen deren Unverbindlichkeit zu betonen sowie auf die Notwendigkeit hinzuweisen, flexibel auf die Konfliktdynamik und -entwicklung einzugehen. Als hilfreich hat sich auch erwiesen, unter Verweis auf den Aufbau des Phasenmodells der Mediation zu erläutern, dass eine realistischere Einschätzung des Umfangs und damit auch der Dauer und der Kosten einer Mediation eher am Ende der Phase der Bestandsaufnahme mit Blick auf die dann erarbeitete Themensammlung möglich und sinnvoll sein wird.

Unabhängig davon, wie viel Zeit bereits vor der Beauftragung in das Verfahrensdesign investiert werden muss, gibt es eine grundlegende „Designfrage", mit der sich Mediatoren auf jeden Fall bereits in diesem Stadium befassen sollten:
Ist es im vorliegenden Fall angezeigt, mit mehr als einem Mediator zu arbeiten?
Falls ja, wer könnte eine geeignete Co-Mediatorin sein?
Für die Arbeit mit einem oder mehreren Co-Mediator/en kann die Zahl oder Konstellation der Beteiligten und/oder die Komplexität des Konfliktstoffs sprechen[13]; zudem sichert die Hinzuziehung eines weiteren Mediators / weiterer Mediatoren z.B. bei kurzfristiger Erkrankung eines der Mediatoren auch die spätere Termindurchführung und damit den Fortgang des Verfahrens ab, was insbesondere bei komplizierten Terminfindungsprozessen mit vielen Beteiligten von erheblicher Bedeutung sein kann.[14]

V. Honorargestaltung

Vielen Mediatoren fällt die Antwort auf die unvermeidliche Frage, wie viel denn nun eine Mediation bei ihnen kosten würde, nicht nur wegen der soeben dargestellten Schwierigkeiten einer ex ante-Einschätzung des Verfahrensaufwands schwer. Denn auch bei der Honorargestaltung gibt es viele unterschiedliche Modelle und Kriterien[15], was dazu führt, dass zum einen unterschiedliche Mediatorinnen von sehr unterschiedlich hohen Honorarsätzen ausgehen und zum anderen aber auch viele Mediatoren sich selbst ungern ad hoc auf fixe Sätze festlegen.

---

13 Siehe zum Thema Co-Mediation generell z.B. *Troja,* Co-Mediation, ZKM 2005, S. 161 ff.

14 Zur Frage, zu welchen Konditionen man den Vorschlag einer Co-Mediation an die Auftraggeber „verkaufen" kann, siehe sogleich unter Punkt IV.

15 Zur Vergütung von Anwaltsmediatoren siehe *Horst,* Mediatorenvergütung - Neuerungen durch das RVG, ZKM 2004, S. 178 ff.

Unter anderem die folgenden Fragen bzw. Kriterien spielen bei der Honorargestaltung von Mediatoren eine Rolle:
Wähle ich einen fixen Honorarsatz, der generell für alle möglichen Mediationsfälle gelten soll? Gehe ich von Staffelpreisen für unterschiedliche Fallkategorien[16] aus oder verhandle ich mein Honorar von Fall zu Fall individuell und flexibel?
Woran orientiere ich die Höhe meines Honorars?
(Mögliche Orientierungspunkte sind hier z.B. die durchschnittlichen Honorare anderer Mediationsanbieter in demselben Mediationsfeld und/oder in derselben Region, die üblichen Honorare für vergleichbare Dienstleistungsanbieter, die im gleichen Bereich tätig sind und damit die jeweilige Erwartungshaltung der potentiellen Medianden mit prägen (z.B. Supervisoren, Familientherapeuten oder Coaches), die (geschätzten) Honorarsätze involvierter Begleitanwälte, aber auch der „Streitwert" des Konfliktgegenstandes oder die geschätzten Kosten anderer denkbarer Konfliktbearbeitungsverfahren. Außerdem ist natürlich auch von Relevanz, wie attraktiv ein Fall z.B. als Erfahrungsfeld oder spätere Referenz für den Mediator ist bzw. als wie unterstützenswert ein Konfliktsystem empfunden wird. Nicht zuletzt muss sich eine realistische Preisbildung auch danach ausrichten, was durch das Honorar finanziert werden soll – hier spielt es eine erhebliche Rolle, ob die Mediationspraxis Kern- oder Nebengeschäft ist, ob sie zur Existenzsicherung dient oder als „Liebhaberei" betrieben wird.
Was soll die Standard-Bemessungsgröße für meine Honorarberechnung sein (Stunden- oder Tagessätze)?
Berechne ich den Vor- und Nachbereitungsaufwand gesondert – und wenn ja, zum gleichen oder zu einem niedrigeren Satz als die Mediationszeit selbst – oder ist dieser in den Honorarsätzen für die Präsenzmediationszeit enthalten?
Was werte ich als unentgeltlichen Akquise- bzw. Auftragsanbahnungsaufwand und ab wann wird meine Tätigkeit kostenpflichtig?[17]
Werden im Fall von Co-Mediation die Honorarsätze für die Mediatoren einfach addiert oder wird hier ein Abschlag angeboten?
Nehme ich in die Honorarvereinbarung eine Ausfallregelung auf, die mich gegen kurzfristige Terminabsagen u.ä. schützt?

---

16 Einige Mediatoren differenzieren z.B. zwischen Einsätzen für gewinnorientierte Wirtschaftsunternehmen, für die öffentliche Hand oder für Non-profit-Organisationen.
17 Hier reichen die praktizierten Modelle vom Motto „Abrechnung vom ersten systematischen Vorgespräch ab" bis hin zu grundsätzlich noch unentgeltlichen ersten „Probesitzungen".

VI. Vertragsgestaltung

Der letzte Schritt zur verbindlichen Auftragserteilung ist die Gestaltung des einer Mediation zugrunde liegenden Vertrages. In Aufbau, Inhalt, Ausführlichkeit und Stil variieren diese sog. Mediationsvereinbarungen stark.
Da ausführliche Erläuterungen dazu den Rahmen dieses Beitrags sprengen würden und auch
bereits eine Vielzahl von Mustern für Mediationsvereinbarungen publiziert wurden[18], will ich mich hier auf wenige übergeordnete Gesichtspunkte beschränken.

Zumeist sind Mediationsvereinbarungen als mehrseitige Verträge gestaltet, in denen zum einen das Verhältnis der Auftraggeber und Mediationsparteien zu den Mediatoren, zum anderen das Verhältnis der Medianden untereinander geregelt wird. Soweit die Konfliktparteien während der Mediation anwaltlich begleitet werden, sollten unbedingt auch die Rechtsanwälte in die Mediationsvereinbarung eingebunden werden.

Werden Mediatoren für die Bearbeitung von innerorganisatorischen Konflikten beauftragt, ist häufig die Auftraggeberin (das arbeitgebende Unternehmen, ein Trägerverein etc.) nicht identisch mit den mediationsbeteiligten Personen. Hier ist es praktikabel, bei der Vertragsgestaltung die Beauftragung des Mediators von dem Arbeitsbündnis der unmittelbar mediationsbeteiligten Personen zu trennen und zwei getrennte Verträge zu formulieren.

Meiner Erfahrung nach empfiehlt es sich, zunächst ein deutlich als „Entwurf" gekennzeichnetes Vertragsmuster zuzuschicken und die Möglichkeit der Diskussion bzw. gemeinsamen Gestaltung einzelner Vereinbarungsbestandteile zu eröffnen. Besonders angezeigt können individuelle Formulierungen bei der Vertraulichkeitsvereinbarung[19] oder auch bezüglich der Honorartragung[20] sein. Zeichnet sich im Vorfeld einer Mediation ab, dass in bestimmten Punkten bereits mit Blick

---

18 Siehe dazu z.B. *Nelle/Hacke,* Die Mediationsvereinbarung - Vertragliche Regelungen zur Vereinbarung von Mediationsverfahren, ZKM 2002, S. 257 ff.; *Schmidt,* Mediationsvereinbarung des Anwaltsmediators, ZKM 2000, S. 71 ff.; *Sparmberg/Richter-Kaupp,* Mediationsvereinbarung des Wirtschaftsmediators (Nicht-Anwaltmediator), ZKM 2001, S. 29 ff.; *Schwarz,* Mediationsvereinbarung - Muster mit Kommentierungen, ZKM 2008, S. 111 ff.

19 Hier empfiehlt es sich, gemeinsam mit den Konfliktbeteiligten u.a. genau zu erörtern, wer in welchem Umfang von der Mediation erfahren muss/soll/darf.

20 Sollen die Mediationsbeteiligten die Mediationskosten jeweils zu gleichen Anteilen tragen oder wird eine andere Kostenaufteilung angestrebt?

auf die Mediationsvereinbarung Konfliktpotential besteht, können diese Aspekte auch zunächst offengelassen und in der ersten Mediationssitzung – gegebenenfalls im Wege einer „Mediation in der Mediation" – bearbeitet werden.

VII. Fazit

Angesichts der Vielzahl an Varianten, wie der Weg der Verfahrensanbahnung von der ersten Anfrage bis hin zur verbindlichen Beauftragung von Mediatoren gestaltet werden kann, erscheint mir ein offener und systematischer kollegialer Austausch über die unterschiedlichen Vorgehensweisen in Erst- und Vorgesprächen, über Strategien des Verfahrensdesigns sowie Modelle der Honorar- und Vertragsgestaltung nicht nur hochinteressant, sondern geradezu unverzichtbar mit Blick auf das Ziel der zunehmenden Professionalisierung von Mediatoren.

Weitere Informationen:
www.tgks.de
www.rewi.europa-uni.de/master-mediation
www.europa-uni.de/ikm

Prof. Dr. Ulla Gläßer, LL.M.

Wissenschaftliche Leitung des Master-Studienganges Mediation und des Instituts für Konfliktmanagement, Europa-Universität Viadrina Frankfurt (Oder).
Gründungspartnerin von TGKS – Troja Gläßer Kirchhoff Schwartz, Berlin / Oldenburg.
Tätigkeitsschwerpunkte im Bereich Wirtschaftsmediation (Konflikte zwischen und innerhalb von Unternehmen und Organisationen, Gesellschafterstreitigkeiten und -auseinandersetzungen) sowie in der mediativen Begleitung von Vertragsverhandlungen, Projektgestaltungen, Strategiesitzungen und Veränderungsprozessen.
Breite Lehr- und Ausbildungstätigkeit im Bereich Mediation, Verhandeln und Entscheidungsfindung u.a. an der Europa-Universität Viadrina, der Universität Wien, der University of Queensland (Australien) und der International Summer School on Dispute Resolution der Tulane Law School/Humboldt-Universität, für diverse Landesjustizverwaltungen, die Deutsche Richterakademie, die Centrale für Mediation, die Ös-

terreichischen Kammern der Architekten, Wirtschaftstreuhänder und Notare, verschiedene Ausbildungsträger sowie für die United Nations. Zahlreiche Veröffentlichungen u.a. zu den Themen Konfliktmanagement(systeme) im Wirtschaftskontext, Gerichtliche Mediation, Mediation und Beziehungsgewalt, Qualitätssicherung von Mediation sowie zu diversen Fragen der Mediationsmethodik.

Konfliktnavigation durch Biografiearbeit
Nachhaltigkeit von Mediation | Lisa Kosman

Ein paar Worte zur Einleitung...

Als ich meine Mediationsausbildung vor über 10 Jahren absolvierte, war ich gerade in der Lebensmitte, im Volksmund auch als Midlife-Crisis bezeichnet. Ein Zeitpunkt gekennzeichnet durch Umbruch, Neusortierung und Umstrukturierung in Bezug auf meine Arbeit, meine Freunde, meine Familie, meinen Lebensentwurf. Unvermeidlich schossen Konflikte wie Pilze aus dem Boden. Eine unbequeme Zeit also, verunsichernd, vieles in Frage stellend, wo doch Gewissheit, zuversichtlicher Kontakt mit sich selbst sowie Zutrauen in die nächsten Schritte sehr hilfreich gewesen wären. Wenn sich die Identität umbaut, gibt es jedoch diese Sicherheit nicht.

Als Juristin, damals noch Rechtsanwältin, beglückte und überzeugte mich dann die Mediation, hatte ich doch den Eindruck, dass meine Lebensfäden hier auf einmal zusammenliefen und ich meine Fähigkeiten leicht einsetzen konnte. Gleichzeitig merkte ich aber, dass mancher Mediationsprozess mehr Tiefe und Verständnis der Streitparteien für sich selbst benötigte, um zu einem tragenden Mediationsergebnis zu kommen. Auf der Grundlage meiner eigenen oben beschriebenen Erfahrung und der neu gefundenen Berufung – von der Anwältin zur Mediatorin – suchte ich nach einer weiteren Ausbildung, mit der ich Streitparteien begleiten könnte, um nachhaltigere Mediationsergebnisse zu erzielen. Und ich fand die Biografiearbeit...

Was ist Biografiearbeit?

Biografiearbeit ist ein bewusster, zielgerichteter, absichtsvoller, aktiver und ganzheitlicher Gestaltungsprozess, bei dem die eigene Biografie im Vordergrund steht und reflektiert wird. Der Mensch versucht, den roten Faden seines Lebens zu erkennen, ihn aufzugreifen und weiterzuspinnen. Die Auseinandersetzung mit der eigenen Biografie beinhaltet die Chance, persönliche Sicherheit zu erlangen und das Selbstvertrauen zu stärken, um schwierige Situationen zu bewältigen. Die Diskrepanz, die sich aus einem damaligen Wollen und dem sich anschließenden tatsächlichen Lauf des Lebens ergibt, kann verringert oder aufgehoben werden. Dieser Integrationsprozess geschieht durch positive Verarbeitung von Widersprüchen, Brüchen und gescheiterten Lebensideen und hat Versöhnungscharakter. So kann es geschehen, dass die gewonnenen Erkenntnisse wertvolle Ressourcen für die Zukunft darstellen.

Was haben Mediation und Biografiearbeit gemeinsam?

Mediation leistet interpersonelle Konfliktbearbeitung - Biografiearbeit leistet individuelle Navigationsarbeit, um den Sinn der eigenen Konfliktstruktur zu erkennen und Verantwortung für die selbst initiierten Verhaltensabläufe zu übernehmen. Beide Verfahren sind zukunftsorientiert, verstehen sich als Hilfe zur Selbsthilfe, sie sind ressourcenorientiert und beide Verfahren sind klar von Therapie abzugrenzen. Bei dieser günstigen gemeinsamen Ausgangslage möchte ich aufzeigen, wo die Mediation von der Biografiearbeit profitiert, indem sie sie ergänzt, vertieft und nachhaltiger macht.

Wann ist es sinnvoll beide Verfahren zu kombinieren?

Es gibt begrenzbare Konflikte, die ideal mit der Mediation bearbeitet werden können. Anders verhält es sich mit Krisen, wenn sich also zu einem Konflikt weitere Konfliktfelder hinzugesellen. In der Biografiearbeit werden Krisen als Wendepunkte im Leben angesehen. Als Biografieberaterin mache ich mich mit dem Klienten auf die Suche nach dem Sinn der Krise und wie diese in den eigenen Lebenslauf integriert werden kann. Diese Arbeit an der eigenen Biografie bedeutet, der Ich-Entwicklung auf der Spur zu sein. Damit ist gemeint, dass der Mensch in Bezug auf seine Identität eine neue Dimension für sich entdeckt, sie jedoch nicht sofort einordnen und für sich fruchtbar machen kann. Das bedeutet nicht, dass wir es hier mit Therapie zu tun haben. Es handelt sich um die Veränderung der Bedürfnisstruktur entsprechend der biografischen Periode, die jemand gerade durchläuft. Dieser Prozess bedarf einer intensiveren Begleitung, denn es entstehen Unsicherheiten in Bezug auf die eigene Person, die eigenen Bedürfnisse sowie die ureigenen Glaubenssätze, aus denen sich erlaubte und unerlaubte Ziele ergeben. Hierüber Klarheit zu erlangen, ist in der klassischen Mediation nicht vorgesehen.

Die Biografiearbeit stellt ergänzend Methoden bereit, sich zu verstehen und zu sortieren. Einerseits geht es darum, sich selbst ganz individuell zu erkennen und andererseits die Lebensrhythmen anzunehmen, die das eigene Handeln in einen größeren, kollektiven und damit „normalen", das meint handhabbaren Kontext stellen. Wer mit sich selbst und den Abläufen in Einklang ist, der kann sich auch klar und transparent der gemeinsamen Konfliktbearbeitung stellen. Und hier wird die Bedeutung der Biografiearbeit für die Mediation deutlich: Wer unklar und verunsichert bleibt, kann sich nicht ganz auf den Mediationsprozess einlassen, fühlt sich leichter überredet und ist für den Streitpartner weniger gut einzuschätzen.

Mediation als lösungsorientiertes, Selbstverantwortung abforderndes und voraussetzendes Verfahren bietet die Möglichkeit, an Bedürfnissen, Werten, Interessen, Absichten und Zielen zu arbeiten. Die Konzentration auf die eigene Person kann jedoch unter dem Stressfaktor der Anwesenheit der anderen Konfliktpartei eingeschränkt sein. Gerade in ungeklärten und eskalierten Konflikten ist das Vertrauen der Parteien zueinander erschüttert. Die Neigung sich im Mediationsprozess zu öffnen und Unsicherheit einzuräumen, ist nicht sehr groß, die Angst vor einem Gesichtsverlust kann überwiegen.

Welche biografischen Methoden lassen sich im Mediationsprozess einsetzen?

Es gibt eine gewisse Auswahl an hilfreichen biografischen Methoden. Ziel ihres Einsatzes ist, dass die Streitparteien für sich Klarheit und Sicherheit erlangen. Hierdurch können sie sich gestärkt in den weiteren Mediationsprozess einbringen. Je nach dem zu klärenden Anliegen und der Persönlichkeit unterstützt die nachfolgende Auswahl an Methoden den Mediationsprozess für die Anwendungsbereiche Trennung und Scheidung, Familienmediation und Konflikte am Arbeitsplatz unter Kollegen:

> **Anliegen**
> Übersicht über die eigene Biografie, um Zusammenhänge verschiedener Ebenen zu erkennen
> **Methode: Lebenslinien**
> Es werden die Ebenen in ein Diagramm eingetragen, die in der Mediation Thema sind, z.B. Finanzen und Familie. Welche Ereignisse wurden auf eine Skala von plus 5 bis minus 5 wie stark belastend oder beglückend erlebt? Welche Zusammenhänge gibt es in Bezug auf die beiden Ebenen?

Anliegen
Wertearbeit, Erkennen des eigenen Wertekanons
Methode: Assoziationskette
Auf einem Blatt Papier werden zu einem Schlüsselbegriff, der in der Mediation sichtbar wurde, 20 Assoziationen aufgeschrieben und sodann in einem 2. Schritt die 7 wichtigsten unterstrichen z.B. zum Thema Zusammenarbeit.

Anliegen
Stützende und hindernde Beziehungen erkennen
Methode: Beziehungskosmos
Auf konzentrischen Kreisen werden intuitiv die Personen eingetragen, die in der momentanen Situation eine Bedeutung haben. Sie werden näher oder entfernter vom Zentrum, das die Streitpartei repräsentiert, angeordnet. In einem 2. Schritt werden die eingetragenen Beziehungen ggfs. untereinander vernetzt und dann auf ihren Einfluss untersucht: Wer stützt und wer behindert das Tun? Zu wem lohnt sich eine Intensivierung des Kontaktes?

Anliegen
Entwicklungsschritte und ihre Notwendigkeiten erkennen
Methode: Bilderfolge
Die Vergangenheit und die Zukunft werden auf getrennten Blättern abstrakt gezeichnet. Die Bilder werden besprochen und in einem 3. Schritt wird ein „Verbindungsbild" gemalt. Welche Qualität braucht die Veränderung? Ggfs. werden auch noch 1 bis 2 weitere Übergangsbilder benötigt, wenn der Schritt von der Vergangenheit zur Zukunft einen krassen Wechsel benötigt und mehrere Schritte erforderlich erscheinen.

Wann und wie werden diese Methoden in der Mediation eingesetzt?

Die grob skizzierten Übungen dienen der Selbstreflexion, die je nach Setting in einer Mediationssitzung durchgeführt oder mit nach Hause gegeben werden. Jede Partei bearbeitet für sich die Aufgabe, um die Ergebnisse dann in einem gemeinsamen Gespräch auszutauschen. In Ausnahmefällen kann die Auswertung auch in einem Einzelgespräch stattfinden. Diejenigen Erkenntnisse, die prozessrelevant sind für die Mediation, werden dann im nächsten gemeinsamen Termin eingeführt.

Selbstverständlich müssen beide Parteien die Möglichkeit eines Einzel-
gesprächs bekommen. Es ist nicht zwingend notwendig, dass beide die
gleiche Übung durchführen. Vielmehr ist entscheidend, welche Methode hinsichtlich der anstehenden Klärung der einzelnen Partei dient.

Neben der beschriebenen Auswahl an Methoden bringt eine Übersicht
über die verschiedenen Lebensphasen und ihre spezifischen Aufgaben
einen Erkenntniszuwachs. Hierzu ordnen sich die Parteien einer konkreten Lebensphase zu und reflektieren über den Sinn des Konfliktes zu
diesem Zeitpunkt. Der Einzelne erhält ein Gefühl von Normalität und Ver-
bundenheit mit dem Lauf des Lebens: Nicht ich alleine und weil ich un-
zulänglich bin und immer Probleme habe, durchlaufe diesen Abschnitt
und stelle mir diese Fragen. Alle Menschen haben diese Fragen zu bewältigen, jeder braucht das, um nicht stehen zu bleiben…...

Welche biografischen Rhythmen gibt es?

Die Biografiearbeit kennt unterschiedliche zeitliche Abschnitte in einem
Menschenleben: 10-Jahresrhythmen, 7- Jahresrhythmen, 5- Jahresrhythmen. Die Chinesen unterteilen nach dem 20- Jahres-Rhythmus die Zeit
der Jugend, des Erwachsenseins und die Zeit des Alters. Im Groben lässt
sich sagen, dass der Mensch in der Kindheit und Jugend seinen (Lebens-)
Rucksack gefüllt bekommt. Diesen packt er dann als junger Erwachsener
mit stetig wachsender Verantwortung aus, erprobt, mistet aus und be-
stückt neu bis er in der Lebensmitte aus eigenen Erfahrungen heraus mit
einer größeren Übersicht ganz eigene Entscheidungen trifft. Nach dieser
Individualisierungsphase („Der oder die bin ich geworden und erkenne
mich") gilt das Bestreben, so die Theorie der Biografiearbeit, seine urei-
gene **Lebensaufgabe** zu erkennen und voranzutreiben. Sodann schließt
sich eine Phase an, in der der Mensch aus überpersönlicher Perspektive
auf das Leben und die Welt schaut, um sich anschließend für Belange der
Gesellschaft oder einer Gemeinschaft oder für Zwecke, die der Mensch-
heit dienen, zu engagieren. Dies setzt einen inneren wie äußeren Verwe-
sentlichungsprozess voraus im Sinne der Fragen: Was gehört wirklich zu
mir und zu meiner „Aufgabe" und was sortiere ich aus? Zum Lebensende
hin gilt es, sich auf das Loslassen vorzubereiten, eine Bilanz zu ziehen und
seiner Intuition zu folgen, die das Abschiednehmen von der Welt zulässt.
Welchen Sinn haben die biografischen Phasen für die Mediation?
Es ist leicht vorstellbar, dass Konflikte einfach aufgrund der unterschiedlichen Lebensphasen vorprogrammiert sind. Ist jemand gerade auf Ent-

deckungsreise mit sich selbst und muss alles ausprobieren, verträgt er sich schlecht mit jemandem, der gerade versucht, nur das Wesentliche ins Leben zu integrieren: Der eine sammelt Erfahrungen, der andere nutzt gemachte Erfahrungen, um bestimmten Abläufen bewusst und zur Kräfteschonung aus dem Weg zu gehen. Diese beiden müssen sich dann verfehlen, wenn der eine den anderen zu überzeugen versucht, dass sein Handeln richtig sei. Werden diese Lebensphasen in der Mediation vorgestellt und die Streitparteien erklären sich selbst und dem anderen ihre Gedanken zu einer solchen „Einordnung", so erfährt der Konflikt von allein eine Entpersonalisierung.

Was also ist das Fazit?

Das Wissen über Biografiearbeit bietet dem Mediator ebenso wie den Streitparteien Orientierung. Zeigt sich in der Mediation, dass eine Selbstklärung dem weiteren Prozess der Mediation vorausgehen sollte, dann können den Parteien gezielt Aufgaben mitgegeben oder in der Mediation bearbeitet werden. Im Einzelfall ist mit den Parteien zu entscheiden, wie vorgegangen wird: Soll die Selbstklärung in Einzelgesprächen in einem geschützten Rahmen erfolgen und die Ergebnisse in den Mediationsprozess eingeführt werden oder unternehmen die Parteien dies gemeinsam während eines Termins. In jedem Fall erfolgt durch den Einsatz biografischer Methoden eine Besinnung auf sich selbst mit dem Ziel, sicherer und gewisser einschätzen zu können, wo der eigene Lebensweg einen gerade hinführt und welchen konstruktiven Standpunkt jeder für die Mediation einnehmen kann.

Was ist abschließend zu beachten?

Was die biografischen Methoden betrifft, so bedürfen sie vor einem Einsatz in der Mediation einer Anleitung durch ein Training mit Auswertung und Selbstreflexion. Nur so kann mit den Parteien verantwortungsbewusst gearbeitet werden. Der Eingriff in die Biografie eines Menschen durch Beratung bedarf der Achtsamkeit und der Einwilligung. Darüber hinaus muss die Wirksamkeit biografischer Methoden im Selbstversuch erprobt sein, bevor der Berater/Mediator sie bei anderen Menschen anwendet, um ein Gefühl für ihre Wirkung zu entfalten.

Heiße Emotionen – Cooles Verhandeln |
Heiner Krabbe und Cornelia Sabine Thomsen

"In its most basic sense, conflict is inevitable, the source of all growth, and an absolute necessity if one is to be alive...Adults don't seem to know how to enter into it with integrity and respect and with some degree of confidence and hope." - Jean Baker Miller

Über die - begrenzten - Möglichkeiten, Mediation mit sog. „hochstrittigen" Paaren durchzuführen, ist in den letzten Jahren viel diskutiert worden.

Hochstrittige Paare sind mit den gewohnten Methoden und Techniken nicht erreichbar. Ihre kognitiven Fähigkeiten sind nur noch zum Teil abrufbar. Auch wenn sie in die Mediation kommen und die Lösung ihrer Konflikte fordern, wirken unbewusst inter-psychische Konflikterhaltungsmechanismen, die das Fortbestehen und nicht die Lösung der Konflikte anstreben. Zu diesen gehört das bei Paaren oft anzutreffende Attributionsmuster. Sind diese Paare erst einmal in diesem Konfliktmuster verfangen, fällt es ihnen schwer, miteinander Lösungen zu erarbeiten. Stattdessen wiederholen sie bei zahlreichen Anlässen dieses Muster und verfestigen es mit der Zeit immer stärker, so dass es bereits wirkt, wenn sich die Partner begegnen.

Davon zu unterscheiden ist die Situation, dass es in der Mediation „heiß hergeht". Für den Theoretiker der Mediation ist dies eine „ganz normale" Situation, sie ist sogar zu begrüßen, denn, so das Konzept, durch diese „Hölle", diese „Schlangengrube" oder dieses „Tal der Tränen" muss jedes Paar in der Familienmediation durch, bevor es zu einer Einigung kommen kann, bei der die Interessen ausgewogen sind und Fairness gewährleistet ist – man spricht von einer „Win-Win-Situation."

Wer jedoch in der Praxis schon mehr als eine Mediation durchgeführt hat, fängt an, diese Ausbrüche zu fürchten, insbesondere wer sich zur Mediation primär wegen ihres friedensstiftenden Charakters hingezogen fühlt. „Was mache ich, wenn die wieder anfangen, einander anzuschreien?" „Wie kann ich diese sich wiederholenden Endlos-Schleifen gegenseitiger Vorwürfe unterbrechen?" - So oder ähnlich sind die Fragestellungen, die SupervisionsteilnehmerInnen immer wieder stellen, und die jede Mediatorin und jeden Mediator regelmäßig beschäftigt. Für diese Situationen kann auf Handwerkszeug zurückgegriffen werden, das gerade für hochstrittige Paare bzw. „High Conflict"-Situationen entwickelt wurde.

Bevor man sich Gedanken macht, wie man mit solchen Situationen kraftvoller und souveräner umgeht, seien einige **ressourcenorientierte Hypothesen** vorangestellt, mit denen in einer derartigen Situation gearbeitet werden kann und die neue Handlungsoptionen eröffnen können.

1. Im hohen Konfliktniveau steckt viel Leidenschaft und viel Energie. Wenn die MediatorInnen diese nutzen, können sie zielsicher zu einem Ergebnis kommen.

2. Wenn der Ärger und alle negativen Emotionen ausgesprochen und vom Mediator/von der Mediatorin gehört und gewürdigt sind, steht einer Einigung nichts mehr im Wege.

3. Ein langer Leidensweg in einer Beziehung braucht viel Geduld, bis er von beiden Seiten beendet werden kann.

4. In jedem Vorwurf steckt ein wichtiges Anliegen, Interesse oder Bedürfnis – wenn diese gesehen werden können, werden die Vorwürfe aufhören.

5. Es gibt verschiedene Konflikttypen und Konfliktmuster – wenn die MediatorInnen damit beweglich sind, werden sie die Unterschiedlichkeit nutzen können.

6. Spätestens beim Verhandeln wird es in jeder Mediation noch einmal richtig emotional. Die bis dahin geleistete Arbeit führt dazu, dass den MediantInnen das Ergebnis ihrer Arbeit wichtiger ist als das Recht-Behalten gegenüber den anderen.

7. Wenn es gelingt, dass die MediantInnen ihre unterschiedlichen Realitäten erkennen, können sie eine Lösung jenseits der Vorwürfe und Anschuldigungen finden.

8. Wenn es den MediatorInnen gelingt, die Konfliktmuster zu durchschauen und lediglich als Konfliktinszenierung, als Konfliktspiel zu begreifen, können sie die Regie übernehmen und die Muster für die Einigung nutzen.

Im Folgenden sollen einige Ideen gegeben werden, wie in den unterschiedlichen Phasen unterschiedlich mit emotional herausfordernden Situationen umgegangen werden kann.

Einführung

Wenn die Mediation bereits mit heftigen Emotionen beginnt, liegt es nahe, zunächst die Erarbeitung einer Übergangsregelung vorzuschlagen: für das nächste Wochenende, für die nächsten Tage, den nächsten Monat. Damit ermöglicht man gleich am Anfang ein Erfolgserlebnis und fördert konstruktives Handeln.

Das Angebot an die MediantInnen, selbst Regeln für den Umgang mit heftigen Gefühlen oder schwer erträglichen Situationen zu erarbeiten, enthält die implizite Botschaft der Mediatorin, dass Emotionen in der Mediation erlaubt sind und sie insoweit keine Berührungsängste hat. Das nimmt die Scham und normalisiert das bisherige Erleben der Streitparteien. Mitunter behaupten Paare anfangs, häufig diejenigen, die später heftig streiten werden, dass sie solche Regeln gar nicht brauchen. Es ist hilfreich, wenn der Mediator darauf besteht, sie gleichwohl zu erarbeiten, denn dann kann man in schwierigen Situationen auf sie zurückgreifen. Die eigene Erarbeitung von Regeln durch die Streitparteien ist der Vorgabe durch die Mediatorin vorzuziehen. Das Erlebnis, dass man sich einigen kann, ist oft für die MediantInnen in der ersten Sitzung eine Überraschung, die dankbar aufgenommen wird. Dem Mediator eröffnet diese Sequenz die Möglichkeit, gut zuzuhören und die zutage tretende Konfliktdynamik kennenzulernen.

Regeln, die häufig vereinbart werden:

- Ausreden lassen

- jede/r kann jederzeit eine Pause verlangen, auch die MediatorInnen

- man kann 5 Minuten rausgehen

- Abbruch der Sitzung; beim nächsten Mal dort anfangen, wo aufgehört wurde

- der Mediator soll „Stopp" sagen und das Gespräch auf die Sachebene zurückbringen

- rote und gelbe Karte.

Weitere Ideen für diese Stufe:

- gutes, nicht wertendes, verständnisvolles Zuhören löst manches streitige Thema auf.

- normalisieren, um der Scham zu begegnen, wenn die MediantInnen heftige Emotionen zeigen

- öffnende Fragen: z.B.: *Wie haben Sie bisher Ihre Konflikte gelöst? Was hat funktioniert, was nicht? - Was darf in der Mediation nicht passieren? Was müsste der Mediator oder Ihr/e PartnerIn sagen oder tun, so dass Sie sofort aufstehen und gehen würden?*

- Zurücklehnen und Zuhören
  Einzelgespräche am Anfang

Themensammlung

Viele MediatorInnen lassen sich vor der eigentlichen Themensammlung die einzelnen Positionen und Argumente genau schildern. Das birgt die Gefahr, diese noch mehr zu verfestigen und bringt den Mediator schnell in die Rolle des Schiedsrichters. Aber auch bei dem direkten Einstieg in die Themensammlung kommen häufig viele Vorwürfe, oder das von einer Seite genannte Thema ist für die andere inakzeptabel. Hilfsmittel:

- Themensammlung in getrennten Spalten

- Der Mediator hört das hinter den Positionen und Vorwürfen versteckte Thema heraus und unterstützt die MediantInnen beim Formulieren

- Formulierungsvorschläge der Mediatorin: z.B. statt „die Kinder leben bei mir": „Zukünftiger Wohnort der Kinder"

- Alltagsbegriffe anstelle von juristischen Begriffen: „Wer bekommt das Haus?" Anstelle von „Zugewinnausgleich"

- auch Themen wie Anerkennung, Achtung, Umgang miteinander zulassen.

Interessen, Bedürfnisse, Anliegen

Idealerweise gelingt auf dieser Stufe ein „Shift", d.h. die MediantInnen bekommen Zugang zu einer anderen Realität. Sie identifizieren ihre wahren Anliegen in der Auseinandersetzung, erkennen gleichzeitig die Begrenztheit ihrer eigenen Sichtweise und hören die berechtigten Interessen und Bedürfnisse der anderen Seite. Sobald jede/r einen Bezug zu den eigenen tieferliegenden Bedeutungen und Werten hat, über deren Berechtigung an sich nicht gestritten werden kann, kehrt eine gewisse Ruhe und Entspannung ein, die die anschließende Optionenentwicklung unterstützt.

Wenn die MediantInnen die Erfahrung gemacht haben,dass es möglich ist, die eigenen Anliegen zu formulieren, ohne dass der/die andere die Berechtigung dieser Anliegen bestreitet, ist mehr Selbstbehauptung möglich.Denn den Wenigsten ist im Konflikt bewusst, dass dieser durch verschiedene Wahrnehmung oder dadurch entstanden ist, dass ein wichtiges Anliegen nicht erfüllt oder ignoriert wurde. Bei dieser Betrachtung werden auch Konflikte, die nur um des Konflikts willen betrieben werden, ausgeschieden. Wenn man nicht sagen kann, worum es bei einem bestimmten Thema eigentlich geht, erkennt man, dass es vielleicht doch nur ums Recht haben oder ums Prinzip oder darum geht, dem anderen eins auszuwischen, z.B. dass es unbedingt ein bestimmter Wochentag sein muss, an dem die Kinder (nicht) zum anderen Elternteil gehen sollen. Entscheidend ist, dass die MediatorInnen für diese Stufe einen Raum schaffen, in dem Introspektion und Reflexion möglich sind, in dem jede/r der MediantInnen für sich in Ruhe schauen und formulieren kann. Auch hier ist damit zu rechnen, dass bestimmte Interessen und Bedürfnisse bei der anderen Seite weitere Emotionen auslösen: Ärger, Befremden, Protest, Ablehnung, was wiederum zu Gegenangriffen, emotionalen Ausbrüchen oder sogar Abbruchdrohungen führen kann.

Deshalb ist es sinnvoll, zu Beginn dieser Stufe die erarbeiteten Regeln noch einmal zu überprüfen und eventuell zu modifizieren.

Es ist wichtig, die jeweiligen Interessen in die unterschiedlichen Spalten zu schreiben und gut sichtbar vor demjenigen aufzuhängen, der sie formuliert hat, so dass jede/r seine eigenen Interessen sehen kann.

Optionenentwicklung

Das Potential der Konfliktdynamik kann auch in der Optionenentwicklung konstruktiv genutzt werden, manchmal kommt es hier zu starken Emotionen, was das Brainstorming unterstützen aber auch hemmen kann. Indem man ausdrücklich destruktive oder negative Ideen zulässt und die Optionenentwicklung nicht allein auf Lösungsmöglichkeiten ausrichtet, sondern gerade auch ärgerliche Varianten aussprechen lässt, schafft man ein weiteres Ventil zum Entladen von Emotionen. Die Durchbrechung der Attributionsmuster wird durch zirkuläres Fragen (z.B. nach Ideen von Personen in derselben Situation, Ideen der Kinder u.ä.) und durch Zukunftsorientieren ermöglicht: *Wie möchten Sie in einem halben Jahr, in einem Jahr usw. leben?*

Fairnesskriterien

Die Erarbeitung von Fairnesskriterien schafft einen Gegenpol zur Emotionalität, und gleichzeitig gibt sie Raum, Emotionen verschiedener Art auf eine, auch für den anderen akzeptable, vielleicht sogar auf allgemeingültige Weise zum Ausdruck zu bringen. Sobald sich die MediantInnen darauf besinnen, woran sie die Fairness ihres Ergebnisses messen bzw. beurteilen können, kehrt mitunter eine ungekannte Ruhe, Nachdenklichkeit und Klarheit ein. Allerdings nicht immer: Auch hier ist es möglich, gerade wenn auf dieser Stufe früh gearbeitet wird, dass Kampfpositionen eingenommen und Claims abgesteckt werden. In diesem Fall empfiehlt es sich, die Fairness-Kriterien vor der Verhandlung noch einmal zu überprüfen und gegebenenfalls zu aktualisieren.

Verhandeln

In manchen Mediationen wird es beim Verhandeln erst richtig emotional, zumindest kochen die Emotionen noch einmal richtig hoch. Denn jetzt wird es ernst: Die Mediation geht dem Ende zu, es gilt, Verantwortung für die gefundenen Ergebnisse zu übernehmen, Angebote zu unterbreiten oder anzunehmen und den Wortlaut der Vereinbarung in einer vorläufigen Formulierung zu entwerfen. Gerade die Erkenntnis, dass das Ergebnis nicht viel besser werden kann als es sich jetzt abzeichnet, kann zu Frustrationen und Vorwürfen führen, oder es wird noch einmal versucht, Zugeständnisse unter Gebrauch alter Muster zu erreichen, dazu gehören auch „coole" Strategien und Charme-Offensiven. Gerade die Vorgabe, dass im Rahmen von Angeboten, eventuell von Wünschen verhandelt wird, statt Forderungen durchzusetzen, erleichtert den Umgang mit Emotionen. Dadurch kommt eine eher geschäftliche Atmosphäre auf.

Vereinbaren

Die Übertragung einer Vereinbarung in die juristische Sprache und Realität bietet viele Angriffsflächen und Raum für neue Emotionen. Man findet in dem Text den Geist der Vereinbarung nicht wieder, es wird härter und rauer formuliert. Manch einer schreckt auch vor der Verbindlichkeit zurück. Möglicherweise sind andere, z.B. Familienmitglieder, von der gefundenen Lösung nicht begeistert. Das in der Mediation neu geschaffene Vertrauen in den oder die andere bzw. in die Haltbarkeit der Vereinbarung und die Verlässlichkeit der Absprachen wird in dieser Stufe noch einmal neu auf die Probe gestellt. Hier gilt es vor allem für die MediatorInnen: Ruhe, Geduld, Neutralität bewahren und nicht aufgeben.

Allgemeine Tipps für den Umgang mit Emotionen in der Mediation

- Mediation ist freiwillig, auch für die MediatorInnen: Man darf auch einen Fall ablehnen oder vorzeitig beenden oder abgeben, wenn einem das Konfliktniveau zu hoch ist - respektvoll, mit Würdigung und Anerkennung, zu den eigenen Grenzen stehend.

- viele Pausen in die Mediation einbauen

- Supervision gleich im Anfangsstadium und begleitend

- Co-Mediation mit jemand, der/die einen völlig anderen Konfliktstil hat

- mit dem Tempo spielen: Verlangsamen oder Beschleunigen

- überlegen, ob die MediantInnen noch Coaches dazu nehmen wollen (nach dem Modell der Collaborative Practice)

- frühe Einbeziehung der Beratungsanwälte – oder, wenn diese die Situation verschärfen - die Absprache, sie möglichst lange aus der Mediation draußen zu halten

- bei allem: zurücklehnen, durchatmen, und sich etwas Schönes für hinterher vornehmen…

Heiner Krabbe

Dipl. Psychologe, Psychotherapeut, Mediator (BAFM), Fort- und Weiterbildungsaufträge für psychosoziale u. juristische Einrichtungen, 1996 Gründung des Ausbildungsinstituts Mediationswerkstatt Münster, seit 1986 Psychotherapeutische Praxis.
www.heiner-krabbe.de. info@heiner-krabbe.de

Cornelia Sabine Thomsen

Mediatorin und Rechtsanwältin, Fachanwältin für Familienrecht, Partnerin bei Thomsen und Fehr sowie MEDIATIO Heidelberg, Ausbilderin und Trainerin für Mediation, Lehrauftrag für Mediation an der Universität Heidelberg, Dozentin für die Fernuniversität Hagen, Supervisorin für Mediation und Ausbilderin für mediationsanaloge Supervision; Sprecherin des Ausbildungsbeirats der BAFM, stellvertretende Vorsitzende des Anwaltsvereins Heidelberg und Leiterin des AK Mediation im HIATUS Heidelberg, einer Regionalgruppe der BAFM.
www.mediatio.de

Gibt es <u>die</u> Mediationssupervision? | Lis Ripke

Working with the inner life.

Einleitung

In allen drei Dachverbänden der Mediatoren, BAFM, BM und BMWA, wird Supervision als selbstverständlicher Bestandteil mediatorischer Tätigkeit angesehen und wie folgt definiert: „Reflektion des Handelns im Feld der Mediation und der eigenen Rolle und des persönlichen Konfliktverhaltens."

Als Supervisor soll laut Ausbildungsrichtlinien[1] im BM anerkannt sein, wer eine abgeschlossene Zusatzausbildung in Supervision und Mediationsfortbildung von mindestens 30 Stunden nachweisen kann. Genaueres zur Theorie und Methodik, die in der Supervisorenausbildung gelehrt werden soll, ist in den Richtlinien nicht aufgeführt.

Derzeit ist daher Stand der Dinge, dass die drei Dachverbände zwar verbindliche Standards bezüglich Ausübung der Mediation, Ausbildung in Mediation und Anforderungen an einen Mediationstrainer festgelegt haben, vertiefende Erläuterungen zur Mediationssupervision jedoch nicht vorliegen.

Standards für die Qualifizierung zum Supervisor allgemein finden sich sehr detailliert bei der Deutschen Gesellschaft für Supervision (DGSV). Eine Abgleichung und Transformation dieser Standards auf das Feld der Mediationssupervision wurde – so weit ich sehe – verbandspolitisch noch nicht vorgenommen.

Auf dem ersten gemeinsamen Mediationskongress von BAFM, BM und BMWA 2012 biete ich einen Workshop zum Thema „Supervision in der Mediation" an.

Im Workshop möchte ich mit den Teilnehmern der Frage nachgehen, welche Formen der Mediationssupervision – „Lasst 1000 Blumen blühen..." – es verbandsintern gibt, und ob ein gemeinsames Verständnis von Mediationssupervision hergestellt werden kann.

---

1 BM®, Richtlinien Artikel 2.5

Persönliche Erfahrungen mit der Supervision

Im Workshop wollte ich den Teilnehmern eigentlich einen Überblick über die auf dem Markt befindlichen Ausbildungen geben und setzte mich voller Zutrauen an die Google-Maschine. Unter dem Stichwort „Supervisionsausbildung" fanden sich in 0,24 Sekunden 21.600 Ergebnisse, zum Stichwort „Mediationssupervisionsausbildung" immerhin noch 1.210 Ergebnisse in 0,32 Sekunden. Erschrocken kehrte ich angesichts dieser Komplexität zur kleinsten Einheit zurück: zu mir selbst und meinen persönlichen Erfahrungen als Basis weiterer Überlegungen zur Mediationssupervision.

Während des Jurastudiums und des juristischen Referendariats kam ich mit dem Begriff Supervision nicht in Kontakt. Erstmals begegnete ich der Supervision 1978 im Rahmen meiner Ausbildung bei der Gesellschaft für Wissenschaftliche Gesprächstherapie. Im Folgenden kam ich an jedem ersten Montag des Monats als Mitglied des Teams bei ProFamilia Heidelberg in den Genuss der Supervision bei Satu Stierlin. Begeistert von der Methode regte ich an, auch unsere Arbeit als Rechtsanwälte und Richter in familienrechtlichen Gerichtsstreitigkeiten supervidieren zu lassen – eine bunte Gruppe von Richtern und Rechtsanwälten traf sich unter der Leitung von Heidi Salm in meinem Haus. Bereits vor meiner Mediationstätigkeit habe ich daher sehr stark von der Supervision profitiert.

Meine ersten Gehversuche 1991 als Mediatorin sollten zunächst ebenfalls die mir seit langem vertrauten Supervisorinnen begleiten. Leider war ich methodisch noch zu unsicher in der Mediation und meine Supervisorinnen hatten keine Feldkompetenz in der Methode der Mediation. In diesem Setting konnte ich daher durch **den klaren Fokus auf das innere Erleben in der Supervision** keine ausreichende Sicherheit für mein mediatorisches berufliches Handeln gewinnen. Ich wandte mich anderen Personen zu und reflektierte meine Mediationstätigkeit mit meinen Ausbildern, im Wesentlichen mit Gary Friedman und John Haynes. Dabei hat Gary diese seine Arbeit, die ich inzwischen als Ausbildungssupervision bezeichnen würde, nicht Supervision genannt, sondern „support and develop groups" – entsprechend seinem bescheidenen Lebensmotto „It's just me". John Haynes nannte seine Arbeit dezidiert Supervision und lehrte sie als Methode. Ich erinnere mich gerne, in wunderbarer Umgebung in Florenz mit Kollegen aus aller Welt von John 1998 anlässlich des Programms „Train the trainers" auch in seiner Supervisionmethode geschult worden zu sein. Der von ihm geprägte Begriff „mediationsanaloge Supervision" findet sich übrigens des Öfteren in der deutschen Literatur.[2] Insbesondere auf den Artikel von Jutta Lack-Strecker „Supervision und Selbstreflexion in der Familienmediation" möchte ich hinweisen.[3] Dort findet man auch weitere Literaturhinweise.

Als Leiterin des Heidelberger Instituts war ich mit der Nachfrage in Ausbildungssupervision konfrontiert und überlegte, wie ich mich selbst für diese Tätigkeit weiter qualifizieren könnte. Die Ausbildung bei der Deutschen Gesellschaft für Supervision hat mich sehr angesprochen (und spricht mich immer noch an). Allein es fehlte die Zeit, und so ließ ich mich zusätzlich zum Input von John und Gary noch bei Satu Stierlin und Andrea Ebbecke-Nohlen briefen und lernte vor allem durch Erleben und Diskutieren vom supervisorischen Ansatz meiner Mediationskollegen Reiner Bastine, Jutta Lack-Strecker (Supervisorin der Deutschen Gesellschaft für Systemische Therapie, Beratung und Familientherapie, DGSF) und Joseph Rieforth (Supervisor DGSV).

Ich gehe davon aus, dass meine Erfahrungen prototypisch für die Mediatoren der ersten Stunde sind: Es gab vielfältige Inanspruchnahme von Supervision, und in den letzten 20 Jahren haben sich in der Mediationslandschaft sehr unterschiedliche Arten von Mediationssupervision sowohl in der Ausbildungs- wie in der Kontrollsupervision entwickelt.

Mit dem Titel „ Gibt es die Mediationssupervision?" rege ich zum Umgang mit dieser Unterschiedlichkeit an und gebe Impulse zur Diskussion. Ich stelle nicht die eine Lehrmeinung vor.

Was macht eine gute Mediationssupervision aus?

Den Begriff „mediationsanaloge Supervision" finde ich problematisch, da er dazu verführt, keine klare methodische Abgrenzung zur Mediation vorzunehmen. Supervision ist mehr als eine Lehr- und Lernmethode in der Ausbildung. Meine Meinung, die zu Anfang etwas verkürzt darin bestand, dass ich als erfahrene Mediatorin und Ausbilderin per se eine gute Supervisorin sein kann, wandelte sich mit der kritischen Hinter-

---

2   erstmalig: *Krabbe, H./ Dietz, H.*, Die mediationsanaloge Supervision, in: „Konsens" 3, 1999.
3   Teil 1 und 2 in: „perspektive mediation", 3 und 4, Wien 2011.

fragung meiner eigenen Ausbildungssupervisionen der ersten Jahre zu dem Plädoyer, **Supervision als eigenständige Methode** anzusehen, die **zusätzlich** mühsam zum Mediatorendasein und Ausbilderdasein gelehrt und gelernt werden sollte, auch auf dem Feld der Mediation.

Der Artikel von Carla von Kaldenkerken „Wo Supervision draufsteht, sollte auch Supervision drin sein." [4] ist mir aus dem Herzen gesprochen, und ihre Gegenüberstellung von Supervision und Mediation[5] finde ich ausgesprochen hilfreich.

In der Mediation haben wir an und unter ihrem Konflikt leidende Klienten, die wir durch einen sehr stark strukturierten Prozess (in welchen und wie vielen Phasen auch immer) direktiv steuern. Die unterschiedlichen Phasen dienen der Reduzierung der Komplexität des Konfliktes.

In der Supervision haben wir in der Regel einen Kollegen, der interessiert an der Erweiterung der Komplexität und bereit zum Dialog ist.

Selbstkritisch muss ich zugeben, dass in nicht wenigen von mir geleiteten Ausbildungssupervisionen das Mediantensystem zu stark in den Vordergrund geriet, d.h. die Supervision eindimensional als Lehr- und Lernmethode benutzt wurde und das Eigentliche der Supervisionsarbeit – der fallvorstellende Mediator arbeitet über sich und seine biographischen Fallen – eben der klare **Fokus auf das innere Erleben** – oder –„working with the inner life of conflict „(Jack Himmelstein) – in den Hintergrund geriet.

Erfahrungen aus einem Pilotprojekt zur Supervisionsausbildung

Angeregt durch Dagmar Lägler, Ausbilderin BM® und inspiriert von Frank Glowitz, Mediator BAFM und Supervisor DGSV haben wir am Heidelberger Institut für sechs zertifizierte Mediationskollegen, die darüber hinaus überwiegend Erfahrungen als zertifizierte Mediations-Ausbilder mitbrachten, ein internes Pilotprojekt zu den am Anfang erwähnten BM-Richtlinien (Supervisorenausbildung von 30 Stunden) durchgeführt. Wir waren sechs Teilnehmer und drei Trainer! Nach den ersten 30 Stunden fühlten sich unsere qualifizierten Teilnehmer bei weitem nicht in der Lage, als Supervisoren zu arbeiten und verlangten

---

4   „Spektrum der Mediation", Ausgabe 46, Kassel 2012
5   Dies. S. 45

mehr. Die drei Trainer dachten nach und boten weiteren Input. Nach 50 Stunden war es dasselbe, nach 70 Stunden wurde immer noch nach mehr Ausbildung verlangt. Nach 100 angeleiteten Ausbildungsstunden durch drei Trainer – oft mit drei Gruppen mit zwei Teilnehmern und einem Trainer – drängte ich auf Abschluss. Die Teilnehmer haben 14 Lernsupervisionen außerhalb der angeleiteten Seminare durchgeführt, ihre Lernsupervisionsprozesse schriftlich dokumentiert und zusätzlich 10 Ausbildungsstunden für das Abfassen einer schriftliche Literaturarbeit verwendet. Das Zertifikat wurde ihnen nach Demonstrieren ihrer supervisorischen Fähigkeiten an „echten" Mediatoren und „echten" Fällen verliehen.

Auszug aus dem Zertifikat zur Veranschaulichung:

Die Weiterbildung in Mediations-Supervision erstreckte sich auf den Zeitraum vom 19. Mai 2011 bis 06. Juni 2012. Sie umfasste **150 Ausbildungsstunden**.

Der Teilnehmer erbrachte folgende Leistungen:
1. Teilnahme am Curriculum, 100 Ausbildungsstunden mit den Themen:
   - Einführung in die und Geschichte der Supervision
   - Modell der Mediationssupervision
   - Vier Lehrsupervisionen
   - (incl. Filmaufnahme – DVD – als Lehrmaterial)
   - Theorie und Praxis der Einzelsupervision
   - Theorie und Praxis der Gruppensupervision
   - Methoden der Supervision: Hypothesenbildung
   - Skulpturenarbeit, Teambrett, Timeline, Blitzlicht,
   - Reflecting Team, Co-Vision, Telefonsupervision
   - Berufsbezogene Selbsterfahrung
   - Geschäftsmodell / Akquise Supervision
   - Abschlusscolloquium mit Demonstration des Gelernten
2. Durchführung von 14 Lernsupervisionen 26 Ausbildungsstunden
3. Dokumentation der Lernsupervisionsprozesse 14 Ausbildungsstunden
   Schriftliche Literatur- und Abschlussarbeit 10 Ausbildungsstunden

Das in der Ausbildung zum zertifizierten Mediationssupervisor HIM (Heidelberger Institut für Mediation) zu Grunde gelegte Modell war wie folgt:

Ein Modell der Mediationssupervision

Frank Glowitz, Dagmar Lägler und ich haben folgenden Ablauf einer Supervision als nützlich empfunden und möchten diesen der Einfachheit halber von einer Einzelsupervision ausgehend darstellen unter den Rubriken „Supervisor", „Supervisand", „Medianten" und „Methoden", wobei einzelne O-Töne zur Anregung mit aufgenommen sind:

Phase 1: Ankommen und Warming up
Der Supervisor fokussiert auf das Befinden des Supervisanden.
Der Supervisand berichtet über sein Empfinden und seine Erwartungen.
Die Medianten spielen noch keine Rolle.
Von den Methoden her sind es einfache Fragen nach dem Befinden.

Mögliche O-Töne Supervisor:
„Ich möchte gerne wissen, wie wir zusammenkommen. Wie geht es dir hier heute, gerade jetzt?
Du kommst vom Schreibtisch? Brauchst du noch etwas Zeit? Bräuchtest du eine kleine Minute Ruhe oder so etwas?
Bist du jetzt in der Rolle des Fallvorstellers?"

Phase 2: Auftragsklärung
Der Supervisor klärt mit sehr viel Zeit, worum es dem Supervisanden geht, hilft ihm, seine Ziele zu definieren und bespricht mit ihm die Methodenwahl.
Der Supervisand gelangt von diffusen Wünschen zum klaren Ziel, welche Frage er am Ende der Supervisionsstunde geklärt haben möchte.
Das Mediantensystem sollte noch keinen Raum einnehmen, allenfalls können kurze Impulse daraus kommen.
Die Methoden sind: überwiegend Paraphrasieren, zirkuläres Fragen, Methode des zweiten Futurs, Abstinenz von Schnellschüssen.

Mögliche O-Töne Supervisor:
Bitte stell den Fall noch nicht vor, wir wollen erst herausarbeiten, was dein Anliegen ist, damit wir wissen, in welche Richtung wir denken, was dein Wunsch ist und zu welchem Ausgang das auch führen soll.
Wie kam es zu der Überlegung, den Fall vorzustellen?
Was an dem Fall ist supervisionsrelevant? Woran merkst du das?
Wenn du aus dieser Supervision rausgehst, was hast du dann im besten Fall erhalten? Was dürfte hier keinesfalls passieren für dich?

Phase 3: Fall- oder Problemaufriss
Der Supervisor achtet darauf, dass der Fokus auf der aktuellen Situation des Supervisanden liegt und verhindert eine ausufernde Falldarstellung.
Der Supervisand beschränkt sich auf eine kurze Darstellung.
Das Mediantensystem nimmt jetzt Raum ein.
Die Methoden sind Hard-Fact-Analyse nebst Visualisierung, Erinnerung von Szenen, Atmosphären.

Mögliche O-Töne Supervisor:
Ist der Impuls stark da, endlich in den Fall zu gehen?
Du darfst jetzt über den Fall (kurz – du hast maximal 10 Minuten Zeit) erzählen. Was müssen wir denn über den Fall wissen?
Wie hast du dich in den Fall gefühlt? Hast du eine körperliche Entsprechung?

Phase 4: Bearbeitung
Der Supervisor erhöht die Komplexität, fokussiert mit Erlaubnis des Supervisanden auf den biographischen Hintergrund, bringt seine Hypothesen – auch kontrovers – zum Fall ein, respektvoll und unter Beachtung der Autonomie des Supervisanden.
Der Supervisand fokussiert auf sein inneres Erleben des Konfliktes und spürt Resonanzen aus dem Klientensystem nach.
Die Medianten sind Impulsgeber und sollten nach wie vor im Hintergrund bleiben. Supervisor und Supervisand widerstehen der Versuchung, tiefer in das Mediantensystem einzusteigen.
Methoden: Hypothesenbildung, Skulpturenarbeit, Team-Brett, Timeline, Blitzlicht, Reflecting Team.

Mögliche O-Töne Supervisor:
Was hat dich daran gehindert, das zu machen, was dir eingefallen ist?
Wollen wir mal ein inneres Bild stellen?
Haben hier Neugier vs. Verantwortung miteinander gekämpft?
Gibt es ein Tabu? Zwei entscheidende Personen sind nicht anwesend.
Hast du dich aus Verantwortungsbewusstsein von deiner Intuition leiten lassen?
Schuster, bleib bei deinem Leisten?
Ist Auszeit eine hilfreiche Unterstützung?
Gibt es eine Möglichkeit zu sagen, ich mache meinetwegen Schluss?

Phase 5: Abschluss und Ergebnissicherung
Der Supervisor legt den Fokus auch auf die Reflektion, nicht nur auf die Lösung. Er hilft dem Supervisanden, konkrete Veränderungen vorzunehmen.
Der Supervisand überlegt sich die Situation des nächsten Schrittes und gibt Feedback, was sich bei ihm verändert hat.
Die Medianten nehmen wieder Raum ein: Was haben sie von der Supervisionsarbeit?
Methoden: Komplexität verringern, den Supervisanden vor Ausweitung schützen und die Hoheit beim Supervisanden lassen.

Mögliche O-Töne Supervisor:
Was wirkte?
Was gab neue Impulse?
Worin besteht der Unterschied zwischen dem Beginn der Supervision und jetzt?
Was wäre die größte Verführung, es anders zu machen als du es dir jetzt vorgenommen hast?
Was hat sich verändert bei dir? Kannst du beschreiben, was?

Beendet wird die Supervision mit dem Dank an den Supervisanden.

Dies ist ein Versuch, den äußeren Ablauf einer Supervision komprimiert darzustellen, und selbstverständlich nur ein grobes Raster. Wie gesagt, gibt es in der Mediationssupervision sehr viele Dimensionen, mit denen dieser äußere Ablauf gefüllt werden muss: die personenbezogenen und die berufsbezogenen Aspekte, die Einflüsse aus dem Kontext sowie Erleben der beteiligten Personen, um nur einige zu nennen.

Supervision lebt von der Kunst der Beziehung, von der Feldkompetenz des Supervisors, von dessen ethischen Voraussetzungen, von seinen Postulaten – *Bin ich vorbildhaft, bin ich handlungsleitend, nachahmenswert, übernehme ich Verantwortung für die Einmischung, und wie weit gebe ich sie wieder dem Supervisanden zurück?* Ihre Ausübung hängt nicht nur von der Person des Supervisors ab, sondern wesentlich auch vom Setting: Wird die Supervision eher als Bestandteil der Ausbildung durchgeführt, oder mit ausgebildeten Mediatoren - in Einzel- oder Gruppenarbeit - in offenen oder geschlossenen Gruppen und Ähnliches mehr.

Ausblick

Mit diesem Input - wie gesagt, es ist eine Art, Mediationssupervision zu lehren, und nicht die einzige und sicher auch nicht die beste - möchte ich zur Diskussion im Workshop anregen. Vielleicht bildet sich daraus eine Kommission, die die bisherigen Ausbildungen in Mediationssupervision erfasst, und für die Verbände zunächst ein Gesamtbild über die Facetten und Modelle der Mediationssupervision erstellt.

Abschließend gebe ich meiner Überzeugung Ausdruck, dass das Bild und die Ausgestaltung der Mediationssupervision erfreulicherweise sehr bunt und unterschiedlich ist. Austausch und offene Diskussion der unterschiedlichen Ausgestaltungen könnten uns alle bereichern und sowohl Mediatoren bei der Auswahl ihres Supervisors als auch Teilnehmer und Anbieter einer Mediations-Supervisoren-Fortbildung unterstützen.

Weitere Informationen:
www.mediation-heidelberg.de

Lis Ripke ist Leiterin des Heidelberger Instituts für Mediation, Kurpfälzerin und mit Herzblut Mutter und Großmutter.

Buchtipp: **Mediation Konflikte anders lösen!** Hrsg. Siegfried Rapp
Lesebuch Familienmediation | 22 außergewöhnliche Mediationen aus
Deutschland, Österreich und der Schweiz. Mit einem Geleitwort der
Bundesministerin der Justiz Sabine Leutheusser-Schnarrenberger.
www.winwinverlag.de

Veröffentlichungen der Autorinnen und Autoren

Binder, Th./ Glowitz, F./Grimm, E. /Jacob, K., Veränderungsbereitschaft und Organisationales Lernen, in: *Hartmann, M.* (Hrsg.): DYNAPRO aktuell. Nr. 8. Fraunhofer IFF, Barleben 1997.

Braun, Günther/Püttmann U., Kinder bauen Brücken zueinander, Bensberg 2005.

Braun, Günther, Mediation in Erziehung und Bildung, in: Praxishandbuch Mediation, Stuttgart 2012, S. 275 – 297.

Braun, Günther/Dietzler-Isenber E./Nottbohm,M./Püttmann,U./Schmiegel,K., Kinder lösen Konflikte selbst, Bensberg 2009.

Diez, Hannelore/Krabbe, Heiner/Thomsen, Cornelia Sabine, Familien-Mediation und Kinder, Köln 2009.

Duss-von Werdt, Josef/Mähler, Gisela/Mähler, Hans-Georg (Hrsg.), Mediation: Die andere Scheidung, Stuttgart 1995.

Fackler, Norbert, Die Prämediative Phase, in: Gumpinger, Marianne (Hrsg.) Wenn sich zwei streiten, hilft der Dritte, Linz 1996.

Fackler, Norbert, Kinderschutzzentrum München – Ein ursachenorientierter Zugang zum Problem 'Gewalt gegen Kinder' in: „Wenn Kinder und Jugendliche an ihren Lebenswelten scheitern", Reihe Arbeitshilfen, Deutscher Verein für öffentliche und private Fürsorge, Frankfurt 1983.

Fritz, Roland/Krabbe, Heiner, Die Kurz-zeit-Mediation und ihre Verwendung in der gerichtsinternen Praxis, Teil 1, in: Zeitschrift für Konfliktmanagement 5/2009, S.136 ff; Teil 2, in: Zeitschrift für Konfliktmanagement 6/2009, S. 176 ff.

Gläßer, Ulla, Mediation und Beziehungsgewalt. Möglichkeiten, Bedingungen und Grenzen des Einsatzes von Familienmediation bei Gewalt in Paarbeziehungen, Baden-Baden 2008.

Gläßer, Ulla/Schroeter, Kirsten (Hrsg.), Gerichtliche Mediation – Grundsatzfragen, Etablierungserfahrungen und Zukunftsperspektiven, Baden-Baden 2011.

Glowitz, Frank/Buschendorf, U., Wenn Marktdynamiken eine Neupositionierung verlangen. Wege und Ergebnisse aus Sicht der Organisationsberatung, in: *Küchler, F. v.* (Hrsg.): Organisationsveränderungen von Bildungseinrichtungen. W. Bertelsmann Verlag: Bielefeld 2007, S.75-91.

Glowitz, Frank, Motivation. Autorenbeitrag zur Soziale(n) Kompetenz. in: Rationalisierungskuratorium der Deutschen Wirtschaft e.V. Projektmanagement Fachmann. Bd. 1, Düsseldorf 1998 , S. 317-334.

Klinkhammer, Margret/Mähler, Gisela/Mähler, Hans-Georg, Cooperative Praxis – eine neue Form der Konfliktregelung, in: Wirtschaftspsychologie aktuell 2010, S. 17 ff.

Klowait, Jürgen/Gläßer, Ulla (Hrsg.), Handkommentar zum Mediationsgesetz, Baden-Baden 2013.

Krabbe, Heiner, Rosenkriege - Ist Mediation mit hochstrittigen Scheidungspaaren möglich? in: Zeitschrift für Konfliktmanagement 2/2008, S. 49ff.

Krabbe, Heiner, Mediation bei hocheskalierten Trennungskonflikten und die Einbeziehung von Kindern, in: Zeitschrift für Konfliktmanagement 3/2010, S. 72ff.

Lenz, Christina/Fackler, Norbert, Pre-Mediation, die Bedeutung der fachgerechten Initiierung einer Mediation, Berlin 2006.

Lochmann, Dorothea, Mediation mit binationalen Paaren, in: Spektrum der Mediation, 24/2006.

Lochmann, Dorothea, Mediation bei Nachbarschaftskonflikten, in: Mediation – Instrument der Konfliktregelung und Dienstleistung, in: *Mehta, Gerda/Rückert, Klaus* (Hrsg.), Wien 2008.

Lochmann, Dorothea, Vater auf Freiersfüßen, in: *Rapp, Siegfried* (Hrsg.), MEDIATION: Konflikte anders lösen! Lesebuch Familienmediation, Ludwigsburg 2011.

Mähler, Hans Georg/Mähler, Gisela, Cooperative Praxis, in: Zeitschrift für Konfliktmanagement (ZKM) 3/2009, S. 71ff.

Mähler, Gisela/Mähler, Hans-Georg, Außergerichtliche Streitbeilegung – Mediation, in: *Büchting/Heussen* (Hrsg.), Beck'sches Rechtsanwaltshandbuch, 10. Auflage, München, 2011, S. 1492ff.

Mähler, Gisela/Mähler, Hans-Georg, Familienmediation, in: *Haft, Fritjof/von Schlieffen, Katharina* (Hrsg.) Handbuch Mediation, 2. Auflage, München 2009, S. 457ff.

Mähler, Hans-Georg/Mähler, Gisela, Ausbildung in Familienmediation, in: *Haft, Fritjof/von Schlieffen, Katharina* (Hrsg.) Handbuch Mediation, 1. Auflage, München 2002, S. 1392ff.

Marx, Ansgar, Alle sollen siegen. Geschichten aus der Welt der Konfliktlösung, Stuttgart 2012.

Marx, Ansgar, Familienrecht für soziale Berufe. Ein Leitfaden mit Beispielfällen, Mustern und Übersichten, mit CD-ROM, Köln 2011.

Marx, Ansgar, Obligatorische Sorgerechtsmediation? In: Zeitschrift für Kindschaftsrecht und Jugendhilfe, Heft 9/2010.

Otto, Gesine, Mediation tanzt Theater - Theater tanzt Mediation – Präsentation der fünf Phasen auf kreative Weise, in: Spektrum der Mediation 28/2007.

Otto, Gesine, Der Fairness-Kreis – Mediation im Alltag mit den Farben ROT- GELB – GRÜN, in: Spektrum der Mediation 43 /2011.

Otto, Gesine, Wie kommen wir von ROT nach GRÜN? - Vermittlung von Fairness mit einfachen Mitteln im Kita-Alltag, in: „TPS - Theorie und Praxis der Sozialpädagogik / Leben, Lernen und Arbeiten in der Kita" Hrsg.: Bundesvereinigung Evangelischer Tageseinrichtungen für Kinder e.V. (BETA) 6 / 2012.

Paul, Christoph C./Kiesewetter, Sibylle, Cross-Border Mediation. Foreign and International Legal Provisions/Mediation über Grenzen. Ausländische und Internationale Rechtsnormen. Online Publication. Frankfurt 2011.

Paul, Christoph C./Kiesewetter, Sibylle, Cross-Border Familiy Mediation – International Parental Child Abduction, Custody and Access Cases, Frankfurt 2011.

Paul, Christoph C./Kiesewetter, Sibylle, Mediation bei internationalen Kindschaftskonflikten, München 2009.

Rademacher, Helmolt/Altenburg-van Dieken, Marion, Konzepte zur Gewaltprävention in Schulen - Prävention und Intervention, Berlin 2011.

Rademacher, Helmolt (Hrsg.), Leitfaden konstruktive Konfliktbearbeitung und Mediation. Für eine veränderte Schulkultur, Schwalbach/Ts. 2007.

Rapp, Siegfried (Hrsg.) Mediation: Konflikte anders lösen!, Ludwigsburg 2011.

Rapp, Siegfried, Kuss oder Schluss, Mediation für alle Familien, Paare, Singles, Ludwigsburg 2008.

Rauner, Ingrid, Die Rolle der Erzieherin als Mediatorin, in: Spektrum der Mediation 31/ 2008.

Rauner, Ingrid, 2009: Wie eine Spinne ihr Netz häkelte, Mediation in und rund um eine Berufsbildende Schule, jn: Spektrum der Mediation 36/2008.

Rauner, Ingrid u.a. Kein Kinderkram, Erzieherinnen- und Erzieherausbildung in Lernfeldern Band 1, mit Arbeitsheft: „Rollenverständnis, Beziehungen, Handlungskonzepte", Braunschweig, 2. Aufl. 2008.

Ripke, Lis, Die fünf Phasen der Mediation, in: Konsens 2, Köln 1998, S. 85.

Ripke, Lis, Recht und Gerechtigkeit in der Mediation, in: *Hafft/von Schlieffen* (Hrsg.), Handbuch Mediation, § 7, München 2002.

Ripke, Lis, Haltung des Mediators, in: *Trenczek/Berning/Lenz* (Hrsg.), Handbuch Mediation und Konfliktmanagement, Kapitel 2.13, Baden-Baden 2012.

Rojahn, Hans-Jürgen/Rojahn, Svea, Projekt „Stadtteilmediation Hattersheim", in: Spektrum der Mediation 19/2005.

Rojahn, Hans-Jürgen/Rojahn, Svea, Wenn zwei sich streiten, freut sich der Dritte!? Dokumentation einer Mediation zwischen (Sport-) Organisationen Sonderdruck Spektrum der Mediation 20/2005.

Rojahn, Hans-Jürgen, Beteiligungsverfahren oder Mediation? Konfliktbearbeitung zum Ausbau des Frankfurter Flughafens in: Perspektive Mediation 3/2006.

Schröder, Achim/Rademacher, Helmolt/Merkle, Angela, Handbuch Konflikt- und Gewaltpädagogik, Verfahren für Schule und Jugendhilfe, Schwalbach/Ts. 2008.

Schüler, Roland/Manke, Sabine (Hrsg.) : Streitschlichtung von und mit Menschen mit Behinderung, Aufsätze von Roland Schüler und Sabine Manke, Stimmen von Streitschlichtern und eine Streitschlichtermappe als CD. Köln 2006.

Schüler, Roland, Mediation lernen mit Menschen mit geistiger Behinderung, in: Perspektive Mediation 1/2006.

Schüler, Roland, Mediation von und mit Menschen mit geistiger Behinderung, in: Spektrum der Mediation 26/2007.

Stahl, Karin/Krasberg, Ulrike/Zech, Stefan, Diversität als Chance und Gewinn, in: Reich,Kersten (Hrsg.), Lehrerbildung konstruktivistisch gestalten, Weinheim/ Basel 2009, S. 246 -262.

Thomsen, Cornelia Sabine, Abbruchkriterien in der Mediation von Familienkonflikten Praxis der Rechtspsychologie, 2/2011.

Thomsen, Cornelia Sabine, Mediationsanaloge Supervision in Theorie und Praxis, in: Spektrum der Mediation 35/2009.

Zech, Stefan/Weill, Sébastien, Auf dem Weg von der Gewalt zur Konfliktaustragung

Zech, Stefan /Rojzman, Charles, Brennende Autos in französischen Vorstädten – Was steht dahinter, in: Spektrum der Mediation 4/2006, S. 49-51.

Mit freundlicher Unterstützung durch:

www.erkan-communication.de

www.erkan-communication.de  **Dr. Ulrike Garbe** - Mediation & **Training**
www.garbe-mediation.com

www.mediation-ims.de  **Institut für Mediation, Streitschlichtung und Konfliktmanagement e.V.**

www.wm-verlag.de

www.mediatio.de  **MEDIATIO** Heidelberg

www.mediator-finden.de mediator finden.de Ein Mediator in Ihrer Nähe Mediatorenvereeichnis für Deutschland

Buchtipp: **Kuss oder Schluss.** In „Kuss oder Schluss" lesen Sie, wie Mediation in der Praxis funktioniert. Im Buch finden Sie sechs Praxisfälle aus der Mediation sowie Interviews zur Fernseh-Dokumentation „Trennung oder Neubeginn". Ein Beziehungsrezept, wichtige Kommunikationstipps und rechtliche Informationen geben weitere Anregungen. Ein erfahrener Mediator stellt Ihnen sein Wissen zur Verfügung.
www.winwinverlag.de